몰입,
생각의 재발견

모차르트에서 아인슈타인까지 집중력과 창조성의 비밀

몰입, 생각의 재발견

RAPT

위니프레드 갤러거 지음 | 이한이 옮김

Attention and the Focused Life

경험은 내가 주목하기로 결정한 것에 달려 있다.

_윌리엄 제임스

차례

프롤로그

몰입하는 삶을 선택하기

우리는 모두 최선의 삶을 살기 위해 노력하는 아마추어 심리학자들이다. 인간관계를 중요하게 생각하는 사람들은 유대에 대해 탐구하고, 일에 가치를 부여하는 사람들은 더욱 생산적이고 창조적인 방법을 찾기 위해 노력한다. 철학이나 종교를 추구하는 이들은 궁극적인 삶이라는 큰 그림을 탐구한다.

5년 전, 삶에서 흔하다면 흔한 위기가 나를 덮쳐왔다. 이는 내게 경험의 특성을 연구하게 했고, 나를 최첨단 과학 연구, 즉 물리학자들이 대통일 이론grand unified theory 혹은 만물의 이론theory of everything이라고 묘사하는 심리학 연구로 이끌었다. 그리고 나는 삶(내가 누구이고, 무슨 생각을 하고, 무엇을 느끼고, 무엇을 하고, 무엇을 사랑하는지)은 우리가 집중한 대상들의 합이라는 사실을 깨달았다.

경험은 대부분 우리가 무엇에 집중하고, 무엇에 집중하지 않을지에 대해 선택한 물리적, 정신적인 대상에 달려 있다. 이는 단순한 추측이 아니라 수많은 심리 연구들이 입증하는 사실이다. '멈춤' 표지판을 보거나, 음악을 듣거나, 향기를 맡거나, 주식 정보를 듣는 등 주목할 대상을 선택하면 뇌는 이런 목표 대상들을 기록한다. 기록은 행위에 영향을 미친다. 반대로 감각으로 수용하지 않은 대상은 (최소한 나에게는) 존재하지 않는 것이 된다.

하루 종일 우리들은 어떤 대상에 시선을 줄지를 선택한다. 이런 선택 과정을 의식적으로 유도하여 좋은 결과를 이끌어내게 하는 것은 가능하다. 실제로 '이것'에 집중하고 '저것'을 무시하는 능력은 경험을 의도대로 관리하는 방법의 핵심 요소이며, 이를 통해 우리는 궁극적으로 더 나은 삶을 살 수 있게 된다.

주목attention은 정신 능력을 한곳에 모으는 것, 혹은 어떤 감각이나 생각에 대해 정신의 방향을 정하거나 사용하는 것을 의미한다. 최근 신경과학과 심리학 분야에서는 행위와 주목과 관련된 뇌의 모습과 기능에 대해 패러다임의 변화가 일어나고 있다. 이는 또한 인류학, 교육학, 행동경제학, 가족 심리치료 등 다양한 학문 분야에 접목되고 있다. 이 연구들의 핵심은 '주목'이 감정에서부터 인간관계, 생산성에 이르기까지 모든 경험을 근본적으로 향상시킬 수 있는 주요 요소로, 주목을 기술적으로 관리하는 것이 멋지고 질적인 삶을 사는 데 필수 요건이라는 것이다.

지난 삶을 되돌아보라. 그러면 어떤 대상에 주목하고 주목하지 않았느냐가 현재의 삶을 형성했음을 알 수 있게 될 것이다. 우리 주변에는 수많은 대상, 소리, 생각, 감정 들이 있고, 우리는 그중 몇 가지를 선별적으로 택한다. 그것이 우리가 '현실'이라고 자신 있게 말하는 것의 정체이다. 만약 그중 한 가지라도 다른 것을 선택했다면 현실과 삶은 매우 달라졌을 것이다.

주목은 경험을 만들어내고, 결정적으로 '자아'를 기억에 저장시킨다. 그러나 과거가 어떠하든, 현재 어떤 대상에 집중하느냐에 따라 '나'라는 사람과 '인생'을 바꿀 수 있다. 지그문트 프로이트 이래 심리학자들은 과거를 통해 개인의 삶을 설명하고 발전시켜왔다. 그러나 과거가 아니라 현재와 미래라는 측면에서 삶을 설명하고자 한다면 우리는 마음 깊은 곳에 숨어 기다리고 있는 '직관intuition'이라는 요소를 마주하게 될 것이다.

올바른 대상에 집중한다면 삶에서 불필요한 것들에 반응하지 않고 온전히 나 자신이 만들어낸 삶을 살아갈 수 있다. 일련의 사건들이 모여서 이루어진 그저 그런 삶이 아니라 하나의 창조물로써의 삶을 말이다.

'그냥 보는 것'과 '주의 깊게 보는 것'

주목에 대한 나의 관심은 어린 시절로 거슬러 올라간다. 나는 어린 시절부터 일상생활에서 무엇이 인간의 행동에 영향을 미치는지 시험해보곤 했다. 그리고 특정 대상에 주목하면 그 외의 다른 주변적인 대상들은 무시할 수 있고, 특정 활동에 흥미를 느끼고 몰두하게 되면 모든 시간이 그 활동에 온전히 투여된다는 것을 알게 되었다.

흔히 생각하듯이 목표를 달성하기 위해서 반드시 목표 대상에 꾸준히 집중해야만 하는 것은 아니다. 오히려 시시각각 주목의 방향을 올바로 설정하는 것이 결정적인 성공 요인으로 작용한다.

병원에서 나오면서 나는 그때까지 일상생활에서 내가 시행해온 주목 실험들 중 특기할 만한 것을 글로 써서 발표해보면 어떨까 하는 생각을 했다. 각종 검진과 치료의 지옥에서 걸어 나오면서 나는 고도로 잘 정제된 직관을 가지게 되었다. 당시의 질병은 내 관심을 완전히 사로잡을 만한 것이었지만, 나는 가능한 질병이 아닌 내 삶에 주의를 쏟을 수 있도록 노력했다.

새뮤얼 존슨Samuel Johnson은 교수형이 확정되면 사형수들이 놀랍도록 내면에 집중한다는 것을 발견했다. 병원 생활 초기 나의 집중 실험은 순조롭게 진행되는 듯이 보였다. 화학 요법, 수술, 그리고 화학 요법, 방사능 치료. 몇 달이 지나갔다. 나는 대개 현재(갑자기 나의 모든 것이 여기에 의존하게 되었다)의 일을 처리하는 데 있어(가족, 친구, 내면적인 삶, 일과 같이 중요한 것에서부터 영화, 산책, 저녁 6시 30분에 마시는 마티니 한 잔처럼 사소한 것까지) 가장 중요한 것에 집중하도록 노력했고, 이는 내 기분도 좋게 유지해주었다. 나는 과거나 미래, 혹은 사소한 돌발 상황이나 부정적인 사건에 시간과 에너지를 소모하지 않게 되었다. 그리고 다소 진부하지만 '좋은 하루를 보내라'는 명제에 흥미를 느끼게 되었다.

암이 '내게 일어날 수 있는 일'이라거나 '궁극적으로 좋은 일이 되었다'라는 식의 교훈적인 말을 하려는 것이 아니다. 암은 인생에서 발생할 수 있는 일들 중 좋은 일이라 할 수 없고 내게도 그랬다. 나의 집중 전략이 100퍼센트 효과적이었던 순간은 24시간 중 7시간뿐이었다. 스스로의 생각이 미치는 범위를 즉시 바꿀 수 없는 때는 삶의 한순간일 뿐이다. 그러나 이렇듯 무의식적인 자극, 예를 들어 시끄러운 상황에서 얼굴을 찌푸리는 것처럼 사소하고 무의식적인 행동들은 결과적으로 뇌에 새겨져 미약하게나마 행동에 영향을 미칠 수 있다.

혹독한 체험을 하면서 나는 삶이 내가 집중한 대상들과 집중하지 않기로 한 대상들의 결과물이라는 것을 확신하게 되었다. 그리고 가능하다면 의미 있고 생산적인 것들을 추구하고, 활기차게 활동하고, 파괴적이고 절망적인 감정에서 벗어나고자 했다. 나는 평소처럼 행동하고, 좋은 기분을 유지하고자 노력했다. 다른 사람들과 함께하고 있는 현재의 순간을 온전히 누리고자 했고, 시체 같고 머리가 다 빠져버린 내 모습을 농담거리로 삼을 줄 알게 되었다. 그러자 그 상황이 편안하다고는 할 수 없지만 최악의 순간도 아니게 되었다. 나는 당시에도 열심히 최선을 다해 살았다.

삶이 우리들이 집중한 것으로 이루어진다는 심리 이론은 내 마음속과 책 속에 있는 것이지만, 일단 이를 받아들인다면 당신에게도 진실이 될 것이다. 개인적으로뿐만 아니라 행동심리학을 연구하는 학자의 입장에서도 나는 '주목'에 대해 진지하게 생각하게 되었다. 그리고 몇 가지 의문을 품게 되었다.

주목이란 정확히 무엇일까? 특정 대상에 주목을 던지는 순간 뇌에서는 어떤 일이 일어날까? 사고와 감정 작용에도 보고 듣는 것과 같은 과정이 진행될까? 집중 방식의 차이가 자아를 형성하는 데 어떤 영향을 미칠까? '그' 대상에 주목하는 것은 왜일까? 자동차 사고가 일어난 지역이나 욕설 같이 부정적인 대상들이 멋진 경치나 칭찬보다 더 주의를 끄는 것은 무엇 때문일까? 보통의 집중이 흐트러진 상태와 주의력결핍장애ADHD, Attention Deficit Hyper Activity Disorder는 양적, 질적으로 어떤 차이가 있을까? 어떻게 특정 대상에 장기간 집중력을 유지할 수 있을까? 이런 사실들을 삶과 일에 긍정적으로 적용할 수 있을까?

이런 의문을 해소하기 위해 나는 최근 주목이라는 주제를 집중적으로 연구하고 있는 신경과학과 행동과학 분야에서 답을 찾아보기로 했다. 이 두 학문은 의미를 추구하는 인간에게 있어 주목의 기능이 얼마나 중요한지를 밝혀냈다. 그러나 이런 학문들이 증명해온 방대한 이론들은 궁극적으로 내가 겪은 작은 경험으로도 간단히 묘사할 수 있다. "항상 행복할 수는 없다. 그러나 더 나은 미래를 위해 의도적으로 현재의 '특정 대상'에 집중할 수 있다."

주목을 기술적으로 관리할 수 있게 된다면 긍정적이고 생산적인 방향에서 삶의 요소들을 조화롭게 조직할 수 있게 된다. 존 밀턴John Milton은 "정신은 그것 자체로 하나의 장소이자 존재이다. 마음이 천국과 지옥을 만들어낸다"라고 표현했을 때 이미 주목의 힘을 알고 있었던 것 같다.

정신, 의식, 몰입,
우리의 뇌에서는 어떤 일이 벌어지고 있는가

프로이트를 포함하여 19세기의 학자들 역시 주목에 흥미를 느꼈다. 단지 탐구할 만한 기술이 부족했을 뿐이다. 인간의 뇌는 여전히 미스터리한 블랙박스이다. 윤리적인 이유에서 직접 연구할 수 없기 때문에 뇌에 대한 관점들은 대개 묘사인 경우가 많으며, 일부 뇌손상 환자들의 행동과 뇌수술 결과 등을 통해 추측할 수 있을 뿐이다. 주목에 대한 발견은 공식적으로 빌헬름 분트Wilhelm Wundt의 연구를 꼽지만, 그 이전에 근대 심리학의 아버지로 일컬어지는 윌리엄 제임스William James를 꼽기도 한다.

근대 인지심리학이 오늘날 커뮤니케이션과 정보화 기술의 발달과 함께 발전해왔다면, 윌리엄 제임스 시대의 행동과학은 진화론이

▲ **프로이트, 빌헬름 분트, 윌리엄 제임스**(좌측부터)
프로이트가 의식과 무의식을 분리한 이래로 심리학자들은 기억과 주목에 대해 지속적으로 관심을 가져왔다. 그러나 빌헬름 분트와 윌리엄 제임스에 의해 주목과 몰입이라는 개념이 탄생한 이후 한 세기가 지났지만 그 실체는 아직까지 제대로 규명되지 않았다.

등장하고, 이성과 종교의 대립이 격화되었던 당대의 중요한 문화적 발전에 의해 형성되었다. 심리학자가 되기 전 철학자였던 제임스는 임마누엘 칸트와 게오르크 헤겔의 합리주의 이성론의 영향에서 벗어나고자 했다. 실용주의 철학으로 나아가는 데 영향을 준 이들은 개인이 지닌 감정이 만들어내는 주관적인 현실, 사물을 경험하는 방식이 미치는 영향 등 추상적인 개념을 부정했다.

제임스는 진화론을 받아들였지만 인간의 타고난 본성이 행위를 결정지으며, 인간이 무시무시한 생물학적 기계라는 개념은 받아들이지 않았다.

"자유의지적인 삶에서 모든 외부 자극과 흥분은 우리의 감각에 의존하고 있다. 감각은 매 순간 우리가 어떤 현실을 받아들일지 결정하고, 오랜 시간에 거쳐 축적된 이런 일들의 총합이 우리를 지배하게 된다."

주목에 대한 제임스의 이론은 인간이 자유의지, 개성, 각 개인이 독창적인 경험을 창출하는 능력을 지니고 있다는 개념을 지지하는 기반이 된다. 그는 우리의 정신은 그 자체가 부과한 것에 의해 형성되며, 따라서 근본적으로 중요한 것은 어떤 대상에 집중하기로 결정했는지라고 주장한다. 이런 확신은 "스트레스에 대항할 최상의 무기는 다른 대상을 생각하기로 선택할 수 있는 인간의 능력이다"와 같은 발견의 기저를 이룬다.

《심리학의 원리The Principles of Psychology(1890)》에서 그는 처음 '주목'에 대해 언급한다. 그 내용과 형식은 현재까지 주목 연구에 적용되고 있다.

> 모두들 주목에 대해 알고 있다. 주목은 명확하고 다양한 형태로 마음을 점유하고 있으며, 동시적인 사건들, 연속적으로 이루어지는 것처럼 보이는 사고들 중에서 선택된 것이다. 의식의 국부화와 집중이 핵심 요소이다. 주목은 여러 대상들 중에서 가장 효과적으로 기능하는 대상을 끌어내는 것을 의미한다.

특정 수준에서 사람들은 주목이 무엇인지 알고 있다. 우리는 태생적으로 주목을 느낀 순간의 감각을 알고 있다. 전설적인 팬터마임 배우 마르셀 마르소Marcel Marceau가 운동선수나 예술가의 깊은 몰입 상태를 말없이 행동으로 전달하면 우리는 즉시 그 상태를 이해한다. 훈련 조교가 "차렷!"이라고 외치면, 군인들은 즉시 경계 태세를 포착하고, 차렷 자세를 취하는 데 집중력을 모은다. 내게 있어서 이 단어는 목 주위의 피부를 넓게 펼치고 꼿꼿이 선 코브라를 연상시킨다. 주위의 노이즈들을 차단하고 정신을 온전히 한곳으로 집중시키는 것, 즉 수많은 정신적 압력에도 불구하고 모든 근육이 한데 모여 작용하게 되는 것이다. 20세기 이전에 행해진 주목에 대한 설명은 감정을 묘사하는 수준에 불과하지만 오늘날의 연구자들 역시 대부분 동의한다. 이는 벌집을 쑤신 것Hornet's net처럼 마치 벌집을 한 번 건드리면 이후에 엄청난 문제들이 총체적, 지속적으로 나타나는 것과 같다.

주목 이론에 대한 연구가 행해진 것은 제임스의 언급 이후 반세기가 지나서였다. 제2차 세계대전에서 주목은 조종석에서 화면상에 뜬 다양한 신호들을 포착해야 하는 레이더 전문가들과 전투기 조종사들에게는 생과 사의 문제가 되었다. (휴대전화로 통화를 하면서 교통 상황이 시시각각으로 바뀌는 도로에서 운전을 해본 경험이 있다면 이를 쉽게 이해할 수 있을 것이다.) 우리는 여전히 뇌라는 블랙박스의 내부를 규명하지 못하고 있지만, 심리학자들은 외부 현상을 통해 주목을 규명하고자 노력하고 있다.

예를 들면 피험자에게 헤드폰을 통해 양쪽에서 각기 다른 단어를 들려주는 실험이 있다. 이때 피험자들은 한쪽 헤드폰에서 나오는 단어만 들었다. 뇌 내에서 어떤 일이 발생하는지 정확히 규명할 수는 없지만 이런 현상을 탐구하여 추측할 수는 있다.

1950년대에 시행된 '칵테일 파티 효과' 실험은 사람들이 각종 소음에 노출되었을 때 어떻게 소음을 뚫고 상대방의 소리에 주의를 기울일 수 있느냐에 관한 것이다. 한 무리의 사람들 가운데에서 누군가가 자신에 대해 언급했을 때, 우리는 어떻게 주변의 수다 소리가 아니라 자신에 대한 '그' 이야기를 선명하게 들을 수 있는 것일까? 그 원인을 소리의 크기나 거리의 근접성 등 자극의 물리적 특성으로 설명하는 사람들도 있다. 그러나 자신과 관계된 내용이나 성적 매력, 혹은 다른 끌리는 부분이 있는 대상에 주목하게 된다는 주장도 있다. 양자가 모두 작용한다는 주장도 있다.

그러나 이런 연구들을 모두 모아도 20세기의 심리학자들은 제임스의 주목 이론을 증명하는 데 어려움을 겪었다. 이들은 '보려는 의지' '심적 에너지' '정신적 환경' 혹은 '특정 경험에 대한 심리적 전제 조건' 등 모호하고 다양한 설명들을 내놓았다. 여기에 자신의 학문 분야가 다른 학문의 침입을 받게 될까 염려하는 연구자들의 존재 역시 어려움을 배가시켰다.

그러나 1960년대가 되자 신경과학자들이 새로운 기술을 통해 뇌의 내부에서 어떤 일이 벌어지고 있는지 심리학자들보다 더 잘 알아낼 수 있게 되었다. 전반적인 행동연구는 물론 주목의 특징에 대해서도 변형된 설명이 등장하게 된 것이다. 미 국립보건연구원NIH, National Institutes of Health의 연구자들은 영장류를 대상으로 한 주목 실험에서 뇌의 전기적 신호를 기록했다. 이후 생각, 감정, 행동에 따라 뇌의 각 영역의 색깔이나 선명도가 변화하는 모습을 보여주는 fMRI나 MEG 등의 기계들이 발달하면서 뇌영상을 이용한 주목 실험이 가속화되었다.

그러나 현대의 연구자들 역시 뇌의 감각중추, 지각, 운동신경 변화 등을 알 수 있게 되었지만 여전히 감정과 인지 같은 고도의 정신적인 능력에 대해서는 밝혀내지 못하고 있다. 정신-뇌의 문제는 뇌의 전기화학적인 변화 같은 신경학적인 사건들이 어떻게 일어나는지 밝히고자 하는 모든 노력들을 허사로 만들기도 하지만, 갑작스러운 시각적 노출이나 욕망의 분출 같은 인간의 행동을 설명하는 데 이용되기도 한다. 그럼에도 불구하고 하나의 시각적 대상이 실제로 수천 단어의 가치를 지니고 있는 것은 사실이며, 인간 내면의 모습을 밝혀 외부적 행위를 설명하는 신경과학자들의 방식은 지금까지 심리학자들이 구축한 외부 상황이 내면 심리에 영향을 준다는 이론에 영향을 미치고 있다.

'주목'을 대상으로 이루어지는 실험 대부분은 시각, 청각과 관계가 있다. 이런 감각 체계들이 대부분 측정 가능하여 분석하고 연구하기에 적합하기 때문이다. 주목을 측정하는 데는 정신적 과정과 관계된 다양하고 광범위한 방식이 사용된다. 그러나 이런 실험은 대부분 피험자가 다양한 일을 처리하는 방식을 분석하여, 각자의 관점에서 가장 효율성이 높은 것을 측정하는 방식으로 진행되고 있다. 시각 탐색Visual Search 실험은 수많은 대상들 가운데 특정 대상에 주목하는 데 걸리는 시간을 측정하는 것이다. 이런 연구를 통해 밝혀낸 기초 사실은 사고와 감정에 초점을 맞추는 것뿐만 아니라 다른 감각 이론에도 적용할 수 있다.

주목의 기본 메커니즘

현재 의식이나 마음, 주목 같은 개념은 신경과학과 행동과학 비즈니스에서 하나의 개념으로 통용되며, 이는 각 부분들의 합 이상이라고 여겨진다. 뇌에서 단 하나의 주목 중추라는 것을 지목할 수는 없다. 주목은 경보 체계, 조직력, 외적·내적으로 발생하는 일들을 자신에게 적합하고 일관된 방식으로 조율하고 통합하는 네트워크 능력의 총체로 반응의 방향을 설정한다. 이 과정에서 뇌의 두정엽과 전두엽이 특히 중요한 역할을 하지만 감각 체계와 다른 많은 구조들 역시 이와 관계가 있다. 실제로 모든 뉴런과 신경세포들은 주목을 조절하는 요소이다.

주목에 대한 개념을 바꾼 신경과학자들의 진정한 발견은 선택 과정이 주목의 기본 메커니즘이라는 것이다. 이 신경학적 분리 작용은 두드러지게 드러나는 대상이나 심리 상태, 우리의 지식 범위에서 높은 가치를 지닌 정신적 주제를 강화함으로써 주변의 노이즈들을 제거하고 목표 대상에 집중할 수 있게 해준다. 그러나 이런 발견은 엘리트 과학자 집단이 아닌 곳에서도 일상적으로 볼 수 있다는 것을 우리는 잘 깨닫지 못한다.

'주의를 기울이다'라는 표현은 특정 대상에 주목할 때 그 대상에 현재의 인식을 한정한다는 것을 의미한다. 이는 매우 현명한 투자로 대상에 대한 이해를 높여준다. 어느 순간 당신의 세계에 뇌가 처리할 수 없을 만큼, 혹은 그것을 묘사해낼 수 없을 만큼 (물리적인 주제든 정신적인 주제든 혹은 둘 다든) 지나치게 많은 정보가 결집되면, 당신의 주목 체계는 그 대상들 중 특정한 것들을 골라내고 현재 상태에서 가치 있는 것들을 선택한다. 그리고 그것이 당신의 행동에 영향을 미친다. 이런 인생의 순간순간들이 현실의 일부를 구성하며, 선택받지 못한 나머지는 그림자가 되거나 한구석에 남겨지게 된다.

주목의 선택적 특성은 혼돈 상태를 다른 관점에서 바라보게 하며 수많은 이익을 만들어낸다. 우리는 단 한 순간도 모든 경험을 취할 수 없고, 실제 세계보다 훨씬 작은 세계를 경험한다. 거리의 소음, 직업적인 아이디어들, 인간관계에서 발생하는 감정 등 모든 자극들은 우리의 주목을 끌기 위해 잠재적인 전투를 벌인다. 새로운 정보와 커뮤니케이션 수단들은 정보 과부하를 불러일으킨다. 특정 대상에 주목을 집중하고 정보를 필터링함으로써 주목은 세계를 '나의 세계'로 함축시킨다.

또한 주목은 나만의 세계를 조직하는 이성적인 과업을 수행하면서 동시에 디오니소스적인 아름다운 경험을 할 수 있게 해준다. '몰두rapt'라는 완전하게 몰입되고, 빛나고, 매혹적이고, 흥분되는 이 경험은 철학자의 사색과 목수의 톱질에서부터 사랑의 매혹까지 삶의 진정한 기쁨을 누리는 모든 순간에서 찾을 수 있다.

물론 어떤 사람들은 태생적으로 다른 이들보다 쉽게 이 상태에 돌입할 수 있는 능력을 타고난다. 그러나 사유, 반복적 경험, 훈련을 통해 누구나 이런 깊은 몰입 상태를 만들어내어 보다 깊이 있는 경험을 할 수 있다. 몰두 상태에 주의력을 모으는 것은 개울가에서 송어낚시를 하든 소설을 읽든 조립가구를 만들고 있든, 집중력을 증진시키고 내면의 세계를 확장하고 영혼을 승화시킨다. 무엇보다 중요한 것은 그것이 자신의 삶을 더욱 가치 있다고 느낄 수 있게 해준다는 것이다.

경험을 선별하고 가려내는 능력은 혼돈 속에서 질서를 만들어낸다. 매혹의 기쁨은 주목의 가장 짜릿한 이익이며, 노력만큼 얻어낼 수 있는 결과물이다. 우리가 조율하는 현실의 작은 조각들은 사실상 생각보다 훨씬 불완전하고 주관적이다. 이 이론은 아직까지 공식적으로 인정받지 못하지만 우리의 관계는 물론 다른 사회적 삶에 큰 변화를 불러일으킨다는 것만은 사실이다. 사람마다 주목하는 대상은 다르며, 같은 대상에서 다른 측면을 바라보기도 한다. '사람들은 모두 다른 세계에서 살아간다'는 말은 명백한 진실이다.

집중력을 유지하는 것은 질적인 삶wellbeing을 살기 위한 훌륭한 전략이지만 말처럼 쉽지만은 않다. 일단 경험을 통해 자신만의 주목 법칙을 확립하는 것에서부터 시작해야 한다. 나무들이 아니라 숲을 보아야 하기 때문이다. 심리학자들은 무엇이 사람들의 감정을 만들어내고 더 나은 방향으로 기능할 수 있게 하는지를 탐구하면서부터 주목을 기술적으로 관리하는 것이 인간의 행동 변화를 일으키는 첫 번째 단계이자 자기 발전을 이룩하는 포괄적인 접근법이라는 것을 깨닫게 되었다.

주목을 관리하는 것도 여타의 자기계발 훈련이나 노력과 같이 일종의 기술이다. 주목의 중요성을 깨닫고 나서 연구자들은 주목 능력을 증진시키기 위해 극단적으로 약물을 개발하기도 했다. 아랍 세계가 커피의 각성 효과를 발견한 이래로 서구에서는 리탈린이나 모다피닐 같은 각성제들을 발명해왔지만, 이런 물질들은 잠재적으로 오남용 가능성과 관련된 부작용들을 지니고 있다.

행동과학적인 접근법에서 제임스는 다양한 트릭들을 제시한다. 목표로 삼고 있는 대상을 새로운 관점에서 본다든지 혹은 대상의 다양한 측면들을 정교하게 다듬어본다든지 하는 것이다. 현대에 들어 그의 계승자들은 주목 능력을 향상시키는 컴퓨터 훈련 프로그램을 만들어내기도 했다. 그러나 새로운 전략이라고 하는 대부분의 것들 역시 명상 요법을 세속화하고, 주목 훈련 방식을 차용하거나 기존의 연구들을 따르고 있다는 점에서 결국 질적으로 과거로 역행한 듯이 보인다. 그렇다 해도 이런 인식을 관리하는 방법은 집중 능력을 강화하고, 삶을 질적으로 향상시키고, 자유롭고 안전하며, 정신적·육체적 건강을 유지하는 것에 관심을 가지고 있는 7,500만 베이비 붐 세대들에게 만족스러운 결과를 안겨주고 있다.

몰입하는 삶을 살기 위해 대단한 주목 능력이 필요한 것은 아니다. 이보다 모든 경험을 가능한 최고의 경험으로 만들 수 있도록 어떤 목표를 선택해야 할지를 분별하는 데 달려 있다. 이는 인간만이 죽음의 필연성을 알고 있는 생명체이기 때문에 가능하다. 또한 인간은 시간을 최대한 유용하려면 경험하는 대상과 연결고리를 만들고 그에 집중해야 한다는 것을 알고 있는 생명체이기도 하다. 윌리엄 제임스의 대부인 랄프 왈도 에머슨의 말처럼 "시간을 충만하게 쓰는 것이 행복이다."

일생의 과업보다 지금, 오늘, 이번 주, 올해, 어느 대상에 주목할지 결정하는 것은 우리가 인간이라는 존재이기에 가능하다. 삶의 질은 주목을 어떻게 다루느냐에 달려 있다고 해도 과언이 아니다. 모세는 신에게, 피카소는 비범한 창조성에 온전히 집중했다. 우리는 각자 다른 동기와 재능을 지니고 있고, 따라서 올바른 집중 대상을 찾는 과정은 복잡하게 이루어진다. 생각이 이리저리 부유하는 것을 막고, 다음에 무슨 일이 일어나게 될지를 생각하여 반응하고, 일상생활에서부터 인간관계까지 모든 일에 신중하게 대상을 선택하여 시간과 주목이라는 한정된 재화를 가치 있게 만들어야 한다.

직업을 선택하거나 배우자를 선택하는 것처럼 일생의 집중 대상을 결정하는 일은 자연히 고도의 주목을 이끌어낸다. 그 외의 선택들은 이보다는 명확하게 드러나지 않지만 역시 일상적인 경험의 방향을 결정한다. 걱정거리보다 희망에 집중하고, 과거보다 현재에 집중하는 것을 선택하라. 상황이 망쳐졌다면 그 상황을 올바르게 인정하고, 더 이상 집착하지 마라. 텔레비전 재방송을 보기보다 독서나 기타 연습을 하고, 이메일을 작성하기보다 대화를 나누고, 인스턴트 도넛보다 신선한 사과를 먹어라.

'시간을 보내는 것'과 '시간을 잘 사용하는 것' 사이의 차이는 크고 작은 문제에서 무엇을 어떻게 다룰지 현명하게 판단하는 데 달려 있다. 선택의 질적인 측면을 생각하고 행동한다면 인생의 질도 그에 따라 달라질 것이다.

수많은 연구들이 부자, 유명인, 천재, 미인 들 대부분이 재능과 부를 더 적게 누리는 평범한 사람들보다 행복하지 않다고 말한다. 개인의 자아와 삶에서 느끼는 기쁨은 다른 사람의 관심과 주목에 달려 있는 것이 아니기 때문이다.

나치의 죽음의 수용소라는 지옥에서도 많은 사람들이 절망에서 벗어날 수 있었던 것은 자신에게 남겨진 단 한 가지에 집중하고 그것을 수용했기 때문이다. 배가 난파되거나 비행기 추락으로 외딴

섬에 고립된 것과 같이 극단적인 상황에 처한 사람들 사이에서 죽음의 공포나 심리적인 문제들이 발생하는 일은 놀라울 정도로 드물다. 오히려 보통의 정상적인 환경에서보다 문제가 발생하는 비율이 훨씬 낮다. 이런 사람들은 파란만장한 상황에도 불구하고 과거에 집착하거나 텔레비전 채널만 돌리면서 시무룩하게 앉아 있기보다 현재에 몰입하는 삶을 살아간다.

'산만함distracted'이라는 단어가 집중력이 없다거나 혼돈, 정서 불안, 때로는 광기와 동의어로 사용되는 것은 우연의 일치가 아니다. 어느 것에도 집중하지 못하고, 혼돈 상태에서 시간과 공간을 망상하는 데 사용하면서 살기는 매우 쉽다. 이런 혼란스럽고 산만한 정신 상태를 인터넷, 컴퓨터, 휴대전화, 케이블 텔레비전의 탓으로 돌리기도 쉽다.

그러나 이는 현대의 다양하고 매력적인 기계장치들의 잘못이 아니다. 진짜 문제는 우리가 주목을 이용하여 진정으로 만족스러운 경험을 선택하고 누릴 수 있는 자신의 능력을 명확히 인식하지 못한다는 데 있다. 우리는 이런 잠재력을 계발하는 대신 계획 없이 되는대로 아무 대상에나 주목하면서 지나치게 방만하고 불안정하게 정신적 자원과 소중한 시간을 낭비하고 있다. 그 결과로 별 볼일 없는 삶을 사는 것은 당연한 일이다.

주목은 삶을 구성하는 모든 것은 아니지만 삶의 질에 상당한 영향을 미친다. 한 가지 질문을 해보겠다. 셰익스피어의 연극을 볼 때 당신은 어느 부분에 스포트라이트를 비추는가? 주목은 이와 같은 것이다.

이 책은 주목과 관련하여 초, 분, 하루, 일주일, 한 달, 일 년을 구성하는 시간의 조각들과 변화하는 시간의 흐름을 따라간다. 먼저 우리는 교통신호가 변하거나 갑자기 질투심이 일어나는 등 각자의 세계에서 특정 대상을 인식한 순간, 해당 대상에 집중하고 반응하는 데 적용할 기초적인 주목 관리 법칙을 살펴볼 것이다. 다음에는 감정이 발생하는 방식과 받아들여지는 감정 사이의 양방향적 관계를 살펴볼 것이다.

주목의 형태는 사람마다 각기 지문이 다르듯이 다양하게 존재한다. 단지 각자가 지닌 개성에 따라 주목하는 대상이 다르고, 이와 동시에 우리가 주목하는 것이 각자의 개성을 결정짓는다는 것만이 공통된다. 주목의 역할은 학습, 기억, 감정, 관계, 직업, 의사결정, 창조성을 포함하여 삶의 주요한 측면을 구성한다. 일반적이고 사소한 주의 산만에서부터 보다 심각한 주의력결핍장애에 대해 살펴보고 나면, 우리는 동기 부여, 건강, 삶의 의미 추구 등 삶의 전반적인 부분에서 몰입의 역할에 대해 보다 폭넓게 받아들일 수 있게 될 것이다.

주목에 대해 연구한 5년여 간은 몇몇 명백한 사실을 확인하는 기간이었다. "무위도식하는 정신은 그 자체로 죄악이다"라는 것이다. 집중하지 못한다면 정신은 삶을 제대로 된 방향으로 이끌지 못하고 잘못된 일을 하는 데 고착화되고, 이는 다시 정신의 프레임을 잘못된 방향으로 구성하게 만든다. "먹구름 뒤의 햇살을 바라보라"

는 속담은 어려운 상황에서도 생산적인 측면에 집중하고, 그로 인해 진실로 더욱 만족스러운 경험을 이끌어낼 수 있음을 알려주는 비유이다.

일반적인 지혜를 제쳐두고서도 주목과 관련한 연구들은 놀라움으로 가득 차 있다. 희망이나 친절 같이 심장이 뛰는 감정에 집중하라는 것은 단순히 상징적인 말이 아니라 부정적인 감정에 위축되지 않게 함으로써 세계를 확장시킨다. 현대의 기이한 워커홀릭 문화가 칭송하는 멀티태스크 능력은 신화에 불과하다. 인간만이 아니라 문화 역시 각자의 특화된 방식으로 다양한 현실들을 만들어낸다. 얼마 전에 만난 사람의 이름을 기억하지 못하는 이유는 알츠하이머에 걸려서가 아니라 단지 첫 만남에서 그에게 주목하지 않았기 때문이다.

제아무리 명민한 사람이라고 해도 잘못된 것에 집중한다면 중요한 문제에 대해 실책을 저지를 수 있다. 그럼에도 불구하고 주의력결핍장애에 대해서는 놀라울 만큼 거의 알려져 있지 않다.

삶은 우리들이 집중한 대상들의 합이다. 현재에 일어날 일이 다음에 무슨 일을 발생시킬지, 그리고 그에 따라 삶의 질이 어떻게 변화할지에 대해 의문을 품는 능력을 잃지 않는다면, 현재의 위기는 보이는 그대로 위기만은 아니게 될 것이다.

고통스러운 경험을 겪은 후에야 나는 여생을 보낼 계획을 세우게 되었다. 거창한 것이 아니라 단지 현재에 주목할 대상을 신중하게 선택하고(책을 쓰거나 스튜를 만들거나 혹은 친구를 초대하거나 창밖의 경치를 즐기는 일 등) 그것에 온전히 몰두하겠다고 결심했다. 즉 몰입하는 삶을 살아가기로 한 것이다. 그것만이 현재를 누리는 최고의 방식이기 때문이다.

옮긴이 주 | 일반적으로 심리학 용어로 attention은 주의집중으로 번역되지만, 이 책에서는 주목으로 번역하였다. 이 책에서는 주목, 주의를 기울인다는 개념으로 attention을, 목표에 초점을 맞추고 집중하는 것을 focus로, 완전한 몰입 상태인 몰두 주목을 rapt로 표현하고 있다.

01 | 왜 몰입인가

인생은 내가 집중한 것들의 총합이다

우리는 선택을 해야만 한다.
그렇지 않으면
뉴런이 선택할 것이다.

_ 스티븐 얀티스

경험과 세계, 나 자신은 우리가 집중한 대상들로 이루어진다. 고통스러운 장면에서부터 마음을 진정시키는 소리들, 다양한 생각과 변화무쌍한 감정들까지 우리의 주목 대상은 삶의 조각이 되어 차곡차곡 쌓인다. 때로 집중은 주목하지 않을 수 없는 자극(벌에게 쏘이거나 경미한 자동차 사고 등)에 의해 결정되기도 한다. 그러나 대부분 우리의 통제 아래에 있는 것으로 이는 잠재적인 부분이다. 다른 형태의 에너지와 마찬가지로 이 정신적인 상태 역시 운용하는 법을 알고 있는 사람들만이 효과적으로 사용할 수 있다.

기초 주목과 선택 주목

신경과학의 급격한 발전은 지금껏 심리학자들이 밝히지 못했던 것들을 많이 알려주었다. 신경과학에서는 주목 상태를 '집중 상태in focus'와 '비집중 상태out of focus'로 구분한다. 주목이 내·외부 세계의 특정 대상을 선택하고, 그 대상을 주변의 다른 대상들보다 명확히 인지함으로써 우리의 경험을 형성한다는 것이다. 이 두 부분의 신경생리적 과정은 고양이를 보든, 어떤 개념을 생각하든, 향기를 맡든, 감정을 느끼든 목표 대상을 결정한다는 데 있어서 기본적으로 같은 방식으로 작용하며, 이는 감각 세계에서 더욱 포착하기 쉽다.

도심의 거리나 시골 길을 걸어간다고 생각해보자. 교통신호, 건물, 가로수, 동물 들까지 주변에 무수히 많은 것들이 존재하고 있음을 즉시 깨닫게 될 것이다. 그러면 3파운드짜리 뇌는 순간을 포착하기 위한 과정을 시작한다. 몇몇 대상만 포착하고, 나머지 대상들은 필터링하는 우리의 능력은 세계를 더욱 질서정연하게 (때로는 더욱 복잡하게) 만들어준다. (실제로 LSD 같은 마약류가 환각 작용을 유발하는 것은 그 약물이 뇌의 주목 기능을 느슨하게 만들어 지나치게 많은 양의 정보가 뇌에 유입되도록 하기 때문이다.) 경험을 필터링함으로써 주목은 생각보다 훨씬 더 편파적이고 개인적인 현실을 만들어낸다.

당신이 뉴욕 시의 센트럴 파크를 거닐고 있다고 생각해보자. 콘크리트 숲 속의 이 멋진 초록색 오아시스는 새를 볼 수 있는 미국의 10대 명소 중 한 곳이다. 대도시 군중들 속에서 멋진 홍관조가 날아오르고, 땅 위에서 참새가 먹이를 쪼아 먹는 모습은 도착하고 몇 분이 지나지 않아 당신의 주목을 끌 것이다.

이렇게 표현하기 위해서 우리는 두 가지 집중 방식 중 한 가지를 선택하여, 세계에서 자신이 가장 흥미롭게 느끼는 대상으로 관심을 조정한다. 즉 무의식적으로 가장 깊은 '기초 주목bottom-up attention'이 발동되는 것이다. 이런 수동적인 과정은 자의적으로 일어나는 것이 아니다. 불타는 듯한 주홍색 인장이 자연스럽게 눈에 띄듯이 명백하게 주목하지 않을 수 없는 대상, 현저히 드러나는 대상에 의해 작동된다.

진화론적으로 기초 주목은 인간의 타고난 특성이다. 밝은색의 꽃이 먼저 눈에 들어오고, 뱀이 쉭쉭거리는 소리에 놀라고, 상한 음식 냄새를 맡았을 때 코를 찡긋거리는 등 우리는 생존에 위협이 되거나 생존을 강화시킬 수 있는 대상에 반응하고 그것을 추적한다. 몸을 웅크리고 숨어 있는 약탈자든 활보하고 있는 맛있는 먹잇감이든, 생과 사를 가르는 잠재적인 정보는 대개 주변 환경과 유사하고 익숙한 것보다 새롭고 색다른 것에서 나오며, 무의식적으로 주목을 이끌어낸다. 새로운 자극에 특히 끌리는 이유가 바로 여기에 있다. 위협(혹은 이익)을 암시하는 새로운 대상이 나타나면 우리는 그 대상을 즉시 가늠해본 후, 싸울 태세를 갖추고 으르렁거릴지 저녁 먹잇감이 될 것 같다는 신호를 받고 도망칠지를 판단한다.

기초 주목은 외부 세계에서 무슨 일이 벌어지고 있는지를 자동반사적으로 알려준다. 그러나 사바나 정글이 아니라 탈공업화 시대의 도심 한복판 책상 앞에 앉아 있는 우리들에게 이 기제는 약점이 되기도 한다. 때로 전혀 무용할 때도 있고, 때로 주의력을 흐트러뜨리는 달갑지 않은 상황을 낳기도 한다. 책을 읽거나 컴퓨터 앞에 앉아 일에 몰두해 있을 때도 선조들에게 물려받은 이 진화적 기질은 팔에 앉은 파리나 창밖에서 들려오는 구급차의 사이렌 소리 같은 외부 자극에 주목하고 계속 신경을 쓰게 만들기 때문이다.

기초 주목이 "지금 여기 있는 것 중 가장 명확한 대상은 무엇인가?"라고 묻는다면, 선택 주목top-down attention은 "어떤 대상에 집중하고 싶은가?"라고 물을 것이다. 이런 활동 때문에 자발적인 주목은 효과를 발휘한다. 특정 대상에 주목하는 것이 어려울수록 대상에 대한 집중도는 더욱 높아지지만, 이를 오래 지속할수록 집중력은 떨어지게 된다. 만약 5월의 센트럴 파크에서 나뭇가지 사이를 날아다니는 새들을 분류해보겠다고 마음먹었다면 80여 종도 넘는 새들을 살펴보다 눈은 게슴츠레해지고 머릿속은 혼란스러워져 결국 다 그만두고 이제 쉬고 싶다는 생각이 들게 될 것이다.

넬슨, 라마누잔, 타이거 우즈의 자발적 주목 능력

기초 주목처럼 선택 주목 방식 역시 인류를 발전시켜왔다. 이 기제는 다른 종보다 오랜 기간 양육을 한다든가, 도시를 건설하고 운영하는 것과 같이 인류에게 보다 어려운 목표를 추구할 것을 선택하게 만들기 때문이다. 주목이 발현되는 곳에서 이런 계획적인 과정은 개인의 일상적인 경험을 설계하는 핵심 요소가 된다. 이것이 우리가 무엇에 집중하고, 무엇을 배제할지를 결정하기 때문이다.

특출난 업적을 이룩해내는 사람들 대부분은 주목 대상에 몰두하는 능력이 탁월하다. 미네소타 대학교의 성격심리학자 데이비드 리

켄David Lykken은 이런 사람들이 정신적 에너지를 광범위하게 가지고 있음을 관찰하고, 이를 '주목 대상에 집중하는 능력' '가외적인 것들을 차단하는 능력' '답을 찾아가는 과정을 추구하는 능력'이라고 규정했다. 지치지 않고 오랫동안 문제에 도전하기 위해 반드시 필요한 자질들이다.

그의 사례 대상들 중에는 나폴레옹에게서 영국을 구해낸 외눈박이, 외팔의 허레이쇼 넬슨Horatio Nelson 제독도 포함되어 있다. 넬슨의 일기에는 이런 내용이 있다.

"5일 동안 잠을 자지 못했지만 힘든 점은 조금도 없다."

천재 수학자 스리니바사 라마누잔Srinivasa Ramanujan과 관련된 일화 역시 특기할 만하다. 어느 날 병문안을 온 한 동료가 자신이 타고 온 택시 번호가 1729로 별 특징 없는 숫자라고 말하자 라마누잔은 즉각 이의를 제기했다.

"오, 그렇지 않네. 1729는 매우 흥미로운 숫자일세. 2개의 세제곱수의 합으로 나타내는 방법이 두 가지인 수 중 가장 작은 수일세.($12^3+1^3=10^3+9^3=1729$-옮긴이)"

동료는 라마누잔의 상상을 초월하는 수학 능력은 그가 수를 친구로 여기고 모든 시간을 완전히 수에 몰입하는 데서 나온다고 말한다.

2008년 여름, 타이거 우즈는 무릎 부상이라는 악재에도 불구하고 4번째 US 오픈 우승을 거머쥐었다. 우즈를 스포츠 세계의 신으로 만들어준 것은 그의 게임에 대한 냉정한 선택 주목 능력이었다.

(아버지의 말에 따르면, 우즈는 6개월 무렵부터 요람에 누워 골프 중계를 2시간가량이나 집중해서 시청했다고 한다.) 〈뉴욕타임스〉의 칼럼니스트 데이비드 브룩스David Brooks는 "인스턴트 메시지, 멀티태스크, 무선 기계장치들, 집중력 장애가 난무하는 시대에 우즈는 강건한 정신력의 모범이라고 할 만하다"라고 평가했다. 대부분의 위대한 운동선수들이 그렇듯이 우즈 역시 최고의 신체 능력을 갖추고 있지만, 브룩스는 무엇보다 그의 '집중 상태에 돌입하는 능력'을 우선으로 꼽는다.

우즈의 주목 능력은 목표 대상에 대한 집중력을 날카롭게 만드는 데 큰 이점으로 작용한다. 그러나 이런 천재들의 능력은 주변 사람들을 괴롭히기도 한다. 즉 몰입 경험의 장점이 단점이 될 수도 있다. 잠시 천재들의 사생활을 생각해보자. 윌리엄 제임스가 동생인 소설가 헨리 제임스에 대해 언급한 내용은 넬슨, 라마누잔, 우즈 등도 그와 유사하거나 혹은 그 이상의 일을 저지를 수 있음을 시사한다.

▲ **라마누잔, 타이거 우즈, 헨리 제임스**(좌측부터)
상상을 초월하는 몰입 능력을 지닌 천재들은 때로 현실 세계와 충돌을 일으킨다. 윌리엄 제임스의 말처럼 머릿속에 있는 흥미로운 세상에서 자신의 주의를 돌릴 수가 없기 때문이다.

동생은 아무렇지 않게 파혼을 하고, 편지에 답장을 하지 않고, 제멋대로 가족의 의무를 무시하곤 했다. 천재성은 평생 그의 마음을 지배하고 있었고, 그는 머릿속에 있는 흥미로운 세상에서 자신의 주의를 돌릴 수가 없었기 때문이다.

선택 주목과 관련된 놀라운 현상 중 하나로 주의맹change blindness 현상이 있다. 일군의 심리학자들이 체육관에서 농구 연습을 하는 한 무리의 사람들을 캠코더로 촬영했다. 그리고 어느 시점에서 큰 고릴라를 사람들 옆으로 걸어가게 했다. 고릴라는 중간에 멈춰 서서 가슴을 두드리기도 했다. 다음으로 연구자들은 이 비디오를 피험자들에게 보여주고, 패스 횟수를 세어보라고 하면서 농구공의 움직임에 주목하게 만들었다. 이때 이들을 두 그룹으로 나누고 한 그룹은 하얀 셔츠를 입은 팀에, 다른 한 그룹은 검은 셔츠를 입은 팀에 집중하게 했다.

계획하에 만들어진 자발적 주목은 매우 강력했다. 참가자들의 절반 정도가 가슴을 두드리는 유인원의 존재를 알아차리지조차 못한 것이다. 특히 하얀 셔츠를 입은 팀을 관찰하던 사람들이 더 많이 까만 고릴라의 존재를 놓쳤다. 주의맹에 관한 연구들은 우리가 특정 상황에 익숙해지면 우리의 선택 판단top-down conviction은 이미 어떤 일이 벌어지고 있는지를 알고 있다고 생각하게 하여 심지어 사람의 머리가 말의 머리로 바뀌는 것처럼 극단적인 상황이 발생해도 그것을 놓치게 될 수도 있음을 알려준다. 직장에서 문제의 새로운 해결책을 찾는 것에서부터 결혼 생활에서 열정을 유지하기 위한 것에 이르기까지 일상생활에서도 이는 과장된 은유가 아니다.

우리가 선택하지 않으면 뉴런이 선택할 것이다

우리의 현실은 무의식적인 주목과 선택적인 주목이 목표 대상을 전환하는 것에서부터 발달된다. 센트럴 파크를 산책하고 있다면 사람들의 소음이나 갑작스럽게 들려오는 소리가 기초 주목을 자극할 것이다. 그러나 할리우드의 소란스러운 환경에서는 오리의 꽥꽥거리는 소음은 단순히 배경음에 지나지 않게 될 것이다.

기초 시각 주목이 추기경의 선명한 주홍색 법복에 주목한다면 주위의 상대적으로 단조로운 색의 복장을 한 추기경단은 희미한 대상으로 조절된다. 선택 청각 주목이 하나의 멜로디에 끌리게 되면 주변의 군중 소리는 억제된다는 것이 주목의 기본 메커니즘이다. 즉 하나의 대상이 강화되면 그것은 우리의 뇌에서 멋지고, 선명한 대표 이미지로 부각되거나 묘사되며, 선택받지 못한 대상들은 억제되어 하찮은 대상으로 전락하고 망각된다. 캠브리지 대학교의 신경과학자 존 덩컨John Duncan과 MIT 대학교의 로버트 데시몬Robert Desimone은 이를 '편향경쟁biased competiton'이라고 일컫는다. 아직 많은 부분이 밝혀지지 않았지만 이는 일상의 경험을 구축하는 주목 대상 선택에 매우 중요한 배경이 된다.

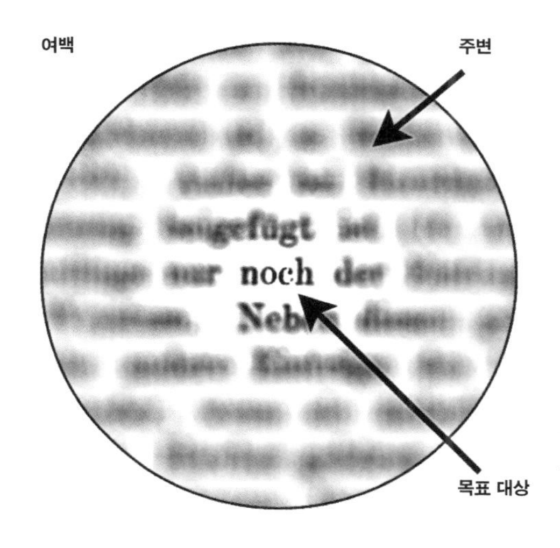

◀ **선별적 주목 선택**

하나의 대상이 강화되면 그것은 우리의 뇌에서 멋지고, 선명한 대표 이미지로 부각되거나 묘사되며, 선택받지 못한 대상들은 억제되어 하찮은 대상으로 전락하고 망각된다.

센트럴 파크 스트로베리 필드의 자연실험장에는 편향경쟁을 실험하기 위해 따로 새 구역이 구획되어 있다. 여기에서는 "보이는 대로 믿는다"라는 가정에서 시각 그 자체를 측정 도구로 한 연구가 진행된다. 연구자들은 시각 연구를 통해 목표 대상에 주목했을 때 뇌에서 어떤 일들이 벌어지는지, 그리고 이런 선택 능력에 따라 현실이 실제로 어떤 과정으로 구성되는지를 명확히 설명할 수 있게 될 것이라고 기대한다.

존스 홉킨스 대학교의 신경과학자 스티븐 얀티스Steven Yantis는 이곳에서 주목과 시각에 관한 연구를 했다. 센트럴 파크를 거닐다 우연히 날개 달린 생명체들이 무리지어 있는 이곳을 맞닥뜨린다면 어떻게 될까? 먼저 우리는 이 소란한 장면을 무작위로 흘끗 바라보게 되며, 기초 주목으로 인해 수동적이고 본능적으로 자극에 반응하게 될 것이다. 눈은 해당 장면에 대한 부족한 정보를 모으게 되며(대개 빛의 강도, 형태, 색깔) 이것이 뇌의 시각화 구역에 전달된다. 그러면 엄청난 수의 뉴런들이 색, 형태, 크기, 그 밖의 다른 특징들을 그려낸다.

뇌의 기본 장치들이 작동하면서 뉴런들 역시 이 장면에서 가장 두드러진 대상으로 편향된다. 선명한 색깔과 뚜렷한 형태를 지닌 큰 어치에 먼저 주목하게 될 것이고, 그다음으로 좋아하는 새, 예를 들면 굴뚝새 같은 것을 본 다음, 마지막으로 수수한 황갈색의 참새들에게 주목하게 될 것이다. 신경세포들은 눈으로 들어온 정보들을 이전의 지식(이 경우 조류학)과 결합하여 뚜렷한 상을 그리게 한다. 눈에 띄는 큰 어치는 뇌가 묘사한 것 중 가장 강한 종류의 것으로 경쟁성을 획득하게 되며, 우리는 이렇게 외치게 될 것이다.

"멋진 새야!"

그러나 이런 복잡한 새 구역에서 배가 노란 작은 딱따구리 같은 특정한 목표물을 유심히 살펴보기 위해 적극적으로 목적 지향적인 선택 주목을 사용하는 순간, 주목 대상은 머릿속에서 변화를 일으킨다. 단지 보기 드문 대상을 포착할 것이라는 생각을 한 것만으로 즉시 우리의 주목 능력은 그 과정을 진행하는 쪽으로 강화된다. 만약 어떤 장소에서 조만간 무슨 일이 벌어질 것이라는 말을 듣는다고 해보자. 이렇게 의식적으로 주목할 대상을 단순히 선택하는 것만으로도 시각 피질에서는 그 대상에 대한 활동성이 상승하며, 대상이 명확하게 결정되면 이 능력은 증대된다. 즉 주목할 것이라는 생각만으로도 뇌는 영향을 받고, 이것이 실제 경험을 향상시키는 것이다.

선택 주목은 딱따구리 같이 특히 선호하는 새에게 경쟁성을 부여하는 편향성을 지니고 있다. 아직 밝혀져야 하는 부분이 많이 남아 있지만 이 과정에서 물새나 비둘기 같은 평범한 새들은 딱따구리 같은 특이 종이나 얼룩 무늬나 붉은 반점 혹은 샛노란 날개를 지닌 특징 있는 새들에게 밀려나게 된다. 이런 주목을 끌기 위한 전투는 마치 새 무리들 사이에서 딱따구리 한 마리에게 스포트라이트를 비춘 것과 같이 목표 대상에 안착하게 되면 끝난다. 이런 과정은 반복적으로 발생하며 이와 관련된 각각의 경험은 축적된다. 얀티스가 '제로섬 게임'이라고 부르듯이 딱따구리가 주목을 끌었다는 말은 어치가 주목을 끌지 못했다는 말과 같다.

"뉴런 집합체들은 훨씬 많은 대상을 표현할 수 있지만 한 번에 모든 것을 할 수는 없다. 우리는 선택을 해야만 한다. 그렇지 않으면 뉴런이 선택할 것이다."

이 작은 실험에서 얻을 수 있는 교훈은 (당신이 결정했든 뉴런이 결정했든) 주목을 얻기 위한 편향경쟁이 어떻게 이루어지느냐에 따라 같은 장면을 보고도 매우 다양한 경험들을 할 수 있다는 것이다. 온종일 우리는 가장 중요해 보이는 대상(큰 어치나 딱따구리)에 집중하고 그렇지 않은 것(황갈색 참새)은 배제한다. 어느 것에도 주의를 기울이지 않고 정원에서 빈둥거리고 있다면 나뭇잎의 초록색이 옅어지며 붉게 변하기 시작한 것도 알아차리지 못할 것이다. 기르는 강아지를 쳐다보고 있는 것처럼 특정한 대상에 선택 주목을 가동하고 있다면 강아지는 볼 수 있지만 단풍이 드는 것을 알아차리지는 못하게 될 것이다.

물론 시각은 물리적 세계를 구성하기 위한 주목 네트워크를 결합하는 5가지 감각 체계 중 하나이다. 얀티스는 이 대상에서 저 대상으로 주목을 전환하는 것이 마치 제어판의 다이얼을 조정하는 것과 같다고 생각한다. 말을 하고 냄새를 맡으면서 오디오 소리를 키우거나 줄인다든지, 촉감에 집중하다 미각에 집중하는 것으로 감각을 전환할 때 우리는 자신이 원하는 정보에 귀를 기울이고, 경쟁성 있는 자극으로 주목을 전환한다.

"만약 '지금 앉아 있는 의자에서 등에 어떤 압력이 느껴지는가?' 라고 묻는다면 당신은 즉시 그 정보를 받아들이게 될 것이다"라고 얀티스는 말한다. "그 촉각 정보는 줄곧 당신에게 가해져왔지만 당신이 그 정보 체계에 주의를 기울여야만 그에 대한 인식 수준이 올라가게 된다."

차를 운전할 때를 생각해보자. 앞 유리의 범위 안에서 모든 것이 기술적으로 시각화되지 않는가. 또한 운전을 하는 동안 라디오 뉴스를 듣거나 함께 타고 있는 사람과 이야기를 나눈다면 지나치는 풍경들의 대부분을 인식하지 못하게 된다. 얀티스의 말대로 "우리는 시각 다이얼을 낮추고, 우리의 주목을 끈 청각 정보에 온전히 집중"하는 것이다.

마술사의 트릭과 기초 주목 분산

편향경쟁에서 주목의 선택적 메커니즘은 세계를 일관성 있게 형성하여 효율성을 높인다. 뿐만 아니라 세계를 구조화하는 데 있어 경계를 명확히 부여하여 보다 세분화되고 고유한 것으로 만든다. 예를 들어 가족이나 친구와 의견 충돌이 일어났을 때 우리는 표면적으로 드러난 확연한 차이점에만 주목하곤 한다. 일본 영화 《라쇼몽》은 기억의 은유적 재구성에 관한 영화이다. 같은 사건에 대해 네 명의 등장인물이 각기 다른 설명을 하는 이 영화는 주목의 주관성에 대한 하나의 기록이라고 할 수 있다.

주목의 주관성에 대해서는 단편적인 차원에서나마 센트럴 파크의 베데스다 분수에서도 관찰할 수 있다. 분수 앞에는 마술을 보여주며 기부금을 모금하는 마술사가 있다. 그는 에드워드 7세 시대에나 볼 법한 턱시도와 높은 모자를 쓰고, 구식 외알 안경을 끼고 있다. 주위에 모여든 사람들의 시선은 마술사의 안경 너머를 따라다닌다. 마술사는 이런 기초 주목 분산bottom up distraciton을 일으킴으로써 재킷 안쪽에 숨겨둔 당구공을 꺼낼 수 있다. 이런 트릭은 당신의 바로 옆에서 일어나지만 당신이 주의를 기울인 대상이 아니기 때문에 들키지 않을 수 있다. 반대로 당신이 재킷에 주의를 기울인다면 트릭은 불가능하다.

마술사는 관객의 주의를 다른 곳으로 돌리게 하여 현실에서 일어나는 일을 속이는 수많은 기술을 지니고 있다. 마술사가 당신의 눈

▶ 마술사는 관객의 주의를 다른 곳으로 돌리게 하는 기초 주목 분산을 일으킴으로써 현실에서 일어나는 일을 속일 수 있다.

을 똑바로 응시한다면 당신 역시 그의 눈동자에 주목하게 될 것이다. 이는 그가 원하는 어떤 트릭이든 사용할 수 있게 되는 기회이다. 허공에서 갑자기 카드가 튀어나오게 하기 전에 마술사는 머리 위로 지팡이를 흔든다. 그러면 관객의 시선은 지팡이를 따라 올라가게 되며, 그 사이 마술사는 반대쪽 옷소매 안에서 카드를 꺼내고, 넓적다리 쪽으로 지팡이를 내린다. 관객의 시선은 지팡이를 따라 다시 내려가며 마술사는 그 순간 허공에서 카드를 끄집어낸다. 즉 마술이라는 것은 우리의 주목을 이용한 일인 셈이다.

마술에서와 마찬가지로 (최소한 우리가 상상하는 것보다 훨씬 더 자주) 인생에서도 이런 일이 일어난다. 주목 시스템은 백과사전의 요약본처럼 방대한 세계를 압축하기 위해 마술사처럼 우리의 주목을 특정 대상에 집중시킨다. 여기에는 주목받지 못한 대상들의 희생이 전제가 된다. 베데스다 분수를 지나온 우리들은 모자를 쓴 마술사는 생생하게 기억할 수 있지만 자신의 옆에 있던 보라색 재킷을 입은 여성은 잘 기억하지 못할 것이다. 여성만이 아니라 주변의 다른 광경들 역시 희미하게 기억될 것이다.

베데스다 분수의 장면에서 주변 배경이 기억 속에서 모호해지는 과정을 공식적으로 주목 작용으로 분류하는 데는 논쟁의 여지가 있다. 그러나 많은 연구들은 분명한 주목을 끌지 않은 잠재적인 정보나 대상들이 비록 의식 수준에서 확실히 인지되지는 않았다 해도 뇌에 입력되어 기억과 경험에 미약하게나마 영향을 미친다는 것을 보여준다.

대부분의 연구자들이 주목 현상을 '주목'과 '비주목'으로 나누어 보는 것과 달리 카네기 멜론 대학교의 신경과학자 마를레네 베어먼Marlene Behrmann은 '연속체' 개념으로 본다. 그녀는 간단한 이야기로 주목이 작동하는 방식을 설명한다. 이리저리 물건들이 널려 있는 책상 위에서 열쇠를 찾는다고 해보자. (그녀는 집에서 시도해볼 수 있는 재치 있는 트릭을 제안한다. 열쇠를 찾을 때 눈을 열쇠에 고정해두고, 주의는 딴 데로 돌릴 수 있다는 것이다.)

우리가 열쇠를 찾으면 주목을 끌기 위한 경쟁은 그것으로 끝나는 듯이 보이지만 베어먼은 그렇게 간단하지 않다고 말한다. 주목 경쟁에서 패배한 대상들 역시 그곳에 존재하고 있으며 특정 부분의 주의를 끌기 때문이다. 마술사 옆에 있던 보라색 재킷을 입은 여성과 같이, 주목 경쟁에서 승리한 '열쇠' 주변의 사물들은(물 잔이든 휴대전화든) 선택 주목 대상 바로 옆에 있다는 이유만으로도 약간의 시선을 끈다. 주목의 스포트라이트는 매우 강력해서 우리가 책상을 떠난 후에도 기억 속에 남는다. 만약 열쇠를 일찍 찾지 못했다면 주변의 다른 물건들보다 필요한 안경이나 휴대전화 같은 것을 본 기억이 남는 것이다. 베어먼은 "나는 우리의 인생이 주목 대상들로만 구축된다는 것을 확신할 수 없다. 그 경계에 속하지 않는 것들 역시 삶에 영향을 미친다"고 주장한다.

그러나 많은 연구자들이 잠재적 주목은 주목이라고 하기에는 너무 빨리 지나가서 영향력을 미치기에는 그 힘이 미약하고, 일반적으로 '의식적 현상'을 설명하기에도 미흡한 점이 있다고 말한다. 연구자들은 안정적이고 목표 지향적인 선택 주목은 승자에게 의식적 경험을 지탱하는 일종의 대표성을 제공해주며, 이는 패배한 대상들이 지니고 있는 미약한 대표성은 해낼 수 없는 일이라고 주장한다. 사람의 얼굴 사진 주변에 플래시를 비추고 그 사진에 대해 묘사하는 실험이 있다. 피험자들은 그곳에 있는 것이 사진이라는 것은 알았지만 그 사진에 무엇이 찍혀 있는지는 묘사하지 못했다. 사람이라는 것을 알아차린 피험자도 사진 속 인물의 성별조차 구분하지 못했다.

즉 과학자들은 의식적으로 인지되지 않은 자극이라도 뇌의 일부를 활성화시키고 경험에 영향을 줄 수 있음은 인정하지만, 대부분 강도가 약하고 짧은 순간 지속되며, 영향력이 거의 없는 현상에 대해서는 '주목'이라는 용어로 그럴듯하게 포장하지는 않는다. 서구의 연구자들 대부분은 이런 관점에 동의한다.

"잠재 정보는 영향력이 있다. 그러나 잠재 주목은 천만의 말씀이다."

정보와 경험은 어떻게 기억을 이루는가

주목의 선택적 특징은 개인의 현실이 완전하지 못하고 기이하게 변형되는 데 대한 단일한 원인은 아니지만 중요한 원인이다. 시인 존 애쉬베리Jhon Ashbery는 이렇게 말했다. "주목을 불러일으키는 것은 말로 표현할 수 있는 것이 아니다."

일단 요람에서 벗어나면 우리는 세계를 추상적으로 받아들이지 않는다. 먼저 대상을 지각하고, 동시적으로 그동안 누적된 지식들을 활용하여 대상에 살을 붙인다. 대상이 지닌 독자성을 파악하는 동시에 자신의 경험을 토대로 대상을 규정하는 것이다.

센트럴 파크의 작은 연못가에서 발을 멈추면 거대한 들새 사육 우리를 만나게 된다. 우리의 선택 지각은 그 사육 우리에 주목을 던질 수밖에 없다. 들새 사육사가 "실개천 옆에서 딱따구리가 날아오르고 있어요. 보기 드문 광경이죠!"라고 말을 건넨다. 다행히도 우리는 그가 말하는 것이 갈색 반점이 있고, 유난히 부리가 긴 작은 '새'를 가리킨다는 것을 알고 있다. 주목 기관은 이미 알고 있는 조류에 대한 모든 정보들 중에서 사육사가 알려준 대상으로 작동을 시작할 것이며, 그 대상으로 곧장 자신을 내던질 것이다.

주목이 새로운 정보를 이전의 정보와 통합하는 효율성을 지니고 있다는 말은 〈2001년 스페이스 오딧세이〉의 할HAL이나 중세 이야기 속의 호문클루스 같은 개념을 연상시킨다. 정보 조각이 유입되면 우리의 감독 기관들은 그것을 분석하여 말해준다. "저기 보이는 재미있는 얼룩 새는 '누른도요'네." 머릿속의 마법사 같은 것은 필요가 없다. 미에 대한 선입견 실험은 주목 시스템이 감각 자극에만 주목하는 것이 아니라 그것을 일관된 사건으로 전환한다는 것을 보여준다. 우리는 낯선 사람의 외모에 대해 100만 분의 1초도 되지 않는 찰나의 순간에 평가를 내린다. 그 사람의 얼굴 특징을 정확히 파악하는 것이 아니라 잘생긴 눈, 코, 입에 대한 이전의 지식들을 통해 순식간에 미와 추를 걸러내기 때문이다. "와! 잘생겼어!"라는 감탄사는 상대의 외면적인 특성에 달려 있다기보다는 우리가 지닌 미에 대한 개념과의 조율에 의해 만들어지는 것이다.

지식이나 기술을 습득하는 방식, 정보를 저장하고 재생하는 기억 방식에서 주목의 법칙을 파악하고 활용하는 것은 몰입하는 삶을 관리하는 데 가장 중요하다. 새의 이름을 기억하는 것부터 외국어를 자국민처럼 구사하는 기술에 이르기까지 특정 감각을 익히고 사용하고자 한다면, 먼저 그 감각을 익히는 데 많은 주목을 집중할 것이다. 일련의 정보를 조직하고, 목표 대상의 특성(모양이나 색깔, 행동 등)들을 기존의 지식과 통합하기 위해 정신을 완전히 모은다면, 상황을 단순화하고 느긋하게 볼 수 있게 된다. 믿을 수 없을 만큼 빨리 나뭇가지 사이를 오가는 새를 보고, 그 형태와 색, 울음 소리, 체형 등을 파악하여 그 새가 흰가슴동고비라는 것을 알아내는 경지에 이르는 것이다. 대상에 완전히 집중하는 데 시간을 사용하기 때문에 그 작은 새는 우리의 머릿속에 명확히 그려지고, 완전히 저장되는 것이다.

정보의 결합, 경험과 주목의 상호작용에 대한 대부분의 연구가 이루어진 후에, 프린스턴 대학교의 인지심리학자 앤 트레이스먼Ann Treisman은 동고비의 예와 같이 '느리고slow 정밀한narrow 주목'과 센트럴 파크 동물원으로 가는 샛길의 예와 같이 새롭고 어려운 장면을 받아들였을 때 일어나는 '광범위한 분류broad sort 작업'을 구분했다. 바다표범과 물개가 뛰노는 해양관을 활보하면 우리는 전체 환경을 유쾌하게 받아들인다. 그러나 눈은 조정된 특정 시야 범위 안에 속하는 협소한 영역의 형태와 색만을 받아들인다. 조련사가 건네주는 물고기를 받아 먹는 윤기 나는 검은 물개만 보게 된다는 말이다. 뇌는 이런 새로운 장면 정보를 재빨리 이전의 일반적인 동물원 정보와 혼합하며 빈 공간을 특정 형태로 채워넣는다. 이때 지각된 것은 동물원의 해양관을 촬영한 사진과는 다르며, 주목 시스템이 우리에게 만들어준 정신 모델에 불과하다.

정밀 주목과 함께 빠르고 변동성 있는 광범위 분류는 두드러진 대상을 중심으로 순식간에 큰 그림을 그려낼 수 있다는 장점이 있지만 동시에 불완전한 그림이라는 결점을 지닌다. 광범위 분류는 많은 대상들을 순식간에 일관된 경험으로 결합시키고, 즉시 이들을 평균하여 특정 대상으로 축소시킨다. 이런 트레이스먼의 시각은 또 다른 방향에서 주목을 볼 수 있게 해주며, 우리에게 '평균'의 실상을 추정할 수 있게 해준다. 그러나 현실 세계에서 가까이에 있는 최소한의 공통된 특징들을 가로지르는 특정한 실상을 파악하지는 못한다.

동물원의 정경을 빠르게 보여주면서 '하나의 동물'을 보고 그것이 무엇인지 말해보라고 하면, 대부분의 사람들은 '까치'나 '송어'보다 쉽게 '새'나 '물고기' 같은 엉성한 대답을 내놓는다. 만약 색연필로 쓰인 단어를 빠르게 보여주고 나서 방금 본 것이 무엇이냐고 물으면 우리는 아마 '빨간색 O'나 '초록색 T' 심지어 보지도 못한 가공의 접사를 제시할 것이다. 그것도 '빨간색 T'와 같은 확신을 가지고 말이다. 주목의 비예측성, 파편성, 주관성은 트레이스먼에게 우리의 경험에서 물리적 자극을 제거하여 설명하게 만든다. 전체 청사진이 아니라 대상들이 결합된 콜라주 같은 현실을 배제하는 것이다.

삶이 우리가 주목한 대상들의 총합이라는 개념이 등장한 이후 스티븐 얀티스는 이렇게 말했다. "주목이 인식의 핵심이며, 우리가 시간을 보낼 때 작용하는 정신 활동의 중추라는 개념은 매우 멋지다. 이 개념은 모든 종류의 감각을 만들어낸다. 시각이나 소리 같은 자극보다는 견해와 감정을 고려하는 이런 생각은 인식으로 입력되는 것을 통제하는 정도에 따라 무엇에 주목하고, 무엇을 흘려보낼지, 우리의 생각이 스스로를 통제하고 행동하게 한다는 것을 의미하기 때문이다."

이 장에서 우리는 센트럴 파크를 산책하며 두 가지 다른 방식에서 경험을 형성하는 주목의 신경학적인 기본 체계를 살펴보았다. 자극을 조정하는 기초 분류 체계로 인해 우리는 자동반사적으로 강한 자극에 끌리게 된다. 그러고 나면 이성적인 선택 체계들은 우리의 주목 방향을 조정한다. 산책을 하면서 새에게 주목을 던질 수도 있고, 동시에 즉각적으로 음식 냄새나 천둥 소리, 혹은 위협 신호를 감지할 수도 있다.

주목의 선택성, 이것 아니면 저것이라는 특성은 우리에게 일관된 세계를 형성할 수 있게 만들어주지만 동시에 각자의 주관적인 현실을 만들어낸다. 심리적으로 가치가 높은 대상이라고 여겨지는 딱따구리든 물리적으로 눈에 띄는 청색 어치든, 우리가 주목한 대상들은 뇌의 한 영역을 차지하고, 경험에 영향을 미친다. 반면 황갈색의 참새처럼 경쟁에서 밀려난 대상들은 우리의 의도에서 존재조차 하지 않게 된다. 이런 주목성 강화는 주목 체계가 새로운 정보와 이전의 정보를 결합하여 특정한 의미를 담고 있는 대상에 집중할 수 있도록 한다. 그렇게 되면 대부분의 사람들이 그냥 지나쳐버리는 누른도요새를 포착할 수 있게 되는 것이다.

여러 가지 상상을 하며 공원을 거닐면서도 우리는 새나 특정 대상에 대해 '주목하기를 선택'할 수 있으며 이는 그 공원을 당신에게 '특별한 경험'으로 만들어준다. 풀 한 포기를 바라보든, 개인적인 문제를 고뇌하고 있든, 친구와 한담을 나누고 있든, 우리가 그 시간을 온전히 몰입하여 사용한다면 경험은 보다 특별해질 것이다. 특히 신중하게 선택된 대상들만을 받아들인다면(잠시 동안 채식주의자가 되겠다고 의식적으로 결심을 해도 좋다) 온갖 잡동사니와 부스러기들이 정신의 해변에서 씻겨나가고, 누구보다 시간을 더욱 풍부하게 사용하며, 농밀한 경험을 할 수 있게 될 것이다. 감각하는 것들을 견뎌내기보다 원하는 경험을 즐길 수 있도록 우리는 주목이 인생의 주도권을 잡을 수 있게 해주어야 한다.

02 | 감정의 프레임

뇌와 감정은 어떻게 행위에 영향을 미치는가

때로 의식적인 과정을 추적하다 보면,
나는 의식이란 무의식에 비해
거의 중요하지 않다는
결론을 내리고 싶어진다.

_ 압 데익스테르후이스

물리적 세계의 경험을 관리할 수 있다면, 주목은 사고와 감정들을 조직화하고 우리들의 내면 세계를 제한적이고 일관성 있게 만들어 줄 것이다. 호모 사피엔스는 단지 코요테의 울음 소리나 도깨비불, 맛과 같은 돌출된 감각 신호만이 아니라 생각("회사에 지각을 하면 안 돼"나 "인간은 평등하게 창조되었다" 등)과 감정(사랑이나 살해 욕구 등)에도 주목하게끔 진화해왔다. 또한 이런 정신적 자극은 주목을 끌 뿐 아니라 주목이 작동하는 방식에도 영향을 미친다.

사고와 감정의 불가분성

사고와 감정의 불가분성은 현대 심리학의 가장 중요한 발견 중 하나이다. 서양 철학의 주요 토대인 그리스 철학은 이성과 완전한 진리를 중심으로 한 '상위의 인식'과 주관적 가치 판단의 중추인 '불완전한 감정'을 분리해 설명해왔다. 그러나 지난 10여 년 동안 과학자들은 생각과 감정의 관계는 닭이 먼저냐 달걀이 먼저냐와 같은 문제이며, 둘을 떼어놓고 생각할 수 없다고 말해왔다. 그리고 집중과 감각-인식의 연결 능력, 둘 사이의 관계에 주목하기 시작했다.

미 국립정신의학협회NIMH의 주목 분야 연구자인 레슬리 웅거라이더Leslie Ungerlieder는 삶에서 우선적으로 선택할 것을 결정해야 한다고 말한다. 모든 것을 다할 수는 없기 때문이다. 따라서 우리가 가치를 두는 곳에 따라 개인의 선택 범주가 결정된다. 만약 좋은 엄마가 되는 데 높은 가치를 부여하면 당신에게 유입되는 모든 신호와 과정은 그와 관련된 것들로 이루어지게 되며, 그 일을 처리하는 데 대한 에너지가 확대될 것이다. 그리고 그것과 관련된 상황들과 대상들만 바라보고, 집중하는 것으로 당신의 인생이 구성될 것이다.

위대한 예술가들은 무형의 사고와 감정에 몰입하고, 이것이 그들의 인생과 작품을 형성한다. 맨해튼 박물관의 보물 상자인 프리크 콜렉션 안에 들어가면 이를 시각적으로 볼 수 있다. 이 방에는 조지 스터브스George Stubbs의 작품들이 전시되어 있다. 18세기의 영국 화가 스터브스는 현실감 있는 자화상과 말 그림으로 유명한데 그는 당시에도 장엄함과 덕, 미를 갖춘 인간을 가장 잘 묘사하기로 유명했다. 그의 장엄함과 기품 있는 표현은 평온한 영지를 배경으로 한 작품에서 두드러지게 나타난다. 작품 속의 사람들이 감추고 있는 감정들이 어떻듯 그들의 얼굴 표정에는 자신이 얼마나 행운아인지에 대한 은근한 암시가 깔려 있다.

〈사자에게 놀란 말Horse Frightened by Lion〉은 매우 색다른 상황

◀ **조지 스터브스의 〈사자에게 놀란 말〉**
화면을 지배하고 있는 말과 사자는 주목 경쟁에서 편향성을 극명하게 보여주는 예이다.

에 처한 한 마리의 멋진 수말을 그리고 있다. 스터브스는 이 웅장한 대작에서 장엄한 대자연을 묘사하며, 이를 통해 당대의 철학자들이 몰두했던 개념 중의 하나이자 인간의 변치 않는 기초 감정을 표현한다. 바로 '두려움'이다. 광대한 야생을 질주하던 말은 몸을 구부리고 위협하는 약탈자의 출현이라는 기초 자극을 받고, 심리학자들이 말하는 부정적인 감정을 표출한다. 주인공 말의 휘어진 목, 확장된 동공, 벌름거리는 콧구멍은 압도적인 공포에 대한 매우 사실적인 묘사이다. 이 그림은 철학자 에드먼드 버크Edmund Burke의 《숭고함과 미에 관한 철학적 탐구Philosophical Enquiry into the Origin of Our

Ideas of the Sublime and Beautiful》의 주제를 표현하고 있다. 공포는 경악을 지배하고, 하나의 대상에 전 감각을 집중시키는 미증유의 것으로 탁월한 지배 법칙이다.

말이 사자에게 완벽히 집중하고 있다면 관람객들은 이 두 마리의 동물에 집중하여 그림의 아래쪽 우측 구석에 무엇이 그려져 있는지 지나쳐버린다. 이 멋진 동물들처럼 우리들 대부분은 3평방미터의 커다란 캔버스를 지배하고 있는 풍경을 지나친다. 스터브스와 버크, 그리고 대다수의 심리학자들이 높은 가치를 부여하는 '빛이 번뜩이는 순간' 혹은 '섬광 같은 번뜩임'이다. 이 관념은 주목 경쟁에서 철저한 편향성을 만들어내며, 나머지 모든 것은 배경으로 희미하게 사라지게 한다.

선입견과 감정이 뇌를 지배할 때

예술가들만큼 과학자들도 주목에 미치는 감정의 영향력에 대해 기록해왔다. 서문에서 언급한 바 있는 칵테일 파티 실험은 우리가 떠들썩한 소음 속에서도 자신의 이름이나 자신과 관련된 구설수는 기가 막히게 포착할 수 있다는 것을 보여주었다. 주의깜빡임attentional blink test 실험은 단어를 늘어놓은 목록에서 특정한 단어에 주목할 것을 요청받았을 때의 반응을 측정하는 것이다. 피험자들은 첫 번째 표적 단어를 발견한 순간 그것에 주의를 집중하고, 감정을 끄는 단어가 존재하지 않는 한 두 번째 표적 자극은 발견하지 못한다.

스트루프 효과Stroop effect는 기초 주목과 선택 주목이 충돌했을 때 벌어지는 일을 보여준다. 피험자들에게 파란색으로 쓰인 '빨강'이라는 글씨와 초록색으로 쓰인 '파랑'이라는 글씨, 그리고 빨간색으로 쓰인 '초록'이라는 글씨를 보여주고 각 글씨가 무슨 색으로 쓰여 있는지 물었다. 피험자들은 실제 쓰인 색깔이 아닌 단어가 묘사하는 색깔을 대답했다. 이처럼 색깔에 대한 기본 선입견이 실제 현실의 색과 다른 경우, 두 가지 정보가 충돌하기 때문에 정보 처리 과정에서 오류가 나타나거나 처리 과정이 늦추어지는 경우가 발생한다. 우리가 세계무역센터가 붕괴했을 때의 모습을 생생하게 기억해 낼 수 있는 것은 우리가 그 사건에 대해 강한 감정을 표출하고, 완전하게 주목하여 인식 능력이 강화되었기 때문이다.

곤충들이 떼로 몰려든다거나 개가 으르렁댄다는 말을 들었을 때 쉽게 부정적인 장면을 연상하듯이 우리는 부정적인 관념이나 감정, 위협 신호에 강하게 주목하는 경향이 있다. 실제로 그렇게 하지 않을 수 있음에도 무슨 일이 생기면 우리는 무엇이 잘못되었는지 살펴보아야 한다거나, 때론 "나는 뚱뚱해" "내가 나빴어"라는 식의 불쾌한 생각이 머릿속을 온통 지배하도록 그대로 두곤 한다.

신체적인 장애와 마찬가지로 인간의 심리적 특성 역시 문제의 가능성에 주목하고, 문제를 해결하고자 하는 경향이 있다. 예를 들어 회색 곰 서식지에서 캠핑을 하고 있다고 해보자. 의도하지 않아도 두려움과 흥분 상태가 경계심을 유지시키고, 음식량에 예민해질 것이다. 그리고 가족이나 친구, 연인의 부재에서 느끼게 되는 쓸쓸함이나 분노는 유대 관계가 고도로 사회화된 인류라는 종의 중대한 생존 조건 중 하나임을 깨닫게 해줄 것이다.

찰스 다윈은 "고통은 그것을 받아들임으로 인해 증대된다"라고 말했다. 2007년 9월, 내셔널 퍼블릭 라디오는 〈미국인의 생활This American Life〉이라는 프로그램에서 '이혼'에 관한 에피소드를 다루었다. 이 에피소드에서는 연인을 잃은 고통에서 헤어나오기가 매우 힘들다는 사실에 대한 이야기를 나누었는데, 영국의 팝스타 필 콜린스Phil Collins와 작가 스털리 킨Starlee Kine은 자신들이 슬픈 노래 가사와 지속적인 우울증에서 영감을 받는다고 말했다. 〈우리들 중 셋The Three of Us〉의 공동 집필가인 조 맥긴티Joe McGinty와 줄리아 그린스버그Julia Greensberg는 킨이 자신의 인생에 영향을 미친 것의 실체를 알고 있지만, 그럼에도 우울한 생각에서 벗어날 수가 없다고 말했다. 이 프로그램의 웹사이트에는 킨의 경우와 유사하게 자신을 힘들게 하는 대상에서 벗어나지 못하고 있는 청취자들의 사연이 수없이 올라왔다.

부정편향성 이론negativity bias theory에 따르면 우리는 공포, 분노, 슬픔 같은 부정적인 감정에 몰두하는 경향이 있다. 이는 단지 부정적인 감정이 유쾌한 감정보다 훨씬 강력하기 때문이다. (인생이 갈등, 죄악, 비탄, 분노, 공포로 가득한 투쟁이라고 생각한 프로이트로서는 놀랍지도 않은 사실이다.) 고통이 본질적으로 우리의 주목을 낚아챈다는 데 대한 신체적인 증거는 무수히 많다. 이 중에는 우리가 문제가 발생한 관계나 프로젝트를 생각의 목록 제일 위에 올려놓고 이에 대해 대부분의 시간을 소진한다는 연구 결과도 있다. 생각해보라. 돈을 벌기 위해서보다 가지고 있는 재산을 잃지 않기 위해 열심히 일하고 있지는 않은지, 낯모르는 사람에 대해 부정적인 면과 긍정적인 면을 함께 들었다면 차후에 그에 대해 부정적인 인상을 더 강하게 가지고 있지는 않은지, 나쁜 일이 일어났을 때 그 일에 좋은 점이 있다 해도 낙담 상태에서 벗어나지 못한 적은 없었는지 말이다. 우리는 잘될 것이라는 신호나 기회보다 위협을 먼저 알아차린다.

우리의 주목을 사로잡는 좋지 않은 감정들의 노정에 대한 증언은 계속된다. 성난 군중들 사이에서 온화한 얼굴을 한 사람을 발견하기보다 온화한 사람들 가운데 화난 얼굴을 한 사람을 찾는 것이 더 쉽다. 기억 과정에서 긍정적인 것보다 부정적인 것을 처리하고 재생하는 것이 더 쉽다. 멋진 사람의 사진보다 불쾌한 장면이 묘사된 사진을 더 유심히 보고, 잡동사니보다 중대한 단어에 더욱 천천히, 눈을 깜빡이며(더 큰 인식의 신호이다) 반응한다. 사람의 특성을 묘사한 단어들('우울해 보이는' 혹은 '정직한' 같은)을 나열하고 각각의 단어를 묘사해보라고 하면, 우리는 대개 불쾌한 특성을 지닌 단어를 언급하는 데 더 많은 시간을 할애한다. 또한 칭찬보다는 타박에 더 귀를 기울이고, 잠을 자면서조차 좋은 꿈보다는 나쁜 꿈을 더 많이 기억한다. 생일날 좌절된 꿈과 나이를 먹는 것에 대한 공포로 인해 유발된 스트레스로 심장질환을 일으킬 확률도 20퍼센트 이상이나 된다는 연구도 있다.

불쾌한 감정에 집중하는 것은 잠재적인 위협이나 상실을 조정하고, 관련된 문제들을 해결함으로써 고통을 경감시키거나 피할 수 있게 만들어준다. 장차 발생할 질병에 대한 걱정은 예방주사를 맞으러 가게 하고, 이혼에 대한 죄책감은 자녀들을 고려하게 만든다. 그리고 실직에 대한 부끄러움은 구직을 해야 한다는 결심을 굳히게 한다.

염세적인, 부정적인 대상에 대한 주목 역시 난처한 상황을 철저하게 조사하도록 만듦으로써 결국 우리에게 도움을 준다. 대상의 어두운 측면을 바라보는 것은 특정한 종류의 객관성을 부여해주기도 한다. 실제로 염세적인 사람의 삶에 대한 냉정한 주목은 낙관적인 사람의 가슴 뛰는 관점보다 더욱 현실적일 수 있다. 무엇보다도 엄격한 편집증 환자인 리처드 닉슨이 중국 공산당과 협력 관계를 맺을 수 있었던 데는 그가 낙관주의나 이타적인 관점에서 행동하는 사람이 아니라는 것을 모든 사람들이 믿어 의심치 않았기 때문이었다.

그러나 이런 장점이 있다 해도, 부정적인 감정에 집중하는 것은 특히 문제 해결이라는 주요 목적에 부합되지 않을 때 큰 대가를 치르게 하기도 한다. 삶이 매우 잘 진행되고 있다고 해도 초라한 감정에 지나치게 많은 시간을 소비하게 만들기 때문이다.

낭만적인 열정이라는 개념에 고차원적인 가치를 두거나 몰두 같은 단어를 적용하기에는 스터브스나 버크가 살았던 시대보다 21세기가 더 적합하다. 그러나 이 두 가지 감정은 강화된 감정의 극단적인 예이다. 또한 부정적인 대상만큼이나 긍정적인 대상 역시 우리의 기초 주목을 지배할 수 있다.

프리크 콜렉션의 어둠침침한 방에서 〈사자에게 놀란 말〉을 한동안 본 후에 18세기의 프랑스 화가 장 오노레 프라고나르Jean-Honoré Fragonard의 작품이 있는 방으로 자리를 옮기면 유쾌한 감정을 맛볼

▲ **장 오노레 프라고나르의 〈사랑의 과정〉 연작 중 〈구애〉와 〈만남〉**(좌측부터)

수 있다. 루이 15세의 미망인인 마담 뒤바리의 주문으로 그려진 11점의 〈사랑의 과정Progress of Love〉 연작은 사랑의 기쁨을 가장 잘 표현한 작품 중 하나이다. 〈구애Pursuit〉는 귀족의 옷을 잘 차려입은 아름답고 젊은 커플의 낭만적인 황홀경을 묘사하고 있다. 아마 가장 눈길을 끄는 것은 〈만남The meeting〉일 것으로, 사랑에 빠진 열정적인 청년이 연인을 만나기 위해 낮은 담을 타 넘고, 여인은 의도적으로 반대 방향에서 그를 찾는 척하는 순간을 묘사하고 있다.

우리는 생존을 증진시키는 방향의 부정적인 사고나 감정을 받아들이는 것처럼 같은 목적에서 다른 방식으로 긍정적인 부분을 끌어낼 수도 있다. 슬픔이나 공포가 우리에게 상실이나 위험을 경고해준다면, 기쁨, 만족, 호기심 같은 감정들은 우리가 외부 세계와 접촉하고 탐구할 수 있도록 해준다. 열정이 지닌 집중력은 주목 능력에도 영향을 미친다. 프랑스 극작가 라신느는 이를 '먹이에 모든 감각을 완전히 쏟아 부은 비너스'에 비유했다. 사랑의 열정에 따른 집중은 유대 관계의 지속에서부터 양육에 이르기까지 세대를 잇고 종족을 번성시키기 위해 인간을 화합시키는 것으로 종족 보존의 근본이 된다. 개인적인 측면에서도 애정, 승진에 대한 자부심, 새로운 프로젝트에 대한 열의 같은 긍정적인 감정들은 인생이라는 굴곡진 길을 좀 더 현명하게 따라갈 수 있도록 해주는 당근이라 할 수 있다. 《성경》에는 이렇게 표현되어 있다.

산고의 고통을 겪는 산모는 자신의 시간이 흘러감을 한탄한다.

그러나 그 고통은 아이를 받아 안자마자 아이가 세상에 태어났음에 대한 기쁨에 압도되어 더 이상 기억되지 않는다.

해로운 부정편향성 이론과 반대로 달콤한 긍정상쇄positivity offset 이론은 우리가 불쾌한 대상을 빨리 즉각적인 주목에서 제거하고 결국 좋은 대상들에 더 많은 시간을 할애한다는 것이다. 많은 사람들이 대부분의 시간을 어느 정도 '괜찮은' 기분 상태로 지낸다고 단언하는 연구 결과들이 이를 뒷받침한다. 한 연구에 따르면 사람들은 혼란스러운 상황에서 혼돈에 집중하기보다 긍정적인 상황을 만들어내도록 노력한다고 한다. 이는 사람들이 상대적으로 불쾌한 사건들을 기쁜 사건들보다 빨리 잊기 때문이라고 한다. 이런 멋진 관점에서 본다면, 배우자를 잃거나 해고를 당하는 것과 같은 거센 폭풍을 제외하고는 타이어 바람이 빠졌든 임금이 동결되었든 우리는 곧 좋은 감정 상태를 회복할 수 있다.

긍정적인 감정과 부정적인 감정에 관한 이런 이론들은《나쁜 사람이 좋은 사람보다 강하다》《좋은 것이 나쁜 것보다 항상 더 나은 것은 아니다》와 같은 연구의 제목들에서 보이는 것처럼 대립항으로 여겨져왔다. 그러나 현실 세계에서 과연 이런 관점을 옳다고 할 수 있을까?

심리학자 칼 융은 이렇게 말했다. "낮과 밤의 수는 같다. 일 년 동안 낮과 밤의 길이도 같다. 행복한 삶은 어둠을 고려하지 않고는 성립할 수 없으며, '행복'이라는 단어 역시 '슬픔'이라는 단어가 없다면 그 의미를 잃을 것이다."

기쁨은 세계를 확장시키고 고통은 세계를 축소시킨다

최근 주목과 기쁨, 혹은 고통스러운 감정들 사이의 관계를 연구한 결과 이들 간의 연관 관계를 개발함으로써 삶의 질을 높일 수 있다는 흥미로운 연구들이 발표되고 있다. 노스캐롤라이나 대학교의 심리학자 바버라 프레드릭슨Barbara Fredrickson은 시각을 측정하는 연구실 실험을 통해 긍정적인 감정에 집중하는 것이 글자그대로 우리의 세계를 확장하며, 반대로 부정적인 감정에 집중하면 세계가 축소된다는 것을 입증했다. 우리의 일상 경험에 대한 매우 중대한 시사점이 아닐 수 없다.

집중에 대한 감정의 영향력에 관한 실험이 있다. 먼저 피험자들에게 기분을 고조시키는 짧은 영화를 보여줌으로써 그 좋은 감정을 즐길 수 있게 한다. 그러고 나서 피험자들은 복잡하고 추상적인 컴퓨터 그래픽 영상을 보라는 요청을 받는다. 감정의 혼란을 겪고 있거나 부정적인 감정 상태를 지닌 피험자들과 비교하여, 이 피험자들은 영상에서 사소한 세부 사항들보다 크고 웅장한 전체 윤곽을 받아들이는 경향이 더 컸다.

시선 추적eye-tracking 실험에서는 먼저 일군의 피험자에게 시청각 자료를 제시하고, 중심 사물을 보도록 제시한다. 이때 감사와 같은 긍정적인 감정을 느끼도록 피험자들의 감정을 고조시키면 그들은 처음에 보여준 중요한 물건이 아니라 상당히 볼품없는 물건을 취하기도 했다. 반대로 혼란이나 부정적인 감정 상태의 피험자들은 주변의 자극들은 모두 무시하고, 시청각 자료에서 본 중심 요소에만 집중하는 경향이 있었다. 이와 유사한 상황에서 복잡한 시청각 자료를 본 다른 참가자들 역시 전체 그림을 보지 못했다. 이를 무기 집중 효과Weapon effect라고 한다. 폭력적인 범죄 장면을 목격한 경우, 위협을 받은 목격자의 주목 능력은 그 상황을 회상할 때 칼이나 총 같은 특정한 위협물로 축소된다. 목격자 증언이 과장으로 인해 믿기 어려운 경우가 많은 것은 이 때문이다.

주목에 미치는 감정의 영향력에 관한 이런 실험들은 스터브스의 그림을 볼 때 우리가 놀란 말에 주목하고 주변 환경은 생략하게 된다는 점을 다시 한 번 상기시킨다. 위협을 느끼거나 화가 나거나 슬플 때, 우리의 현실 세계는 이런 감정을 중심으로 축소된다. 최소한 우리의 귀에 들려오는 한 가지로 말이다. 삶은 눈물의 계곡이고, 미래는 황량한 벌판이며, 마음으로 들어오는 기억은 단지 불쾌한 것들뿐이다. 부정적인 감정들이 집중 대상을 축소시키는 까닭은 불길한 상황에서 해당 문제에 반응하는 것(혹은 회피하는 것)이 전체 상황을 생각하는 것보다 더욱 중요하기 때문이다.

부정적인 감정들이 주목 범위를 압축한다면, 이는 위협이나 손실을 다룰 때 활용할 수 있을 것이다. 반대로 긍정적인 감정이 주목

범위를 넓힌다면, 우리의 인식을 새로운 영역으로 확장할 때 이를 이용할 수 있을 것이다. 비단 시각적인 부분만이 아니라 마음 상태에까지 말이다. 주목을 확장할수록 우리의 인식과 사고는 더욱 유연하고, 창조적이 되며, 같은 상황에서도 더욱 큰일을 도모할 수 있게 된다. 프레드릭슨은 가슴 뛰는 감정을 느끼면, 다른 사람들이 잘 알아차리지 못하는 세부적인 것들이나 주변의 낯선 이방인들을 더욱 잘 인식하게 된다고 말한다.

"긍정적인 감정은 우리가 세계를 보는 렌즈를 넓혀준다. '관계'의 측면을 더욱 많이 생각하게 되고, 떨어진 점들을 연결하는 능력이 생긴다. 통일성에 대한 감각은 우리에게 본능적으로 가족이나 이웃과 조화를 이루고 산다고 느끼게 해준다."

숙고하는 뇌

긍정적 혹은 부정적 감정과 인식(주목)의 관계에 대한 연구들은 지금까지 많이 이루어졌지만 실제 현실 세계는 실험실의 세계보다 훨씬 복잡다단하다. 또한 이 두 종류의 감정은 딱 잘라 분리하기 힘든 경우도 종종 있다. 《전쟁과 평화》에서 안드레이가 연인을 바라보고 있는 장면을 생각해보자.

그는 노래를 부르는 나타샤를 보고 영혼 속에서 무언가 새롭고 행복한 감정이 일어나는 것을 느꼈다. 행복했다. 그러나 동시에 슬픔이 차올랐다. 무엇 때문일까? ……돌연 울고 싶어졌다. 자기 안에 무한하고 위대한, 정의할 수 없는 무엇인가가 존재한다는 감정과 반대로 자신과 그녀가 작고 하찮은 세속적인 인간이라는 정반대의 생각이 그의 마음 안에 동시에 자리 잡고 있었다. 그녀가 노래를 부르는 동안 이런 극단적인 두 생각이 그를 울고 웃게 했다.

안드레이가 나타샤에게 집중한 순간에 분출되는 복잡한 내면적 경험과 관련된 주제는 노스웨스턴 대학교의 인지심리학자 도널드 노먼Donald Norman이 특히 관심을 가지고 있는 분야이다. 그의 인지 모델에 따르면 뇌는 세 부분으로 이루어져 있는데, 각 부분들은 매우 상이한 대상들에게 집중할 수 있으며 때로 그들 간에 갈등을 일으킬 수도 있다. 이런 역행적 구성 요소는 뇌의 본능적이고 자동적인 기능들을 조정하고, 생리적으로 결정된 반응들(고도에서 현기증이 일어나거나 달콤한 맛을 느끼는 등)을 유도하는 대상에 집중하게 만든다. 행동 요소는 일상적으로 자전거 타기나 컴퓨터 타자 연습 같은 기술을 습득하는 데 할애된다. 노먼은 뇌가 기능하는 이러한 하위 수준의 요소들은 우리가 하는 일의 대부분을 조정하며 의식적인 주목을 요구하지 않는다고 말한다. 이런 독창적인 생각을 하는 사람은 그 혼자만은 아니다. 《의식과 무조건반사 행동Of Men and Mackerel: Attention and Automatic Behavior》의 공저자인 네덜란드의 심리학자 압

데익스테르후이스Ap Dijksterhuis는 자신의 웹사이트에서 대담한 견해를 밝히고 있다.

"내 연구는 기본적으로 행동 측면에서 무조건반사와 무의식에 관한 것이다. 때로 의식적인 과정을 추적하다 보면, 나는 의식이란 무의식에 비해 거의 중요하지 않다는 결론을 내리고 싶어지게 된다."

노먼의 개념화하는 뇌에서 숙고reflective 요소인 '의식'은 이 복잡한 기관의 은유적인 정보를 처리하는 고도의 기능을 조절한다. 의식은 대부분 '사고'들에 할애되는데 우리는 이를 인지와 동일시하는 경향이 있다. 그러나 우리가 사업을 하는 방식이나 가족을 부양하는 방식을 정확히 설명하려 한다면, 곧 생각만으로는 그 과정을 이해하는 단서조차 잡지 못함을 깨닫게 될 것이다. 노먼은 "의식은 또한 질적이고 감각적인 감정을 가지고 있다. 만약 내가 '좀 걱정되는데……'라고 말하면 그것 자체가 내 마음을 나타내고 있는 것은 아니다. 실제로는 식욕이 당기는 상태일 수도 있는 것이다"라고 설명한다.

뇌의 반사적, 행동적, 숙고적인 요소들은 각각 자기의 임무를 추구하면서 서로 지속적으로 커뮤니케이션한다. 하던 일을 그만두는 것, 아침에 일어나는 것, 피트니스 센터에 가는 것 등 결정이 필요한 상황들은 모두 이 네트워크들이 각자의 관심도에 따라 서로 갈등을 겪는 것이다. 노먼은 '비행기에서 뛰어내리는 상황'이라는 좀 더 복잡한 상황을 예로 든다. 먼저 뇌는 반사 수준에서 발아래에 멀리 보이는 땅을 보고 절박한 생존 메커니즘을 토대로 "미쳤군!"이라고 반응한다. 행위를 계속하고자 한다면 행동 수준에서 나온 메시지들로 선택 주목이 작동되어 평소에 익힌 스카이다이빙 기술을 떠올리고, 숙고 수준은 "괜찮아. 어떻게 이 상황을 즐길지만 생각해 봐"라고 속삭인다.

이런 식의 감정과 대상의 관계는 캔따개 선택에서부터 노트북 컴퓨터 구매에 이르기까지 모두 동일하다. 노먼은 감정이 우리가 받아들이고, 받아들이지 않는 것에 얼마나 영향을 미치는지 예를 들어 설명한다. 만약 자동차를 사기로 결심했다면 우리는 '숙고 수준'에 완전히 집중한다. 자신이 원하는 것을 모두 충족시켜줄 수 있는지, 가장 가치 있는 것을 제공하는지 등 자동차에 대해 낱낱이 조사하고 가늠해본 다음, 중저가의 도요타 자동차를 사기로 결정한다. 그리고 영업사원에게 가서 차를 한번 시운전해보겠다고 말한다.

그러나 일단 집을 나서면, 배우자의 충고나 《소비자 보고서》 같은 책들의 충고는 멀어진다. 삐까번쩍한 판매장과 새 자동차 냄새는 냉정하고 이성적인 숙고하는 뇌의 목소리를 자동반사적이고 본능적인 부분으로 전환시킨다. "붉은 BMW 대신 흰색 도요타 캠리를 산다면, 그것이 당신의 특성을 말해준다. 동시에 당신은 흰색 도요타 캠리로 인식된다"고 노먼은 말한다. 우리의 집중은 연료소비량이나 아이들의 안전 같은 것에서 최신 유행하는 스포츠카의 멋진 소파, 고가의 브랜드, 또 다른 감정적인 부분들로 전환된다. 이와 유사하게 주목의 감정적인 부분의 역동성은 왜 깨끗하고 반짝이는 중고차가 더러운 차보다 잘 팔리는지, 왜 영업사원이 거래를 마무리하면서 "어떤 차를 원하느냐" 혹은 "어떤 색을 원하느냐"라고 묻는지 그 이유를 설명해준다.

잠재 정보의 호소

잘나가는 자동차 영업사원들이 우리들을 불합리하고 본능적인 감정에 집중하도록 유도한다는 고백은 그리 놀랍지도 않다. 냉전이라는 분노의 한가운데서 세뇌와 우주 탐사에 대한 열기가 세계를 지배했던 1950~60년대에 몇몇 대기업이 '잠재의식에 호소하는 광고'를 통해 대중을 현혹한다며 기소되었다. 이 기업들은 텔레비전이나 극장에서 관객들이 알아차리지 못할 속도로 음료, 음식, 담배 등에 대한 욕구를 상승시키는 이미지를 끼워 보여주는 광고 기법을 개발했다. 관객들은 이런 이미지를 의식적으로 알아차리지 못했음에도 행동에 다소 영향을 받았다.

이런 전환 신호가 우리의 주목을 끌어들이고, 자유의지를 없애 회사가 원하는 대로 소비자 좀비를 만들어낸다는 주장은 입증된 바가 없다. 그럼에도 불구하고 연방커뮤니케이션관리협회는 1970년대에 잠재의식 광고를 금지했고, 이 망령은 오래도록 살아남았다. 2006년 캘리포니아유가공협회는 샌프란시스코의 버스 정류소에 초콜릿 쿠키 냄새가 나는 "우유가 필요한 순간Got milk?"이라는 광고 포스터를 붙였다. 그리고 이 포스터가 우리의 주목을 낚아채

지갑을 열게 한다는 소비자들의 항의가 있었다.

주목이 의식적 경험을 의미한다 해도 우리는 행동에 아직 영향을 미치지 않은 잠재의식 수준의 정보들에 노출되어 있다. 특히 물질이 감정에 호소하는 경우 그 영향을 부정하기란 쉽지 않다. 카네기 멜론 대학교의 신경과학자 마를레네 베어먼은 뇌손상을 입은 환자들을 연구하던 중 몇몇 피험자들이 의식적으로 받아들이지 않은 정보에도 주목한다는 증거를 찾아냈다.

뇌반구 중 한쪽이 손상되는 타격을 받은 '편측무시 현상hemispheric neglect'을 겪는 환자들은 세계의 반만 주목할 수 있다. 예를 들어 우반구에 외상을 입은 경우 좌측 접시의 음식만을 먹고, 시계에서 1~6까지의 숫자판만을 본다. 영화감독 페데리코 펠리니Federico Fellini는 이런 반쪽 뇌를 지닌 사람이 바라보는 세계를 그림으로 표현하기도 했다. 그의 스케치 중에는 왼팔과 왼손만 있는 유령 같은 형체가 데이지 꽃에 물을 준다든가, 반쪽의 몸만 지닌 여성이

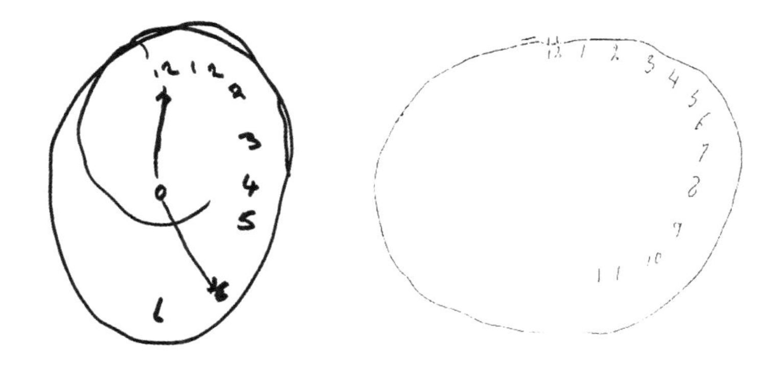

▲ **편측무시증 환자가 그린 시계 그림** 좌반구 손상으로 인해 세계의 우측 절반만 받아들인다.

반쪽짜리 자전거를 타는 모습이 묘사되어 있다.

그러나 세상의 반만을 보는 외견적 장애에도 불구하고, 편측무시증 환자들은 그것으로부터 특정한 종류의 자극을 찾아내곤 한다. 특히 자극에 의해 놀라게 되는 경우 그렇다. 한 남성 피험자에게 평범한 집의 그림과 좌측의 절반이 불타고 있는 집의 그림을 보여주었다. 그리고 무엇을 보았느냐고 묻자 의식적으로는 불타는 모습을 볼 수 없는 그 남자는 "집 두 채요"라고 대답했다. 그러나 살고 싶은 집을 선택하라는 제안에는 불에 타고 있지 않은 보통 집을 가리켰다. 그리고 다른 집의 그림에서는 알 수 없지만 위험하고 불편한 기분을 느꼈다고 말했다.

정상적인 사람에게도 이 실험은 유효하다. 보통 사람에게 애매모호한 표정을 한 얼굴과 마스킹 자극으로 가린 화난 얼굴 사진을 보여준다. 피험자는 불탄 집 실험의 남성 피험자처럼 가려진 자극 뒤의 화난 얼굴을 볼 수 없다. 그러나 보이지 않는 불이 남자에게 불편한 감정을 안겨준 것처럼 이 피험자 역시 심리적으로 부정적인 이미지에서 자극을 받고 스트레스를 경험했다. 게다가 인식되지 않은 자극은 인식된 것들에도 영향을 미치기 때문에 실험실을 떠난 이후 피험자는 사소한 일에 대해서 자신도 알지 못하는 이유로 신경이 곤두서거나 화가 나는 경험을 했다.

뇌가 어떻게 의식 주목 수준으로 올라오지 못한 대상에 반응하여 행동에 영향을 미치는지에 대해서는 아직 정확히 밝혀지지 않았다. 의식의 기저에 깔린 정보, 특히 감정적인 정보는 대뇌피질의 조정을 받지 않는다. 그러나 받아들여진 정보는 자동적으로 편도체에 의해 처리된다. 두려움 등의 감정을 통제하는 이런 흥미로운 구조가 잠재의식적인 사건과 정보에 대한 (눈에 띄지 않는 수준의) 반응을 조절하여, 실험실을 떠났을 때 피험자에게 이유를 알 수 없는 불편함을 느끼게 하는 것이다.

외부 세계를 감각하는 데 반드시 목표 대상으로 주목의 방향을 조정하기 위해 에너지를 소모할 필요는 없다. 우리는 울리는 전화벨 소리, 넘치는 쓰레기통, 매운 고추에 무의식적으로 반응한다. 또한 시끄러운 레스토랑에서 친구의 목소리를 듣기 위해 자동적으로 평소에 입력된 친구의 목소리를 기억해내고 주변 테이블의 소란스러움을 차단한다. 길을 건널 때는 당연하게 신호등을 바라보고 초록색 불이 들어오기를 기다린다.

그러나 외부 세계에 대한 사고와 감정들을 조율하기 위해서는 최적의 목표에 초점을 맞추고 그 상태를 유지하려는 노력이 필요하다. 이는 이것 아니면 저것으로 주목의 움직임을 주의 깊게 관리하는 데서부터 시작된다. 거리에서 큰 소음이나 달콤한 냄새에 주의를 기울였다면, 집에 돌아와서도 그와 관련된 불쾌한 기분이나 좋은 기분이 계속 남게 된다. 이때 진화적으로 자기 보호 프로그램은 불쾌한 쪽에 더 끌리게 되어 있다. 그러나 삶의 질을 증진시키기 위해서는 불쾌감이나 좌절감 등 비효율적인 생각이나 감정들에 단순히 집중하는 것보다 문제 해결 의지를 가지고 보다 생산적이고 더 나은 삶을 살 수 있는 방향으로 주목을 전환해야 한다.

즉 오랜 기간의 불쾌한 논쟁으로 얼룩진 관계를 재건한다든가, 재정난을 겪으면서 일을 다시 시작해보고자 할 때 처음 할 일은 두려움이나 분노의 감정에서 주목을 끌어내어 용기와 용서로 전환시키는 일이다. 긍정적인 감정이 주목 대상을 확장시킨다는 점을 생각해보면 이런 노력은 단순히 편안하고 애정 어린, 만족스러운 상태를 유지하는 것을 넘어 더 크고 나은 세계관을 길러줄 것이다. 몰입하는 삶의 습관은 장기적인 관점에서 우리에게 이점으로 작용한다.

03 | 외부 세계의 영향력

내가 보는 것이 나를 만든다

불만족은 슬픔이 지나쳐서가 아니라
행복에 대한 감각이
결핍되어 있기 때문에 발생한다.

_ 바버라 프레드릭슨

스터브스의 사자와 프라고나르의 연인에서처럼 두드러지는 목표 대상은 우리의 몰두 주목을 사로잡고 감정을 휘젓는다. 이때 이를 신중하게 반대 방향으로 사용할 줄 알아야 한다. 즉 우리는 스스로가 감각하고자 하는 방향으로 주목을 이끌어야 한다. 주목의 선택적인 특성을 이용하여 신중하게 내·외부 세계에서 목표 대상을 선정하여 주시하고, 그 외의 것들은 억제하여 자신만의 경험을 만들어나가야 한다. 시인 W. H. 오든W. H. Auden의 지적처럼 "(이것에 집중하고 저것은 무시하는) 주목의 선택은 외면적 세계에서의 선택 행위가 내면 세계에 반영된 것이다. 두 가지 상황 모두 우리는 자신의 선택에 책임을 져야 하고, 결과가 어떻든 그것을 온전히 받아들여야 한다."

식탁 매너가 진실로 의미하는 것

앞 장에서 방문한 멋진 프리크 콜렉션을 떠나 다음 장소로 이동하기로 하고 버스에 올라탔다고 하자. 독감이 만연한 겨울철 버스에 탄 당신은 이내 감기 균과 함께 땅바닥에 메다 꽂힐 것이다. 이때에도 주목 선택이 작동한다. 기초 주목은 당신이 감기균이 드글거리는 공기 속을 억지로 비집고 들어가게 하고 손잡이를 단단히 움켜쥐게 한다. 동시에 선택 주목은 아이팟에서 흘러나오는 음악 소리에 귀를 기울이게 만든다. 주변의 사람들도 모두 신문이나 책, MP3 음악에 열렬히 집중하는 등 주목을 이용하여 감정 상태를 조절하는 전략을 펴고 있을 것이다. 거칠고 모호한 현실에서 생존 비용을 치르는 것이다.

위의 예와 같이 오염contamination에 대한 일반적인 두려움을 다루는 능력은 인간의 일상생활에서 경험을 통제하는 주목의 기능에 대한 좋은 예이다. 대중교통 수단은 매우 일상적이고 불쾌한 현실이다. (우리는 불결한 세계에서 살고 있다.) 이것은 그럼에도 불구하고 관리 가능한 선택 주목이 무의식적인 기초 주목보다 반드시 더 나은 것은 아니라는 사실을 입증하는 이상적인 실험실이다. 이것이 바로 우리의 경험을 관리하는 데 대한 핵심 열쇠이다.

세균 덩어리의 만원 버스나 지하철은 우리에게 두 가지 선택권을 준다. 쉴새없이 코를 훌쩍이고 콜록거리는 바이러스 덩어리인 옆 사람은 기초 주목을 사로잡는다. 우리는 옆사람에게 집중하여 스트레스 지수를 높일 것인지, 선택 주목을 발동시켜 들고 있는 책이나 MP3의 음악에 귀를 기울일지 선택할 수 있다. 우리들은 일상적으로 자신에게 편안한 방식으로 주목을 전환하며 살아간다. 그러나 가끔 끔찍한 진실에서 눈을 뗄 수 없는 사람들은 강박증에 시달린다.

재미있는 사실은 이런 정신질환적인 증상으로 고통받는 사람들이 대부분 매우 이성적인 사람들이라는 것이다. 펜실베이니아 대학교의 심리학자 폴 로진Paul Rozin은 말한다. "사람들은 대부분 메스꺼운 세계에서 살아간다. 그리고 그 사실을 의식하지 않아야 제 역할을 하며 살아갈 수 있다. 우리는 '더러운 대상'이 공공연하게 주목을 끌지 않는 한 다른 대상으로 주의를 돌린다."

로진은 학생들이 상점에서 거스름돈을 받을 때 그것이 노숙자에게서 나온 동전일 수도 있다는 사실을 생각지 못한다고 말한다. "만약 노숙자에게서 동전이 나왔음을 생각하면 역겨울 것이다. 그렇지만 우리들은 그 동전을 '상점에서 받은 것'이라는 생각만 한다." 다행스럽게도 모든 문화권은 깨끗한 것과 더러운 것 중 경쟁성 있는 쪽으로 편견을 가지게 만드는데, 이는 우리가 불쾌한 현실을 다룰 수 있도록 도와준다. 이런 관찰을 통해 로진은 "혐오감은 문명의 기초적인 정서"라고 결론지었다.

더러운 세상에서 우리는 혐오스러운 대상 같은 특정 대상에 관심을 둠으로써 걱정스럽고 피해야 하는 수많은 대상을 잊을 수 있다. 우리는 인간을 동물과 구분되는 존재로 여긴다. 때문에 우리가 육체, 노폐물, 그리고 특히 죽음 같이 다른 창조물들과 공유하는 특질이 많다는 점에 분노한다. 동물과 달리 우리는 부패의 냄새를 혐오스러운 냄새로 취급하는데, 로진은 이런 구분을 "부분적으로 우리가 '동물적인 문제'인 죽음에 대해 면역성을 가지고 있다고 생각하는 방식"이라고 말한다.

인간 사회는 오염에 대한 두려움을 통제하기 위해 오염 대상을 따로 분리하는 방식을 취한다. 이방인이 머물 손님용 객실, 일을 하는 사무실, 특히 깨끗해야 할 공간으로 목욕탕이나 주방을 분리해 놓고 오염에 대한 두려움에서 신경을 차단한다. 그러나 복잡한 문제가 나타나면 주변에 산재해 있는 오염 물질들은 다시 우리의 주의를 끌게 된다. 로진은 사람들이 공공장소에서는 이상적이지 않더라도 다소 불결한 상태를 용납한다고 말한다. 그러나 누군가가 떠나기 전에 자리를 치우지 않는다면, 시간이 지날수록 방의 오염 상태에 대해 신경을 쓰게 된다.

프로이트적인 관점에서 볼 때, 집에서 깨끗한 화장실에 들어갈 때조차 우리는 선택 대상에 집중하기로 결정한다. 가벼운 읽을거리를 가지고 들어가는 행위는 그 방 안에서 실제로 하고 있는 일(배설 행위)에서 우리의 주의를 분산시켜준다. 로진이 지적했듯이 우리에게 더럽게 느껴지는 것들을 의식하는 것보다 화장실 안에서 우리가 무엇인가를 하고 있다는 생각 자체가 매력적이기 때문이다. 〈카자흐스탄 킹카의 미국 문화 습득기Borat〉〈애니멀 하우스Animal House〉 같은 상업 영화를 보기로 하는 것은 일단 우리가 안전한 거리에서 무례한 내용에 집중하고 그를 받아들이기로 결심했음을 의미한다.

먹는 행위 역시 동물적인 특성이다. 때문에 우리는 화장실에서와 같이 불쾌한 태도를 억제하는 행위를 한다. 입 속에서 치아들이 하고 있는 일에서 주의를 돌리기 위해 음식을 집는 손놀림에 신경을 쓰거나 우아하게 대화를 이어나가는 것이다. (로진은 프로이트의 주장과 달리 대부분의 사람들이 성적인 행위보다 먹는 행위에 훨씬 더 많은 관심을 가지며, 이것이 그가 인간의 섭식 행위를 연구하는 이유라고 한다.) 자신을 붉은 입과 발톱을 가진 동물들과 구별하기 위해 우리는 멋진 식당에 앉아 사람들과 대화를 나누며 입을 벌리지 않고 식사를 한다. 로진은 이를 문명의 증거로 받아들인다. "우리는 입을 거의 다문 상태에서 음식을 씹으면서도 대화를 하는데 이는 대단히 진기한 묘기가 아닐 수 없다."

탐욕스러운 이빨과 꾸르륵거리는 위장에서 주의를 돌리기 위한 선택 접근 방식은 문화권마다 다르다. 프랑스는 음식의 맛과 질, 그리고 전체적인 식사 경험을 즐길 것을 강조하기로 유명하다. 반대로 미국인들은 섭취된 음식이 인체에서 어떤 작용을 하는지를 중요하게 여긴다. 그래서 섬유질과 약산성 음식에 집착한다. 음식의 칼로리, 거식증, 비만 등에 대한 과도한 관심은 미국만의 문제가 아니라 전 문화적으로 퍼져나가고 있는 극단적인 예이기도 하다.

섭식 장애를 겪고 있는 사람들의 수는 상대적으로 적지만, 마시는 음료의 수질을 신경 쓰는 사람들은 많다. 최근 생수 열풍에 대한 주목은 '화장실에서 수도꼭지까지'라는 물 재활용 소비에 대한 캘리포니아 주민들의 반발 시위를 이끌어내기도 했다. 생수가 수돗물에 비해 특히 건강에 좋지도 않고, 맛이 뛰어나지도 않은 것을 생각하면 이런 소비자들의 광기는 진실로 마케팅의 승리라고 볼 수밖에 없다. 모든 물은 어느 시점이 되면 화장실이든 그 어느 곳을 통과하든 순환한다. 그럼에도 불구하고 우스운 슬로건은 우리에게 수도꼭지에서 흘러나오는 물이 어디에서 왔는지에 대해 생각하는 능력을 마비시킨다. 이런 시위가 실질적으로 수질 저하를 막을 수는 없다. 그러나 우리는 그것을 가능하다고 생각한다.

주목의 감정적인 역동성은 신체 이미지를 생각할 때 보다 효과를 나타낸다. 남성과 여성이 실제로 어떻게 보이는지에 대한 정확한 정보(허리둘레나 허벅지 둘레 등)는 현대의 미디어보다는 박물관에 걸린 옛 거장들의 그림 속에서 더 잘 찾아볼 수 있다. 그러나 미디어의 영향으로 마른 몸이 선호되면서 대부분의 미국인들이 남녀노소를 불문하고 자신이 다소 뚱뚱하다고 생각하게 되었다. 그 결과 대부분의 여성들이 항상 다이어트를 하고 있거나 계획 중인 실정이 되어버렸다.

그러나 남성은 다소 반응이 다르다. 그들은 여성과 달리 자신의 몸무게에 집중하지 않는다. 그래서 행동에도 영향을 받지 않는다. 로진은 주목의 관점에서 남성과 여성은 신체에 대한 인식과 그것을 변화시키려는 욕구에서 차이를 가지고 있기 때문이라고 설명한다. 비만인 사람들 중에도 뚱뚱한 것을 자신의 개성이라고 여기고 다른 곳에 집중하는 사람들이 상당수 존재하는 것도 같은 맥락이다. 오히려 약간의 과체중 상태인 사람들이 비만에 대한 강박증에 시달리면서 절망에서 벗어나지 못하곤 한다.

신체를 인식하는 방식이 개인마다 다르다면, 이상적인 아름다움과 실제 아름다움 사이의 차이에 주목하는 정도 역시 다양하다고 말할 수 있을 것이다. 그렇다면 우리가 할 수 있는 최선은 성인聖

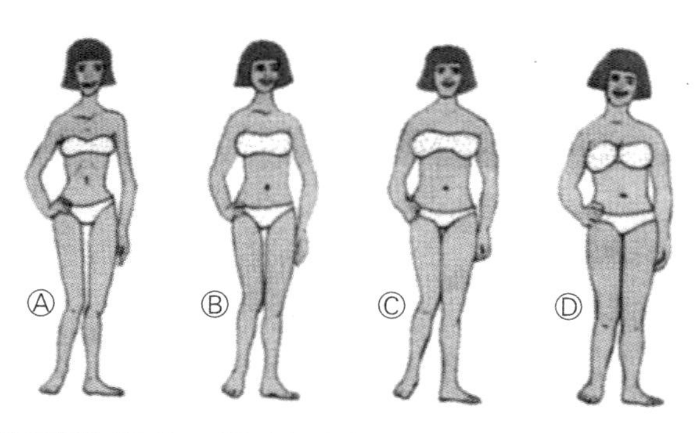

▲ 자신의 신체 이미지를 측정하는 조사를 하면 보통의 마른 체형의 사람들도 Ⓒ나 Ⓓ의 다소 통통한 모습을 자신의 모습이라고 생각하곤 한다.

ㅅ이나 워커홀릭 등 진보를 위해 노력하는 사람들처럼 선택 주목 능력에 집중하는 것이다. 어떤 이들은 프로작Prozac, 우울증 치료제-옮긴이이 일반 능력의 110퍼센트를 이끌어낸다는 말을 듣기를 선택하고, 어떤 이들은 인간은 완벽하지 않다는 것을 알지만 자신을 넬슨 만델라나 힐러리 클린턴과 비교해가면서 고통을 겪기도 한다. 로진은 묻는다.

"당신의 욕구를 충족하기 위한 방법을 얼마나 알고 있는가? 자신에 대한 이상과 현실 속 모습의 차이는 얼마나 큰가? 그것이 중요하고, 중요하지 않고는 주목의 문제일 뿐이다."

더러움, 음식, 신체 이미지, 자아 문제 등에서 혼재된 감정에 대처하기 위해 주목의 방향을 조정하는 것은 대개 경험을 형성하고 증진시키기 위해 주목을 사용하는 능력이라고 할 수 있다. 로진의 말은 지극히 개인적인 일반화의 예이지만 시사하는 바는 크다. "우리 집의 전경은 매우 멋지다. 사람들은 우리 집을 보기 위해 종종 발걸음을 멈추고, 나는 15년 전처럼 여전히 그 광경을 즐긴다."

멋진 전망을 감상하거나 장미 향을 맡고자 하루 중 몇 초 발걸음을 멈추기로 결정하는 것은 그것 자체로는 대단한 일로 보이지 않는다. 그러나 우리에게 기쁨을 주고, 이런 기분이 잘 기능하도록 만들어주는 대상들에 몰두하도록 노력하는 것은 멋진 삶과 따분한 삶 사이의 차이를 만들어낸다.

행복한 낙천주의자들

"살다 보면 쓴맛을 볼 때도 있다. 그러나 그것을 성장의 발판으로 삼아야 한다"는 식의 힘든 상황에 대한 격언은 많이 있다. 문제를 다른 방식에서 바라봄으로써 감정을 추스르고 평정심을 되찾으라는 말은 새로운 생각은 아니다. 왓이즈What is의 데이터베이스에는 제아무리 힘든 상황일지라도 '좋은 면을 바라보는' 낙천주의자들이 더 오래, 행복하게, 건강한 삶을 살 수 있다는 것을 보여주는 인상적인 연구 결과가 등록되어 있다. 941명의 네덜란드 인들을 피험자로 하여 10여 년간 정밀하게 조사한 끝에, 실험 기간 동안 삶이 축복이라고 생각하는 사람들이 염세적인 사람들보다 (원인이 어떻든) 사망할 확률이 45퍼센트나 낮았다. 그들은 물론 유쾌하게 사는 사람들이었다.

상점에 갈 수 없을 정도로 눈보라가 심하게 몰아친다고 가정해보자. 어떤 사람은 날씨가 나쁘다며 툴툴거리면서 하루를 망쳤다고 생각한다. 반면 어떤 사람은 아늑한 방에서 남은 음식을 맛있게 먹을 수 있어 이것도 좋다는 식으로 재빨리 좋은 점을 찾아낸다.

심리학자 마그다 아널드Magda Arnold와 리처드 라자루스Richard Lazarus에 의해 발전된 감정의 인지평가 이론은 멋진 삶을 사는 데 우리가 경험하는 일은(눈보라에서 임신, 실직에 이르기까지 모든 일들) 그 자체로 중요한 것이 아니라 우리가 그 경험에 반응하는 방식이 중요하다는 것이다. 경험에는 반드시 주관적 해석의 문제가 개입되며, 개인이 주의를 기울여 보는 측면이 주목하는 태도에 적용되기 때문이다. 바버라 프레드릭슨은 이를 감정의 리셋 버튼이 작용하는 '지렛점'이라고 일컫는다. 좋지 않은 기분을 처리하고, 원치 않는 감정을 쫓아내는 최상의 방법은 긍정적인 대상에 집중하는 것이다.

그러나 일이 엉망이 되었을 때 즉시 자신을 행복한 상태에 두고자 억지로 노력해야 한다는 것은 아니다. 프레드릭슨은 '감정의 씨앗'을 찾아보거나 실제로 느끼고 있는 감정이 무엇인지 파악하는 것을 우선으로 꼽았다. 그러고 나서 긍정적이고 도움이 될 만한 상황을 구축하는 데로 집중을 돌려야 한다. 산더미 같은 가사일을 돕지 않는 배우자의 게으름과 이기적인 행동에 계속 신경 쓰고 집착하기보다 일을 후다닥 해치워버리고 나면, 아마도 최소한 갈등으로 괴로워하고 있던 마음이 환기되고(문제 해결의 첫 번째 단계) 기분이 나아지는 것을 느낄 수 있을 것이다.

우울증이나 무쾌감증anhedonia 을 앓고 있는 사람들은 대부분 자족감이라는 자신에 대한 주목 전략을 사용하는 데 문제를 겪고 있다. 프레드릭슨은 사람의 긍정적인 감정 시스템이 억압되거나 제대로 작동하지 않을 때 이런 일이 생긴다고 말한다. 즉 슬픔이 지나쳐서가 아니라 행복에 대한 감각이 결핍되어 있기 때문에 발생한다는 것이다.

물론 실연당한 사람이나 시합에서 패배한 사람에게는 거부당한 것 같은 심정이나 패배감에서 마음을 돌리고 새로운 가능성을 생각하는 것이 한 가지 방법일 수도 있지만 자연재해로 인해 삶의 터전을 완전히 잃어버리거나 선천적으로 장애를 안고 태어난 사람들은 이것이 다소 힘들 수도 있다.

한편 긴급한 상황에서 우리의 주목 대상은 매우 다양하게 나타날 수 있다. 한 심리학자는 장모가 시한부 선고를 받고 온 다음 날을 회상했다. "다음 날 어머님께서 일어나시자마자 이렇게 말씀하시더군요. '난 죽어가고 있어'라고요. 그렇지만 어머님의 기분은 매우 좋아 보였고, 실제로도 그랬지요." 즉 그의 장모는 남은 생을 가능한 한 잘 살아내는 데 집중하기로 결심하고, 적절한 순간에 죽음을 맞이하게 될 것이라고 생각을 바꾼 것이다. 미래의 공포에서 벗어나 현재의 순간을 즐긴다는 쪽으로 주목을 전환하자, 장모는 자신의 기분을 통제(잘 살아간다는 데 대한 강력한 영향력)할 수 있게 되고, 자신의 힘든 상황을 보다 편안하게 누릴 수 있게 된 것이다.

받아들이기 힘든 상황이란 분명 존재하지만 프레드릭슨은 100퍼센트 완벽히 나쁜 상황이란 존재하지 않는다고 말한다. 제아무리 힘든 상황이라도 지인의 도움이나 지지, 좋은 의학적 처치, 혹은 자신의 인간으로서의 가치, 생각, 감정 등 감사할 만한 대상을 찾을 수 있다는 것이다. 이런 은혜로운 감정에 집중하는 것은 단지 '이런 상황에서도 긍정적인 일을 한다'는 것이 아니라 현실과 영혼, 삶에 대한 시야를 확장하고, 결과적으로 그 시간을 견뎌낼 능력을 향상시킬 수 있는 입증된 방식이다.

젊음에 대한 열광으로 가득 찬 오늘날의 미디어와 대중문화에서 불행한 요소로 여겨지는 개념 중 한 가지는 바로 '노년 세대'이다. 노인들은 주름살, 굽은 등, 각종 노년성 통증, 세련과는 거리가 먼 옷차림 등으로 억측되며 불행한 삶을 사는 것처럼 인식된다. 그러나 위기를 겪는 일부 사람들을 제외하고는 대부분의 노인들이 그렇지 않다. 노인들의 감정 상태는 오히려 젊은 사람들보다 좋은 상태를 유지하고 있다. 노인들은 대개 놀라울 정도로 낙관적인 태도를 유지하고 있는데, 이는 세월을 겪으면서 자신의 감정을 다스리고 만족감을 유지할 수 있는 대상에 집중하는 능력이 신장되었기 때문이다.

당신의 할머니가 허전한 마음을 들여다보고자 심리학자를 찾아가지 않는다는 사실 자체가 행운이다. 당신이 의기소침해 있을 때 할머니는 왜 우울해하고 있는지를 기꺼이 들어준다. 수학에서 낙제했다거나, 아버지가 용돈을 삭감했다는 등의 자질구레한 이유들일지라도 허투루 듣지 않는다. 그리고 당신의 잠재력을 알아봐주는 사람이 있으며, 당신 곁에는 언제나 당신 편인 부모님이 존재한다는 등의 사실을 일깨워줌으로써 당신이 얼마나 행운아인지를 깨닫게 해주고 현실을 재구성해준다. (이 중 어느 이야기도 듣지 못하는 가엾은 아이들도 얼마든지 많다!)

할머니 할아버지들이 이런 식으로 힘을 주는 방향으로 주목을 사용하는 방법을 알고 있는 것은 우연이 아니라는 사실을 입증하는 연구도 있다. 물이 반 정도 채워진 유리잔을 '반이나 채워졌다'라고 바라보는 것은 나이듦이 주는 위대한 깨달음이다. 젊은이들과 비교하여 나이듦의 경험은 불쾌한 감정을 덜 느끼고, 좋은 것들을 더 많이 볼 수 있게 해준다. 노인들은 또한 주변 사람들에게 만족하며, 불쑥 나타나는 문제를 더 잘 해결하는 방법을 알고 있다. 특히 긍정적인 주목을 가진 노인들은 더욱 행복하고 건강하게 산다. 오하이오 대학교의 종적연구에 따르면 이런 사람들은 평균 7.5년 이상 수명이 길었다.

윌리엄 제임스에게 지혜란 '멀리 떨어져 보는 것을 아는 기술'이다. 노인들은 대부분 이런 방식의 대가들이다. 젊은이들이 긍정적인 대상보다 부정적인 정보에 훨씬 더 많이 주목한다는 것은 수많은 연구를 통해 입증되었다. 성인들은 중년 시기부터 노년에 도달할 때까지 자신들의 주목을 전환하는 방법을 배우기 시작하며, 자신들이 받아들이고 기억해야 할 대상에 대해 강하게 긍정적인 태도를 지니게 된다.

그러나 이런 주목 대상과 감정적 풍요로움의 차이는 절대적인 연령 그 자체보다 생활 연령, 즉 경험에 따른 정신적 연령에 좌우된다.

스탠포드 대학교의 심리학자 로라 칼스텐슨Laura Carstensen은 〈사회 정서적 선택〉이라는 연구에서 수명이라는 개념은 일반적으로 젊은 세대에게는 막연한 것으로 여겨지며, 그들은 미래와 필요한 정보에 집중하여 인식의 지평을 넓힐 만한 대상과 새로운 경험을 추구한다는 것을 알아냈다. 그러나 노인들처럼 수명이 한계가 있다는 것을 깨닫는 순간 주목은 현명하게도 지금, 이 순간의 감정적인 만족으로, 새로운 것보다는 당연한 것에 가치를 두는 방향으로 전환된다. 젊은 세대는 흔히 깨지기 쉬운 멋진 찰나의 순간으로(전쟁이나 심각한 정신질환 등) 자신의 삶을 밀어넣는 경향이 있다. 이는 지나치게 현재의 순간을 경험하는 데 자신의 에너지를 모두 집중하기 때문이다. 이에 반해 노년 세대는 행복 추구에 집착하지 않고, 오히려 감정적으로 의미 있는 목표를 충족시키고자 한다. 그들은 단순히 '좋은 기분'을 누리는 것을 넘어 그 이상의 것과 연결되고자 한다.

노인들의 온화한 사고는 그들의 뇌가 젊은 세대와는 다른 방식으로 감정적인 자극을 받아들이고 기억한다는 것을 시사한다. 젊은 사람과 비교하여 노인들은 부정적이거나 혐오스러운 이미지보다 긍정적인 이미지를 2배 이상 더 잘 기억해냈다. fMRI를 이용하여 경험이 반복될 때 뇌의 모습을 촬영해보자 기억을 기록하는 부분인 편도체의 모습이 달랐다. 젊은 사람의 경우 부정적인 이미지와 긍정적인 이미지 모두에 반응했지만, 노인들의 경우 긍정적인 신호에만 반응한 것이다. 연구자들은 노인들의 경우 감정을 기록하는 편도체가 우울함을 유발하는 활동들에 대해 전전두엽을 영리하게 이용하는 것 같다고 추측한다. 노인들의 뇌는 젊은이들보다 실제로 부정적인 정보들을 보다 '덜' 기록했고, 따라서 자연스럽게 그 정보를 잘 기억하지도 못하며 행동에도 영향을 받지 않았던 것이다.

주목에 대한 태도 전략적 판단

어려운 상황에 직면하면 할머니들은 이렇게 말하곤 한다. "시간이 약이다" 혹은 "살다 보면 좋은 날이 올거야"라고. 그러나 이런 유형의 경험에서 쌓인 주목에 대한 태도 전략적 판단은 서구 사회에서 최근 개발되기 시작한 것이다. 프로이트 이래로 대부분의 심리치료들은 문제나 트라우마를 찾아내 치료하는 방식으로 이루어져 왔다. 이런 과정을 통해 심리학 이론을 발전시키고, 삶에서 더욱 현명하고 희망에 찬 기분과 시각을 얻어냈다. 이에 따라 심리학 강의를 수강한 대부분의 사람들은 좌절을 겪거나, 직업을 바꾸고자 할 때 무엇보다 먼저 친구나 카운슬러, 정신과 전문의들과 의논을 하는 것이 당연하다고 생각하게 되었다.

그러나 몇몇 절충주의 연구자들은 이런 식의 심리적 상처를 의식적으로 파고드는 방식은 도움을 주기는커녕 상황을 악화시킬 수도 있다고 주장한다. 트라우마에 대해 알려주고 그것을 치료하는 카운슬링 방식은 종종 환자의 스트레스 관련 증상을 악화시키며, 슬픔 치유 요법grief therapy을 받지 않고 증세가 호전된 환자도 10명 중 4

명 꼴이나 된다는 것이다.

컬럼비아 대학교의 심리학자 조지 보난노George Bonnano는 부정적인 경험에 집중하지 않는 것은 동료 학자들이 생각하듯이 부적응 반응이 아니며, 오히려 고도의 대처 전략일 수 있다고 말한다. 그는 실제로 잇따라 화가 나는 사건들이 발생하면 더 나은 결과를 위해 자기기만과 감정회피가 지속적이고 강하게 나타난다고 설명했다.

배우자의 죽음과 같은 엄청난 사태에 발이 걸려 휘청대면 슬픔으로 인해 주목 반응이 이상을 일으켜 오히려 더욱 쾌활하게 행동할 수도 있다. 보난노는 배우자나 자녀를 잃은 지 각각 4개월과 18개월이 지난 사람들을 인터뷰했다. 보난노가 피험자들의 슬픈 경험을 인터뷰하겠다고 말하자마자 그것만으로도 피험자들의 스트레스 지수는 엄청나게 증가했다. 그럼에도 불구하고 어떤 사람들은 이런 도전적인 상황에 화가 나지 않는다고 말했는데, 이는 그들이 스트레스 요인을 온전히 받아들이지 못한다는 증거였다. 이들은 희망이 사라진 상황을 다른 피험자들보다 더욱 잘 다루었다. 부정적인 사건을 회피하는 것이 일종의 적응 방식이라는 개념은 동양 사회에서는 보다 보편적이다. 예를 들어 중국인들은 홀로 상실의 슬픔을 내면적으로 곱씹기보다 다함께 장례 의식을 치름으로써 슬픔을 잊게 하는 문화를 가지고 있다.

CEO나 정치가, 영업사원과 같이 낙관적인 기질을 지닌 사람들은 태생적으로 부정적인 대상에서 주목을 전환하는 데 탁월한 능력을 지니고 있는 듯이 보인다. 이런 유형의 외향적인 사람들은 잠재적으로 불쾌한 사람을 마주치거나 불편한 모임에 참석하면 재빨리 자신들의 얼굴을 호감이 가거나 평범한 얼굴로 바꾸고, 다른 공간으로 주목을 전환하는 경향이 있다. 사람들의 머릿속에 자신의 찌푸린 얼굴이 기억되기 전에 표정을 바꾸는 것이다.

몰입하는 삶은 생의 모든 순간을 행복하게 살기 위해 추구하는 것이 아니다. 이는 무익하고 기괴한 일이다. 오히려 마음을 자신만의 소중한 정원으로 여기고, 그곳에 무엇을 심고 키워나갈지에 대해 조심스럽게 숙고해보는 일이다. 더럽고 오염된 세상에서 편안하게 살아갈 수 있는 능력은 단지 비생산적인 대상들에게서 마음을 돌리고, 자신만의 경험을 관리하고, 마음을 중요하게 다루는 능력을 키우고, 생각과 감정을 받아들이는 것이다. 노인들을 지혜의 보고라며 공경하는 문화권에서는 그들이 가능성과 삶의 의미를 받아들일 기회를 가장 잘 이용하는 사람들이라는 사실을 잘 알고 있다.

04 | 주목 본능

우리는 주목 능력을 타고 태어난다

식탁에 앉아 게걸스럽게 먹는 대신
한 입 한 입에 풍미를 느낄 수 있다면,
먹는 행위 자체가 얼마나 멋진 일인지 알 수 있을 것이다.

_ **마셀 메설럼**

개인 특유의 주목 방식은 우리가 누구인지를 만들어가는 중요한 요소이다. 주목은 기억이나 지력과 같은 인간의 기초적인 능력으로 내향성이나 모험심 같은 개인적인 기질이 아니다. 인간의 개성과 경험은 각자의 주목 방식에 매우 큰 영향을 받는다.

서베일런스 카메라 플레이어

공공장소에서 보안장치들의 사용에 반대하는 사람 중 하나인 〈서베일런스 카메라 플레이어Surveillance Camera Players〉의 감독 빌 브라운Bill Brown은 개인의 특성과 일상생활에서 주목의 법칙을 고려했다. 그는 "관찰당하는 대상을 관찰할 것이다"라고 말하고, 맨해튼 사람들을 개인적으로 관찰하기로 했다.

그는 혼자서 1,500여 개의 카메라를 건물의 전구나 몰딩 사이, 건물 벽 가장자리에 설치했다. 브라운은 숨겨놓은 카메라로 선택

▲ 〈서베일런스 카메라 플레이어〉 프로젝트

한 대상에 집중하는, 즉 주목 대상 주변으로 세계를 제한해 보는 방식을 사용했다. 경쟁 자극을 억제하는 것은 개성과 주목 사이의 복잡한 관계의 한 예이다. 마사 스튜어트는 가정에, 버락 오바마는 정치에 집중했다.

브라운은 이 관찰에서 자신이 특히 관심을 가지고 바라본 사람들에 대해 언급했다. 그는 소위 '외향적' '내향적'으로 묘사되는 두 가지 유형의 전형적인 성격을 묘사하면서 그들이 각자 다른 주목 방식을 보인다고 덧붙였다. 성격 스펙트럼의 한쪽 끝에는 내향적인 기질을 지니고, 전형적으로 내면에 집중하는 유형의 소위 (감시 카메라가 쉬지 않고 도는) 대도시의 지식 노동자가 있다.

"그들 대부분은 현실 세계에 실제로 존재하지 않는다. 그들은 자기 자신에게만 몰두하고, 자신의 생각과 두려움에만 주의를 집중한다. 그 외 집중 대상이 있다면 휴대전화, 아이팟, 블랙베리 정도일 것이다. 그들은 눈을 땅에 처박고 사람들의 신발 사이를 잰걸음으로 후다닥 지나간다. 도심 공간에 자신들만의 굴을 파고 사는 것이다."

반면 외향적이고 외부 세계에 관심의 초점을 두는 사람은 거리를 돌아다닐 때 이들과는 다른 행동을 취한다. 브라운처럼 적극적이고 리더 기질을 지닌 사람은 내면으로 파고들기보다 물리적, 사회적 대상들과 더욱 밀접하게 관계를 맺는다. 이것이 그가 다른 사람들이 하지 않는 이런 촬영을 하고 있는 이유이다. "나는 천천히 걷고, 위를 쳐다본다. 그러면 건축물의 세세한 부분까지 눈에 들어온다. 한번 이렇게 하기 시작하면, 당신 역시 다른 세세한 부분들을 볼 수 있게 될 것이다."

당신이 관심의 대부분을 거대한 외부 세계에 두는 외향적인 사람이든 자신의 사고와 감정이라는 내면 세계에 두는 내향적인 사람이든, 기질은 당신이 하는 경험과 주변 환경과 직접적인 관계를 맺으며 그것을 강화한다. 예를 들어 단체관광을 할 때 외향적인 사람이라면 단체를 이끌면서 상황을 자신에게 끌어들이는데, 그것은 그를 다시 외부 세계에 집중하고 깊은 관계를 맺게 만든다. 반대로 내향적인 사람이라면 집이나 사무실과 같이 고요하고 친숙한 환경을 끌어들여 자신의 감각과 고요한 성정을 유지할 것이다.

외면적이든 내면적이든 주목은 개인이 세계를 바라보는 기질과 서로 영향을 주고받는다. 이는 긍정적, 부정적 정서를 넘어 개인의 타고난 성향과 밀접한 관계가 있다. 이런 스펙트럼의 한쪽 끝에는 태생적으로 밝고 낙관적인 사람들이 있다. 이들은 세계를 장밋빛으로 바라보고, 가슴 뛰는 감정을 느낄 수 있는 다양한 신호들을 포착해낸다. 반대편에는 어둡고 염세적인 성향의 사람들이 있다. 이들은 세상을 냉정하고 위협적인 대상으로 여기며, 잠재적인 손실이나 위험 신호를 재빨리 포착한다. 아무것도 결정되지 않은 중립적인 상황에서도 이들은 걱정거리, 이상 신호, 혹은 슬픈 일이 일어나리라는 이유를 찾아내곤 한다.

이런 염세주의자들의 집단에 반응 물질로 작용할 사람을 집어넣어보자. 이 경우 염세주의자들은 대부분 이런 사람이 자신들을 통제하러 왔다고 오인한다. 염세적이고 예민한 사람들에게 알고 있는 사람들 중 '노력만이 진리이다'라고 믿는 리더 기질의 사람과 부드럽게 회유하는 유형의 원만한 사람, 두 유형의 사람에 대해 어떻게 생각하는지 물었다. 순간 피험자들의 머릿속에는 몇 개의 이름이 의식 지각에 기록될 틈도 없을 만큼 짧게 번뜩이며 지나갔다. 정력적으로 일하는 리더형 사람의 이름은 편안하고 온화한 사람의 이름보다 기억되는 확률이 낮았다. 심지어 '통제'를 시사하는 감정 신호는 무의식적으로 포착되어도 반응을 느려지게 만들고 스스로에게 불리한 행동을 유발하게끔 했다. 이들은 모두 회사 같은 사회적 관계의 사람들이었다. 또한 마치 빨간 천에 무조건 반응하는 황소처럼 일반적인 요구나 제안에도 습관적으로 주목하고 신경 쓰는 사람들은 집과 직장 양쪽에서 문제를 겪고 있었다.

9,211명의 직원과 중간관리자들을 대상으로 시행된 주목과 성격의 역동성이 일상적 경험에 어떻게 영향을 미치는지에 대한 흥미

로운 연구 결과가 있다. 완벽주의자들은 위험 부담이 있는 업무에 참여했을 때, 사소한 요소들이나 실수에 집착함으로써 자신이 해당 프로젝트에 적합하지 않음에도 불구하고 일을 계속 진행했다. 할 수 있는 일과 할 수 없는 일을 구별하는 능력을 상실한 것이다. 이들은 잘못된 것에 지나치게 많은 집중력을 쏟고 그것이 계속된 결과 노력은 하지만 항상 조마조마해하는 심리 상태가 되어 결국 생산성 저하를 불러일으켰다.

모차르트와 휘트먼의 완벽한 몰입

미네소타 대학교의 오크 텔레젠Auke Tellegen 박사가 개발한 다차원 인성검사MPQ, Multidimensional Personality Questionnaire는 '개인의 집중 형태'를 보여주는 '열중' 지수를 표현한다. 텔레젠은 이 지수가 높을수록 몰입의 경험성, 혹은 반응성이 높다고 표현하는데 이는 자신이 하는 일, 경험하는 그 순간 행위 자체에 완벽히 몰입하는 것이 가능하다는 말이다. 빈센트 반 고흐, 버지니아 울프, 글렌 굴드 등이 여기에 해당한다.

대상에 깊이 빠져드는 성향을 지니고, 애쓰지 않아도 '완전한 몰입' 상태에 돌입하는 것이 가능한 사람들은 자극을 스펀지처럼 바로 흡수한다. 즉 '자극에 대해 온 존재로, 무의식적으로 반응'하는 것이다. 이는 쥐가 미로를 학습하는 실험과는 다른 종류의 집중이다. 한 개인의 인성을 구축하는 데 선천적인 자질과 후천적인 습득 모두가 영향을 미친다는 이론을 부정할 수는 없다. 다양한 개인적인 특성은 절반 정도 유전자의 영향을 받고 있다.

경험에 대한 습관화된 주목이 극단적인 경우 현실 세계에 관심을 두지 않고, 현실을 제대로 다루지 못하는 '멍한 사람들'을 만들어낸다. 이 사람들 중 일부는 예술가, 학자, 배우, 작가, 음악가 등이 되며 이들 중 몇은 소위 천재라고 불린다. 이런 몰입 능력을 일상적으로 현실 세계를 다루는 데 이용한다면 보다 멋진 삶을 살 수 있다. 노스웨스턴 대학교의 신경과학자 마셀 메설럼Marsel Mesulam은 상황에 완전히 몰입하는 것은 동양적 접근 방식과 같다고 말한다.

"식탁에 앉아 게걸스럽게 먹는 대신 한 입 한 입에 풍미를 느낄 수 있다면, 먹는 행위 자체가 얼마나 멋진 일인지 알 수 있을 것이고, 매 순간 황홀경을 느낄 수 있을 것이다. 그러나 삶은 매 순간 이런 방식으로 움직이지 않는다."

축복받은 성자나 수도자부터 간질병 환자까지 몰두 주목을 넘어서 '황홀경'이 장기적으로 지속되는 상태를 경험하는 사람도 있다. 서머싯 몸이 《면도날》에서 '현명한 모범'이라고 표현한 힌두교의 은둔자 라마나 마하리쉬Ramana Maharshi는 십대 시절 거의 죽을 뻔한 경험을 한다. 그 순간 그는 우주적 의식cosmic consciousness을 경험하고 그의 불이원론적인 아드와이따 베단따Advaita vedanta적 전통에 따라 현재에 모든 것이 존재하고 있음을 깨닫는다. 그후 그는 남은 50여 년의 일생 동안 당시 경험한 황홀경의 상태에 집중한다. 이는 훗날 비틀즈와 서부의 히피, 인도의 은둔자들이 추구하는 '언어로 표현하기 힘든' 지향점이 된다. 메설럼은 이를 삶의 정수를 찾기 위한 정신적 여정이라고 일컫는다. (즉 '내면 세계에 존재하는 것은 무엇인가?'라는 것이다) "현재의 순간에 완벽히 몰입하고 그 순간을 확장하고자 하는 소망은 분명 멋진 생각이며, 문학적으로 아름다운 결론이기도 하다."

개인의 주목 방식은 진공 상태에서 작용하는 것이 아니라 각 개인이 처한 삶의 궤적이라는 틀 속에서 작용한다. 월트 휘트먼Walt Whitman처럼 낙관적인 사람들은 완전한 체험적 몰입 상태가 가능하며, 이는 텔레젠이 '자아 경계의 긍정적인 확장'이라고 부르는 상태를 만들어낼 수 있다. 파편화된 자아, 분노로 가득 차 있고, 우울하고, 소외된 자아 감각을 지닌 사람은 심각한 정신적 질병을 앓곤 한다. 극단적인 경우 무조건적으로 과도한 불쾌감이나 두려움을 느끼거나, 때로 자아의 붕괴를 겪기도 한다. 그러나 깊은 몰입 상태가 반드시 '최상의 경험'을 의미하는 것은 아니다.

MPQ 검사 결과 열중 지수가 낮다면 깊이 있는 경험을 하거나 경험의 확장을 이룩하게 해주는 집중 방식을 지니고 있지 않을 가능성이 높다. 시냇물이 졸졸 거리며 흘러가는 소리나 일몰의 신비함을 느낄 만한 경험을 할 가능성이 낮다는 것이다. 목적 지향적이고 자신의 삶을 철저히 관리하는 유형의 사람이라면, 기능적으로 행동하며 집중 역시 비즈니스적인 방식으로 이루어진다. 낯선 도시에 가면 먼저 호텔 위치를 파악하고, 이사를 하면 이케아나 타깃 같은 조립가구 전문점을 먼저 찾는 것이다. 누구나 이런 식의 실용적인 부분을 조금씩 가지고 있으며, 현실 세계를 중심으로 주목의 방향을 조절한다(만약 당신이 그런 사람이 아니라면, 가구를 조립할 때 파인 홈에 목재를 끼워 넣는 일조차 못할 것이다). 방 청소나 브리지 게임 같은 현실적인 상황에서는 이렇게 행동하는 사람들이 적합하다.

어떤 이들은 체험적, 기능적 주목 양쪽 모두에 뛰어난 능력을 지니고 있기도 하다. 그들은 매우 실용적이고 목적 지향적으로 움직이지만 사고, 감정, 감각 지각에 무게 중심을 옮기는 것 역시 탁월하다. 모차르트가 라이프치히를 방문했을 때의 일화이다. 그는 바흐가 성가대 단원으로 있던 한 성당 앞을 지나게 되었다. 그때 그는 갑자기 우뚝 서서 "이 음악은 뭐죠?"라고 물었다. 안에서는 한 연주자가 위대한 거장의 곡을 연주하고 있었지만, 성당 바깥으로 음악이 들리지 않는 상태였다. 그는 의식적으로 성당 안에서 연주되는 곡조에 몰두하며 이렇게 말했다. "여기에 내가 배울 만한 친구가 있군!" 대상에 몰입하는 천재들의 불가해한 능력에 대한 이 일화에서 무엇이 느껴지는가? 탈레젠은 이렇게 묘사한다.

"모차르트는 의식적으로 바흐의 음악을 들으면서 체험적 황홀경 속에 빠진 것이다. 그리고 훗날 그는 이날 들은 바흐의 곡을 처음부터 끝까지 완벽하게 악보로 그려냈다."

이 멋진 광경은 탈레젠에게 노력하지 않아도 가능한 주목 상태인 몰입flow처럼 보이지만 또 다른 예외적인 경험인 완전한 몰두 주목Rapt을 깨닫게 해주었다. 대단히 어렵고 기교적인 아리아를 완벽하게 부른 오페라 가수는 공연이 끝난 후에 자신이 어떻게 노래를

▶ **모차르트**
열네 살에 9부 성부곡인 알레그리의 〈나를 불쌍히 여기소서〉를 한 번 듣고 모두 악보로 적었다는 모차르트는 완벽한 몰입 상태와 천재성의 표상으로 우리들의 머릿속에 자리 잡고 있다.

불렀는지 기억하지 못한다.

"한 곡을 배우는 데 들어가는 기능적인 정신적 상태가 체험적인 정신적 상태로 대체된다면 그녀는 노래를 부를 때 더 이상 의식적으로 주목 상태에 들어가지 않아도 된다. 재능 있는 첼리스트들은 바흐의 소나타를 연주할 때 의식적으로 자신의 전두근을 조정하지 않는다. 높은 수준의 기교를 보유하고 있는 사람은 다음 단계에 필요한 기술을 자동적으로 흡수한다."

몰입을 기능적으로 이용한 척 예거와 누레예프

조각가 베르니니나 화가 피카소, 건축가 프랭크 오웬 게리Frank

Owen Gehry 같은 예술가들을 떠올려보자. 그들은 체험적 주목experiential attending과 기능적 주목instrumental attending 양쪽 모두에 능숙한 사람들이었다. 작가 스콧 피츠제럴드는 한때 "그의 낭만적인 정신은 셀로판으로 덮여 있다"고 평가받을 정도로 창조적인 사람들이 대부분 지니지 못한 냉정하고 고지식할 정도의 직업 정신을 지니고 있었다.

예술가들만 체험적, 기능적 주목 양쪽에 탁월한 능력을 지닌 것은 아니다. 전 미국 대통령 빌 클린턴은 스캔들로 인한 엄청난 혼돈 상태에서 어떻게 대통령직을 제대로 수행할 수 있었느냐는 질문에 이렇게 대답했다. 스트레스 요인에 대한 지극히 실용적이고 현실적인 반응이라 할 만하다.

"간단합니다. 백악관에 출근하고, 달력을 보고, 오늘 해야 할 일을 하는 거였죠."

웅변가로 유명한 불운의 저널리스트 코레타 스콧 킹Coretta Scott King은 분노가 폭발했을 때도 위대한 정치가들은 주변의 감정을 포착하는 데 뛰어난 능력을 지니고 있다고 말했다.

"빌 클린턴은 내 고통을 느꼈다. 우리는 둘 다 눈물을 머금고 있었고, 다음 순간 그는 내 팔을 감싸 안아 주었다. 그 순간 그의 행동은 진심이었지만, 그럼에도 그는 동시에 상황을 개선하기 위해 사태를 조정해야 한다는 자신의 임무를 수행했다. 만약 당신이 이런 체험적, 기능적 상태 양쪽 모두에 대한 주목 능력을 가지고 있다면 다음으로 필요한 것은 이들을 어떻게 통합하여 현실 세계에서 이용할 수 있는 상태로 만드느냐는 것이다."

개개인의 몰입 형태는 성격만이 아니라 지력 같은 다른 능력들도 형성한다. 하버드 대학교의 심리학자 하워드 가드너Haword Gardner는 지력의 종류를 연구했다. 그는 특정 분야(음악, 회술 등)에 뛰어난 사람들은 그 분야에 대한 집중 능력이 뛰어나다고 말한다. 음악에 몰입도가 높은 사람과 음치, 혹은 클래식에 무지한 사람은 같은 바흐의 협주곡에 대해서도 매우 다른 경험을 한다. 가드너는 자신의 세 자녀를 뮤지컬 〈캣츠〉 공연에 데리고 간 적이 있는데 같은 장면을 보고도 그 장면의 줄거리, 캐릭터, 춤, 장면, 음악에 대해 세 아이가 모두 각기 다른 경험을 한다는 데 놀랐다.

"의심할 여지가 없다. 당신이 몰입하는 대상은 그 부분에 대한 당신의 지력을 높여주고, 이는 다시 주목도를 높인다."

개인에 따른 주목 방식은 각자가 처한 신체적, 사회적 환경에 의해서도 보완된다. 한 실험에서 체험적 주목 성향이 강한 피험자들에게 음악이 흐르는 동안 편안하게 휴식을 취할 것을 요구했다. 피험자들은 그에 동의하고 들리는 소리를 들을 뿐 별다른 노력을 하지 않으며 휴식을 취했다. 그러나 그들이 휴식을 취하는 동안 근육반응에 대한 신체 현상을 관찰하자 이들 중 일부는 근육을 '그냥 내버려두지' 않았다. 반대로 기능적 주목 성향의 피험자들은 그저 단순히 음악을 들으며 휴식을 취하라는 연구자들의 요청에 불편한 심기를 드러냈지만 신체 반응은 휴식을 취했다. 탈레젠은 이에 대해 "주목 특징은 환경과 상호작용을 한다"고 결론지었다.

체험적, 기능적 주목 방식은 한쪽이 좋고 나쁘다를 가늠할 수 있는 문제가 아니며 양쪽 모두 장단점을 지니고 있다. 우리는 시사만화가 로즈 채스트Roz chast나 발레리노 조지 발란신이 만들어내는 이미지와 환상에 탄복한다고 해서 타고 있는 비행기의 파일럿이 별이 빛나는 멋진 하늘에 눈이 끌려 항로를 이탈하거나 세무사가 복잡한 세금 환급 과정을 누락하는 일을 원하지는 않는다. 어느 날 탈레젠은 자신의 학문적인 성취를 이끌어낸 관념적 사고방식은 슈퍼마켓에서 전혀 도움이 되지 않는다는 것을 깨달았다.

"나는 몇 가지 물건을 사러 슈퍼마켓에 갔지만 아무것도 사지 못하고 집으로 돌아왔다."

당신이 적확한 문제 해결력을 지니고 있든 환상적인 비행기 조종 실력을 가지고 있든 슈퍼마켓에 진열된 수많은 제품들 앞에서는 아무 소용이 없다. 이는 기억력과 같은 지적 능력이나 결단성, 꼼꼼함 같은 성격적 특질과 관련된 경우이다. 자신의 주목 방식이나 다른 타고난 특성을 고려하여 현실적으로 그것들이 당신에게 어떻게 작용하는지를 이해해야 한다.

웨스트버지니아 주의 농장에서 자란 시골 소년 척 예거Chuck Yeager는 열여덟 살이 넘어 공군의 기계수리공이 되었는데, 그의 대담함과 2.0의 시력, 독수리 같은 시각 포착 능력은 그 일에 매우 적합하다고 판단되었다. 이 시골 소년은 스무 살이 되어 전투기 조종사가 되었고 제2차 세계대전에서 단 하루 만에 공중전의 에이스가 되었다. 그는 시험비행에서 51초 만에 5만 1천 피트 상공으로 날아

▶ **고뇌하는 아르키메데스**
아르키메데스는 기하학 문제를 풀다가 도시를 쳐들어온 로마군 병사에게 죽임을 당했다. 지나친 몰두 주목으로 현실 세계에 존재하지 않는 '멍한 천재들'의 신화는 몰두 주목의 힘과 단점을 동시에 알려준다.

올랐다 안전하게 착륙했고, 최초로 음속장벽을 깼으며, 우주선이 아닌 전투기로 우주에 돌입하는 등 수많은 기록을 남겼다. 그의 대담함과 용맹은 이런 기록을 셀 수 없이 많이 남겼지만 예거는 자신의 성공에는 그보다 조심성, 실용성, 기능적 주목 방식이 더 크게 작용했다고 말했다.

"내가 비행기와 각종 구명 장비에 대해 낱낱이 공부한 것은 두려움 때문이었다. 때문에 나는 내 비행기를 신뢰하고, 언제나 조종석에서 위급 상황에 귀를 기울였다."

실용적인 어린 소년이 높이 나는 기계에 몰두 주목을 사용하는 전투기 조종사가 되었다면, 태생적으로 진실하고 아름다운 광경에 대한 몰두 주목이 강화된 사람이라면 예술가가 될 것이다. 구소련

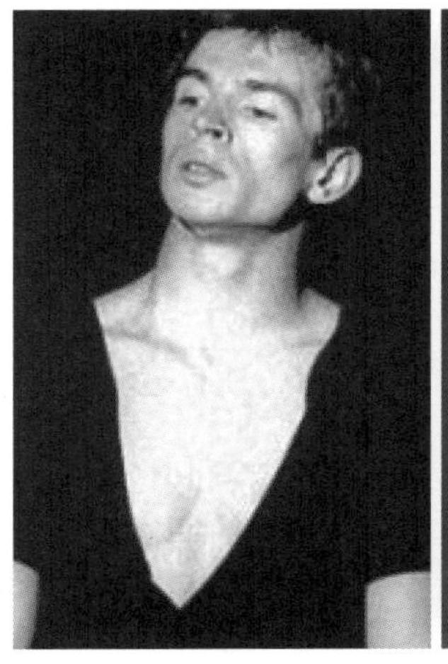

▶ **누레예프와 척 예거**
(좌측부터)
누레예프와 척 예거는 인간의 주목 방식과 성격적 특질의 결합이 현실적으로 발현되는 방식을 보여준다.

의 공업 도시 우파라는 빈곤한 상황에서도 루돌프 누레예프의 어머니는 일곱 살 때부터 그에게 몰래 발레를 가르쳤다. 새로운 세계에 홀린 어린 누레예프는 곧 동네의 댄스 교습소에서 춤을 추게 되었다. 어설픈 트레이닝에도 불구하고 그는 태생적으로 체험적 주목을 지니고 있었고, 이것은 춤에 대한 그의 열정을 표현하는 완벽한 도구가 되었다. 그 도구는 시골뜨기 소년을 레닌그라드의 키예프 발레단에 입단시켜주었고, 그곳에서 그는 곧 세계를 놀라게 하며 발레 예술의 경지를 끌어올렸다. 그는 주목에는 두 가지 방법이 있다고 말하면서 이렇게 덧붙였다.

"기술은 열정이 사그라들었을 때 기댈 수 있는 가장 기본적인 대체물이다."

경고, 조직, 판단 네트워크

성격이나 지력과 마찬가지로 주목 능력 역시 선천적, 후천적으로 만들어지며, 각 개인의 차이점을 만들어낸다. 예를 들어 생물학적인 이유에서 색맹인 사람은 보통 사람들과는 다른 방식으로 외부 세계에 초점을 맞춘다. 이와 유사하게 같은 음식을 맛볼 때도 미뢰의 생리적인 차이에 따라 각기 다른 맛을 느낀다. 브뤼셀 스프라우트나 그 밖의 다른 채소들에 대해 미각이 뛰어난 사람들은 채소에서 씁쓸함을 강하게 느끼고, 보통 사람들은 약간의 떫은 맛을 느끼지만 채소의 맛을 더 느낀다. 미각이 둔한 사람들은 전혀 씁쓸함을 느끼지 않는다.

손상되지 않은 뇌를 지닌 사람들은 몰입을 제대로 사용할 수 있지만, 각자가 지닌 뇌의 차이에 따라 주목 능력은 달라진다. 오리건 대학교의 신경과학자 마이클 포스너Michael Posner는 뇌의 주목 시스템을 세 부분으로 나누어 설명했다. 경고, 조직, 판단 네트워크는 각각 그 자신의 고유한 뇌생리적 특징과 기능을 지니고 있으며 우리가 경험하는 일과 일련의 생각들을 관리하는 메커니즘이다. (포스너는 윌리엄 제임스와 오랫동안 일을 했는데 그에 대해 "윌리엄은 일을 할 때 어디에도 존재하지 않았다. 그래서 그 상태를 오랫동안 관찰할 수 있었다!"라고 말했다)

포스너는 기질temperament 연구로 유명한 오리건 대학교의 심리학자 마리 로스바트Mary Rothbart와 함께 최근까지 주목 네트워크가 어린 시절의 삶을 조직하는 방식을 연구해왔다. 그는 아동들이 지니고 있는 유의미한 신경생리적 차이점들에 따라 생각과 감정을 통제하는 방식을 습득하는 능력에 차이가 생기고, 이에 따라 아이들의 주목 능력과 개인적인 특질이 달라진다는 것을 알아냈다.

이런 세 가지 주목 능력을 측정하는 포스너의 주목 네트워크 테스트 프로그램은 세 영역 중 어느 부분에 특히 강점을 가지고 있는지 알 수 있게 해준다. 만약 당신이 조직 네트워크가 강하다면, 이를 통해 외부(혹은 내부) 세계에 대한 자신의 태도를 제대로 파악하고, 특정 대상에 대한 주목의 방향을 조절할 수 있게 될 것이다. 이런 기술은 당신이 사냥꾼이거나 〈서베일런스 카메라〉의 감독 빌 브라운이라면 명백히 이익이 된다. 로스바트는 우리가 삶에서 사소한 대상들에 관심을 기울이고, 그것의 진가를 알아본다면 가치 있는 삶을 창조할 수 있다고 말한다. 그녀는 이것을 '사소한 행복low pleasure'이라고 불렀다.

아삭거리는 사과의 질감이나 라디오에서 좋아하는 음악이 흐르는 등 이렇게 사소하지만 좋은 것들에서 기쁨을 느끼는 경향은 낙관적이고 유쾌한 인격을 구성하는 중요한 요소이며, 이는 삶을 전체적으로 더욱 만족스럽게 만들어준다. 반대로 우리를 북돋아주고 즐겁게 해주는 작은 기회들에 주목하지 못하고 항상 불만족한 기분을 느끼는 성향은 우울증과 어두운 세계관을 확립시킨다.

만약 당신의 주목 시스템 중 판단 네트워크가 뛰어나다면 수많은 노이즈들에도 불구하고 주목의 방향을 쉽게 조절하고, 목표 대상에 재빠르고 정확하게 반응할 수 있게 될 것이다. 주방 식탁에서 한 조각의 케이크에 주목한 순간 바로 허리둘레를 떠올렸다면 주저 없이 설거지거리로 주목을 전환할 것이다. 이런 '자기규제' 능력은 자멸적인 인간의 특성에서 나타나는 충동적인 성정과는 정반대의 능력으로 고도의 성과를 내는 사람들에게서 주로 발견할 수 있다. 더욱이 이런 판단 네트워크가 잘 계발된다면, 이는 비생산적인 생각들에서 능동적이고 생산적인 감정으로 주목을 전환하여 몰입하는 삶을 살 수 있는 큰 장점이 된다.

뇌의 생물학적 차이들은 사람에 따른 주목 능력과 기질의 차이가 나타나는 이유를 설명해준다. 그러나 후천적인 특질 역시 이 못지않게 중요한 역할을 한다. 로스바트는 주목 실행 능력과 자기규제에 대한 문화적 차이를 연구했다. 자기규제를 위한 노력은 미국과 중국 양국에서 모두 좋은 자질로 인정된다. 미국과 같이 빠르게 변화하고 사교적인 태도가 중시되는 사회에서 분노, 두려움, 좌절 같은 감정들을 억제하는 능력은 중요한 기술 중 하나로 인정된다. 중국에서는 자기규제를 통해 감정을 억누르고, 집단 내에서 두드러지지 않고, 함께 어우러지는 태도를 바람직하게 여긴다. 이는 아시아 문화권이 공통적으로 지니고 있는 태도이기도 하다. 사회적 차이나 유전적 차이에 더해 "집중하는 행동이 같다고 해도 자기규제에 대한 인식이 각기 다른 성격을 만들어내는 듯이 보인다"고 포스너는 생각한다.

한 사람에게 있어서도, 생물학적 특성에 기반한 행동 성향이 단일하게 작용하는 것이 아니라 그 사람의 다른 자질들과 주변 환경들이 상호 작용하여 행동으로 표현된다. 포스너는 갓난아이가 태생적으로 명랑하든 난폭하든, 부모가 웃고, 깔깔거리고, 기뻐하는 아이의 주목을 끌어낸다면, 바람직하고 긍정적인 감정이 강화된다는 것을 지적한다. 학교 공부를 소홀히 하고, 삶에서 사소한 기쁨들을 잘 느끼지 못하는 아이를 돕기 위해 포스너와 로스바트는 4세에서 6세 사이에 판단 네트워크를 증진시키는 훈련법을 개발했다. 이 트레이닝은 주목, 기분, 자기규제 문제를 겪고 있는 수만 명의 아이들에게 도움을 주었다.

우리가 누구인지에 대한 개개인의 주목 능력은 선천적, 후천적 양 측면 모두로 구성된다. 뇌의 가소성plasticity, 可塑性 혹은 살면서 형성된 새로운 뇌의 연결 능력들로 인해 그것 자체를 재조직하는 능력에 대한 연구는 우리의 자아가 고정 불변의 것이 아님을 알려준다. 포스너의 연구는 아이들을 대상으로 주로 이루어졌지만, 그의 관찰은 모든 사람들에게 적용할 수 있다. 그는 이렇게 말한다. “아이들은 태생적인 특질이 매우 강한 상태이지만, 우리 어른들은 경험을 통해 형성된 측면이 훨씬 많으며 앞으로의 인생 역시 그럴 것이다.”

05 | 주목 훈련

나와 인생을 바꾸는 주목의 힘

기술은 열정이 사그라들었을 때
기댈 수 있는 가장 기본적인 대체물이다.

_ 루돌프 누레예프

우리가 척 예거인지, 루돌프 누레예프인지는 우리의 몰두 주목이 향하는 대상에 영향을 미친다. 동시에 우리가 주목하는 대상 역시 우리가 누구인지에 영향을 미친다. 아직 밝혀지지 않은 신경 가소성에 대한 최근 연구는 우리가 주목하는 대상과 방법이 실제로 우리의 뇌를 변화시키고, 궁극적으로 행동을 바꾼다는 것을 보여준다. 이런 놀랍고 실용적인 과학적 발견은 육체를 단련하는 것과 마찬가지로 몰입하는 삶을 유지하는 정신적인 상태 역시 후천적인 훈련이 가능하다는 것을 알려준다.

돼지 목의 진주 목걸이

〈돼지 목의 진주 목걸이Pearl before Breakfast〉라는 〈워싱턴 포스트〉의 재미있는 실험은 (의도하지는 않았지만) 습관적인 주목이 어떻게 인간의 정체성을 형성하는지 보여준다. 세계적인 바이올리니스트 조슈아 벨Josha Bell은 어느 날 아침 출근 시간 워싱턴의 랑팡 플라자 지하철역에서 거리의 악사 행세를 했다. 리포터인 게인 웨인가르텐이 350만 달러짜리 스트라디바리우스를 들고 연주하는 벨과 행인들의 모습을 관찰했다. 우리는 정황, 인식, 선행지식으로 대상을 탐색하는데, 바쁜 시간에 평범한 주변 상황에서 멋진 대상을 발견할 수 있느냐는 실험이었다. 그러나 이 실험은 주목이 우리의 즉시적

▶ **조슈아 벨과 거리의 악사 실험**

2007년 1월의 어느 날, 세계적인 바이올리니스트 조슈아 벨은 거리의 악사로 분했다. 이 실험은 인간의 선행지식이 주목에 미치는 영향을 극명히 보여주었다.

인 경험뿐만 아니라 개인적인 특성에서 영향을 받아 형성된다는 사실을 보여주었다.

처음 벨의 거리 연주회 실험을 고안할 당시 〈워싱턴 포스트〉 측은 군중이 지나치게 몰려들 것을 우려하여 경찰을 대기시켜놓았다. 그러나 63명이 지나갈 때까지 벨의 연주에 발길을 멈춘 사람은 없었고, 45분 후 1,070명의 사람들이 지나갔지만 마찬가지였다. 단 7명의 사람들만이 연주를 듣기 위해 발길을 멈췄다. 분당 수천 달러를 벌어들이는 벨은 그날 총 32달러를 모금했고, 그중 몇 사람은 지폐 대신 동전을 던져주기도 했다.

천 명 이상의 사람들 중에서 단 두 사람만이 그의 선율에 주목했다. 한 사람은 바이올린을 전공한 클래식 애호가였다. 그는 5달러를 냈다. 다른 한 사람은 연주회에 가는 사람이었는데 이 사람만이 벨을 알아보았다. 벨의 주레퍼토리가 연주될 때였다. 그는 20달러를 기부했다. 즉 바흐의 〈샤콘느〉와 유명 바이올리니스트에 주목한 사람들은 평범한 통근자가 아니고, 평생 동안 클래식 음악을 사랑하고 관심을 기울여온 음악 애호가였다. 그리고 그들 중에서도 극히 일부였다.

행동이 변화하면 뇌도 변화한다

fMRI를 이용한 성인의 뇌 순응성malleability에 관한 연구 중에는 택시 운전사가 런던의 복잡한 골목을 지나가는 경험이 공간지각과 기억을 담당하는 해마를 확장시킨다는 결과가 있다. 고고학자들 역시 이유를 설명할 수는 없지만 유물이 묻혀 있는 곳을 보통 사람들보다 더욱 잘 찾아낸다. 뇌영상 연구에서도 같은 데이터를 놓고 신참 뇌생리학자와 베테랑 뇌생리학자에 따라 연구 결과의 차이가 발생한다는 사실은 이런 주장을 뒷받침한다. 택시 운전을 하든 도자기 한 조각을 찾아내든, 우리가 하고 있는 일과 경험이 무엇에 주목할지 뇌에게 가르쳐주고, 신경 체계를 개별화하며, 결국 우리가 누구인지를 규정한다.

위스콘신 대학교의 신경과학자 리처드 데이비슨Richard Davidson은 뇌전도EEG, electroencephalography와 fMRI 영상을 이용하여 일반적인 경험과 특정 대상에 대한 주목이 뇌와 행동에 미치는 영향을 보여주는 연구를 했다. 이런 생리적 변화는 생물학적 변화와 마찬가지의 결과를 보여주었다. 즉 신경 체계가 우리의 경험에 반응하여 구축된다는 것이다. "이는 학습과 관련된 것이다. 행동을 변화시키는 것은 뇌도 변화시킨다."

그는 경험이 뇌생리학에 미치는 영향에 대한 연구를 통해 주목을 사용하여 불확실한 주목, 인식, 감정의 패턴을 변화시키는 방법을 찾고 있다. 그와 동료들은 명상법에 기반하여 특정 시간 동안 대상에 몰두하는 훈련법을 개발하고 있다. 동서양의 다양한 종교들은 지난 2,500년간 정신을 강화하는 수양법을 탐구해왔지만 명상은 종파를 초월한 근본적인 사유 방식으로 집중에 초점을 맞추어 고요하고 지속적인 정신적, 신체적 상태를 불러온다.

주목 훈련의 핵심은 정신적인 경험이 아니라 집중력이나 감정의 평형을 유지하는 능력(혹은 둘 다)을 강화하는 것이다. 널리 알려진 '마음충만 명상mindful meditation' 방식은 45분간 조용히 앉아서 숨을 들이마시고 내쉬는 행위, 즉 호흡에 집중하는 것이다. 잡념이 생겨나면, 현재 행하고 있는 호흡에만 다시 정신을 집중하여 머릿속에 들러붙은 잡념들을 떨치도록 한다. 데이비슨은 "열성적인 종교인보다 무신론자일수록 이 과정에서 훨씬 더 많은 이익을 얻어낼 수 있다"고 주장한다.

뇌의 작용에 대한 연구들은 각기 다른 주목 훈련 방식들이 뇌와 행동에 각기 다른 영향을 미친다는 것을 보여준다. 명상처럼 특정한 대상에 집중하는 연습은 일상적으로 그 대상에 주목하는 능력을 향상시킨다. 집중무시Attentional blink 실험은 그 이유를 보여준다. 20개의 문자들 중에서 0.5초 간격으로 두 단어에 플래시를 비추면, 우리는 대개 첫 번째 단어는 기억하고, 두 번째 단어는 놓친다. 이런 오류는 주목의 집착성 때문에 발생한다. 즉 첫 번째 신호에 주목하면 두 번째 신호가 나타나도 첫 번째 대상에서 주목을 떨어뜨리지 않는 것이다. 그러나 주목 훈련을 통해 첫 번째 신호를 흘려보내고 신속하게 두 번째 신호에 집중하는 능력을 기를 수 있다.

이런 실험은 단순히 과학적 호기심을 충족시켜주는 것만이 아니라 우리가 경험하는 세상이 지극히 주관적이며, 현실 생활에도 중요한 영향을 미친다는 증거이다. 우리가 어떤 사건에 주목하기로

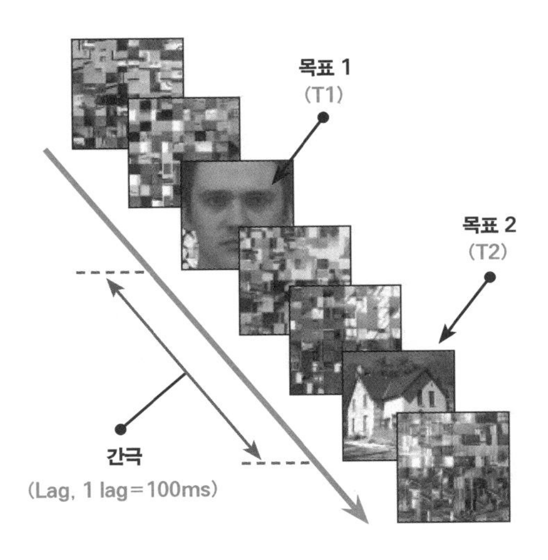

◀ **집중무시**
집중무시가 일어나는 과정. 목표 1에 강렬하게 주목하면 목표 2는 다소 희미해지고, 나머지 대상들은 완전히 무시당하게 된다.

결정하면, 그 사건과 연달아 일어나는 다른 사건들의 형태적, 음향적 신호를 놓치게 된다. 데이비스는 주목도가 민감할수록 사회적 상호작용성이 높다고 한다. 그리고 놓친 정보의 영향은 상당히 중대할 수 있다고 말한다. 실제로 샌프란시스코 캘리포니아 대학교의 심리학자 폴 애크먼Paul Ackman은 말을 할 때 사소하고 빠른 변화는 매우 큰 의미를 지니고 있으며, 그중 발화되지 않은 표현은 실제 마음을 나타낸다는 것을 입증했다. 대부분의 사람들은 이런 신호들을 잘 읽어내지 못하지만, 주목 훈련을 통해 이런 신호를 해석하는 능력을 크게 향상시킬 수 있다.

집중무시 현상은 상대적인 주목 유지 시간과 관계가 있는 것으로 주목이 실제로 훈련 가능한 기술이라는 것을 알려준다. 이는 집중력 문제를 겪고 있는 사람들에게 매우 희소식이 아닐 수 없다. (미국 아이들의 5퍼센트가 집중력 장애를 겪고 있다.) 데이비슨은 이런 문제를 직접 연구한 것은 아니지만, 한 가지 대상에 주목하는 명상법은 도움이 될 수 있다고 생각한다. 그리고 이는 집중력 장애에 따른 약물이나 그 부작용에서 벗어나고 싶은 사람들에게 매우 가치 있는 시도이다.

좌반구는 이성을, 우반구는 감성을 지배한다?

데이비슨은 긍정적(혹은 부정적)인 성향과 같은 기질이 형성되는 방식이 주목에도 영향을 미친다는 것을 알아냈다. 심지어 근본적으로 경험의 질을 좌우하는 상호작용으로서 주목을 의식적으로 조절할 수도 있다고 말한다. 그는 "끊임없이 발생하는 감정적 자극들 속에서 집중을 유지하는 것은 대단한 도전 중 하나이다"라고 말한다. 몇몇 행운아들만이 낙관적인 기질과 주도적으로 주목 대상을 선택하는 능력을 타고나지만, 이 역시 꾸준한 주목 훈련을 통해 향상시킬 수 있다. 오늘날 fMRI를 통해 다양한 감정과 정서 상태, 주목에 대한 반응 패턴이 형성되는 방식에 따라 뇌가 활성화되는 패턴을 알아낼 수 있게 되었다. 그러나 불행히도 이 결과는 좌뇌와 우뇌의 기능 구분, 긍정성과 부정성, 합리성과 예술성 등으로 뇌의 특징을 일반화시키며, 이에 따라 사람들을 좌뇌적, 우뇌적으로 구분하는 데 이용되어왔다.

일반적으로 뇌의 좌반구는 분석적이고 언어적인 부분, 우반구는 영감과 창조성을 관장하는 부분으로 나뉜다고 알려져 있다. 이에 따라 사람들은 각자 어느 반구의 영향을 더 많이 받느냐에 따라 재능을 발휘하는 영역이 다르다고 생각해왔다. 이런 단순한 일반화는 옳은 측면도 있지만 뇌의 편측성은 생각만큼 단순하지 않다. 예를 들어 맡은 일이 어려울수록 뇌의 양쪽 반구의 관계성은 보다 긴밀해진다. 최근 뇌영상 기법의 발달로 인해 좌뇌와 우뇌의 기능에 대해 더욱 많은 것을 알 수 있게 되었다. 보다 의미 있고 정확한 정보를 위해서는 입력된 정보를 그 정보와 관련된 뇌의 활동 영역으로 정확히 구별해 넣는 능력이 필요하다.

데이비슨에 따르면 이 외에도 뇌의 다른 영역들도 모두 서로 연계되어 있으며, (전체 뇌가 아니라) 특히 좌측 전두엽이 활성화된 사람은 특정한 긍정적인 감정을 더욱 잘 보여주는데(단순한 행복감이 아니다) 이는 목표 달성과 활동적인 삶을 사는 것과 관계가 있다.

데이비슨은 수년간 몰두 주목 훈련을 엄격히 시행한 사람들은 일상적인 경험에서는 물론 뇌생리적으로도 현저한 차이를 보인다는 것을 알아냈다. 최소한 1,000시간 정도 명상 수행을 한 티베트 불교 수도승처럼 말이다. 여기서 데이비슨은 만약 수도승들이 명상 수행을 하지 않아도 막 명상 훈련을 시작한 피험자들보다 (긍정적 감정과 관계 있는) 좌뇌 두정엽이 활성화될지 궁금했다. 그리고 실험을 통해 8주간의 명상 훈련을 받은 피험자들 역시 명상 수행을 지속적으로 수행하는 수도승들처럼 평균적으로 긍정성과 목적 지향적 조직력을 관장하는 좌뇌 반구가 상당히 활성화되었음을 알아냈다.

주목 훈련은 단순히 개인의 집중력에만 영향을 미치는 것이 아니라 기본적인 감정 상태에도 매우 큰 영향을 미친다. 이는 매우 놀라운 일이 아닐 수 없다. 지금까지 기질은 타고난 성향으로 변하기 어려운 것이라는 생각이 지배적이었기 때문이다. 그러나 데이비슨은 타고난 유전자가 우리의 자아와 행동을 규정하는 데 완전한 배경이 되는 것도, 확정적인 것도 아니라고 생각한다. 중요한 것은 후천적으로 습득한 것, 즉 현실 세계에서 유전자가 표현되는 방식이며 이는 경험에 의해 얼마든지 수정될 수 있다. 그리고 이것이 우리의 주목 방향을 결정짓는다. 즉 우리가 누구이고 우리가 하는 일을 궁극적으로 결정짓는 과정이다.

집중하는 방식만이 아니라 집중하는 대상 역시 뇌생리적, 행위적 결과에 중요한 영향을 미친다. 호흡과 같이 특징 없는 하나의 대상에 온전히 집중하는 것만으로도 뇌의 주목 시스템을 강화할 수 있다. 예를 들어 무조건적인 사랑은 '사랑'이라는 감정 자체에 집중하는 것만으로 대상에 대한 애정을 더욱 강화시킨다. 수도승들은 순수한 열정 같은 이런 감정에 몰두한다. 이때 그들은 감정의 소리를 듣고, 내면의 인식과 관계된 뇌 영역이 활성화되며, 추론과 타인의 정서에 감응하는 감정이입 영역인 우뇌가 유기적으로 연결되는 것을 경험한다.

바버라 프레드릭슨 등의 연구자들은 이런 실험들을 통해 긍정적인 감정에 집중하면 애정도가 증가하고, 집중 능력이 확장된다는 것을 증명했다. 데이비슨은 열정, 기쁨, 감사 같은 감정에 대해 의식적으로 집중하면 좌뇌 두정엽의 뉴런들이 강화되고, 공포와 관계된 편도체fear-oriented amygdala로부터 발생하는 메시지의 교란이 억제된다고 생각한다.

다른 사람에 대한 애정에 집중하고, 자기중심적인 성향을 억제하는 뇌 훈련은 인생을 더 멋지고 즐겁게 사는 데 중요한 첫 번째 단계라고 볼 수 있다. 특별한 일을 하지 않고, 단순히 휴식을 취하면 우리의 뇌는 디폴트default 상태에 돌입한다. 이런 기초적인 정신 상태는 내면을 바라볼 수 있게 해주고, '자기 자신'과 관계된 생각에 빠져들며, 부정적인 감정에 강박적으로 집착하게 만든다. "기분이 너무 좋지 않아"라든가 "상사가 나를 싫어하는 것 같아"라는 식으로 자신과 관련된 것을 떠올리는 것이다. 데이비슨은 이런 '자신과 관련된 과정'과 관계를 맺고 있는 뇌의 영역이 어디든지, 이는 (명상 수행 여부와 관계없이) 수도승들에게서는 거의 나타나지 않는 현상이라고 말한다. 실제로 대수행자들은 이 두 상태에서 거의 차이를 보이지 않거나 설령 그렇다 해도 그것을 지각하지 못한다.

마르고 약한 체질의 사람이 꾸준하고 규칙적인 운동을 통해 멋진 운동선수가 되듯이 주목 훈련 역시 더욱 삶에 몰입하고, 삶에 대한 애정을 갖게 해준다. "주목 훈련은 운동이나 피아노 연주 연습 같은 것이다. 몇 주나 몇 년 정도로 단기간 연습하고 마는 것이 아니라 평생 추구하면서 즐기는 것이다. 운동선수나 전문 성악가가 복잡한 기술을 익히고 최고의 수준을 유지하기 위해서 지속적으로 반복과 연습이 필요로 하듯이 주목 훈련도 마찬가지이다"라고 데이비슨은 말한다.

건강한 신체 상태를 위해 근력 운동과 유산소 운동이 적절히 조화되어야 하듯이 주목 훈련 역시 인식과 감정 양쪽에서 이루어져야 하며, 집중 행위와 평온한 상태 모두를 강화할 수 있어야 한다. 트레이너들이 체지방과 근력을 측정하여 신체 상태를 알아내고 적합한 운동 방법을 찾듯이 주목 훈련 전문가들은 당신의 주목 성향과 감정적 기질을 평가하여 각자에게 적합한 훈련 방식을 찾는다. 당신의 특성과 어울리는 운동법을 찾아야만 하듯이, 수백 가지 방법 중에서 진실로 즐기고 받아들일 수 있는 주목 훈련 방법을 찾는 데 노력을 기울여야 한다.

뇌와 경험을 변화시키기 위해 주목을 사용하는 방법으로 명상이 유일한 것은 아니지만 현재까지 가장 잘 알려져 있고, 손쉽게 할 수 있으며, 가장 효과적인 방법이기는 하다. 우리는 너무나 많은 시간을 그대로 흘려보낸다. 흩어지는 순간을 붙잡는 것, 즉 명상은 일상적으로 매일 시도할 수 있는 일이며, 이를 체화할수록 우리가 붙잡을 수 있는 시간은 더 많아진다. 뇌는 우리가 보내는 시간과 직접적으로 연관이 있고, 이를 통해 뇌에 보내는 신호에 중대한 변화를 일으킬 수 있다.

데이비슨이 "인간은 3, 4초 이상 한 가지 대상에 계속 집중할 수 없다"는 윌리엄 제임스의 말을 수도승들에게 전했을 때 그들은 웃음을 터뜨렸다. 수도승들은 어떻게 그렇게 어리석고, 말도 안 되는 생각을 할 수 있는지 의아해했다. 그들은 주목을 관리하는 것은 모든 인간이 타고난 천성이며, 이 능력이 계발의 대상이 아니라는 생각은 말도 안 된다고 생각했다.

동양인과 서양인, 생각의 지도

기질과 개인적 경험만이 아니라 문화 역시 주목과 자아상에 영향을 미친다. 인간이 재능을 타고 태어나는 것이 아니라 무無의 상태로 태어난다는 장 피아제의 이론은 지난 20여 년간 의심의 여지없이 받아들여졌다. 지극히 소수의 변치 않는 타고난 본성을 제외하고(예를 들어 인간은 얼굴에 주목한다), 아이들은 경험과 주목한 대상에 대한 학습을 통해 지식을 구축한다. 누가, 어디에서, 무엇을 행하고, 무엇을 가르치느냐에 달려 있는 것이다.

사람들은 같은 상황에서도 사회적 환경에 따라 현실을 각기 다르게 받아들이곤 한다. 《빅 소트Big Sort》의 저자 빌 비숍Bill Bishop과 로버트 쿠싱Robert Cushing은 민주당과 공화당으로 양극화된 정당 안에서 사람들은 정치 문제 외의 문제에 대해서도 견해와 관심을 공유한다고 말한다. 동성애자 인권 문제든, 인격 추구권이든, 온실효과든, 유가 문제든 말이다.

미시간 대학교의 심리학자 리처드 니스벳Richard Nisbett은 문화적 경험이 주목 대상에 영향을 미치는 방식을 연구했다. 그는 미국 서부 시대와 남부 지역 사람들이 어떤 상황에서든 자신에게 무례하거나 모욕을 주는 일에 큰 집중력을 발휘하는 '명예 중시 문화'가

남성 수의 불균형을 발생시켰다고 한다. 배우자의 부정이나 자신들의 담장을 넘어오는 행위에 대해 대부분의 미국인들은 법적으로 대응하지만, 이들은 개인적으로 보복해야 하는 엄청난 모욕과 불경의 표시라고 여긴다.

미국 남부 지역과 서부 시대에 널리 퍼진 폭력적인 명예 윤리는 과거 이 지역으로 이주해온 스코트-아일랜드계와 히스패닉계의 군중 문화에서 기인한다. (전 해군 사무관이자 버지니아 주 상원의원 짐 웹도 그의 저서《타고난 호전성Born Fighting》에서 이를 지지한다.) 니스벳은 목동이 거친 이유는 양 떼와 목장을 지키기 위함이며, 그들은 자신들의 생활이 침해받는 것을 원하지 않는다고 말한다. 이런 호전적인 전통 속에서 이 지역의 남성들은 모욕을 당하면 즉시 폭력으로 혹은 같은 방식으로 되갚아야 한다고 생각한다. 특히 집이나 가족에 대한 모욕의 경우에는 더욱 그러하다.

문화적 경험이 주목 대상을 결정하고 자아를 형성한다는 주장은 서양과 동양 문화, 근본적으로 인종에 대한 비교연구를 통해 지지받고 있다. 니스벳은 미국인과 일본인들을 대상으로 약 20초간 수중 장면을 보여주고 반응을 살펴보았다. 미국인들은 "3마리의 크고 푸른 물고기가 좌측에서부터 헤엄쳐 나왔어요. 배와 등지느러미에 분홍색 반점이 있었고요"라고 묘사한데 반해 일본인들은 "물살의 흐름이 도도하네요. 물은 푸른색이고 바닥에는 돌들이 있고요. 식물과 물고기들도 있었지요"라고 대답했다. 두 그룹은 같은 장면을 보았지만 그들이 받아들인 현실은 각기 달랐던 것이다. 미국인들은 가장 중요하다고 여겨지는 대상에만 주목하고 그 외의 것들은 소거하지만, 동양인들은 대상들 간의 관계를 집중해서 보았다.

이런 서구인과 비서구인의 주목 방식의 차이는 또 다른 실험에서도 드러난다. 미국인과 일본인에게 그들이 일상적으로 흔히 볼 수 있는 장면을 보여주었다. 그리고 이 장면의 맥락에서 몇 가지 대상을 보여주고, 다시 그 대상들을 새로운 맥락에서 보여주었다. 미국인들은 새로운 맥락이 제시되어도 대상에만 반응했지만, 일본인들은 그렇지 않았다. "배경이 변화했을 때, 미국인들은 맥락을 고려하지 못했다. 그 차이는 그들에게 중요한 것이 아니었다."

12년간의 연구 끝에 니스벳은 호모 사피엔스가 동양인들처럼 전체 맥락을 파악하는 방식으로 세계를 바라보고 사유했다고 확신하게 되었다. 서구인들은 주변 환경보다는 가장 중요한 대상에만 집중하지만, 인류는 전체 그림을 받아들이며 진화해왔다. 수중에서 화려한 열대어는 단지 수중의 일부분일 뿐이다. 인류는 본능적으로 서구인들처럼 대상을 논리 법칙에 따라 범주화하고 분류하기보다 동양인들처럼 경우에 따라 각각의 상황을 고려하는 경향이 있다. 니스벳은 "대부분의 세계에서 인간의 주목 범위는 현대 미국의 우리들보다 훨씬 넓었을 것이다"라고 요약했다.

고대 그리스 인들이 새롭고, 인위적이며, 분석적인 방식으로 세계를 받아들이기 시작하면서부터 서구 문화에서 인류의 현실에 대한 확장성과 관계성에 대한 본능은 근본적으로 변화를 겪었다. 그 이후 서구 아이들은 대상이나 물질에 대해 평가적이고 논리적인 방식으로 주목하는 법을 교육받게 되었다. 우리는 상황을 읽고, 재빨리 가장 중요해 보이는 것을 포착하여 그 상태를 파악하고, 그것을 설명하기 위해 규칙에 따라 범주화하거나 성질을 예측하기 위해 노력한다. 니스벳의 말처럼 "대상을 통제할 수 있는 시각을 얻기 위해 모든 일을 하는 것"이다.

상황을 평가하는 방식으로 세계를 인식하는 것은 그것에 대한 책임을 질 준비를 하게 만들어주며, 이는 서구 개인주의의 토대가 된다. 자신의 운명을 스스로 통제한다는 생각, 범주화되고 논리적인 주목 방식은 많은 장점들을 부여해주기도 한다. 개인적인 환경들보다 사고를 유형화, 규칙화함으로써 과학을 만든 이들은 고대 그리스 인들이다. 그러나 이런 성향은 결점도 내포하고 있다. 니스벳은 "서구인들은 주변 사람들이 원하는 것을 파악하기 위해 두리번거리지 않는다. 강의를 하고 나면, 미국인들은 '멋진 강의예요!'라고 말하지만, 일본인들은 '교수님, 조금 피곤해 보이세요'라고 말한다"고 했다.

이와 유사하게 문맥과 관계에 주목하는 동양인들의 성향은 집단윤리를 만들어냈다. 개인주의적인 서구인들과 비교하여, 동양인들은 대체로 사회적인 신호와 애정 어린 분위기, 기능적인 협업에 더욱 능숙하다. 사회와 환경에 대한 그들의 마음씀씀이는 조밀한 인구밀도와 고도로 상호의존화된 사회라는 역사적 경험에서 나온다. 그런 환경이 효과적으로 기능하기 위해서는 사람들이 관계의 규칙과 그에 따른 역할을 매우 정확히 준수해야 할 필요가 있기 때문이다. "동양인들은 대개 자율적으로(서구의 방식) 행동하지 않는다. 일을 완수하기 위해 그들은 서구인들과 달리 협업을 중시한다. 때문에 그들은 넓은 시각에서 세계를 조망한다."

사회적 신호를 받아들이는 데 있어서 이런 광범위한 동서양의 차이를 묘사하기 위해 니스벳은 한 가지 실험을 예로 든다. 두 집단의 사람들에게 만화 그림을 보여준다. 그림에는 화가 나 있거나 당혹해하고 있거나 혹은 즐거워하는 사람의 모습이 그려져 있고, 주위에는 다른 사람들이 둘러싸고 있다. "중앙에 있는 남자의 얼굴이 어떻습니까?"라고 질문하면 서양인들은 간단히 "화가 났네요" 혹은 "행복해 보여요"라는 식의 대답을 한다. 그들은 중심 인물의 얼굴만 바라보기 때문이다. 반면 동양인들은 "그는 행복해 보여요. 그런데 주위 사람들은 그렇지 않아 보이네요. 그렇다면 그 역시 정말 행복한 것은 아니지 않을까요?"라는 식의 대답을 한다. 동양인들은 사회적 맥락을 무시하지 못하기 때문이다.

주목에 대한 이런 문화적 차이로 인해 발생하는 세계적인 사건들, 특히 동서양의 충돌로 인한 사건들은 드물지 않다. 2008년 베이징 올림픽 개막식에서 티베트의 독립과 관련된 기습 시위가 일어났을 때 중국과 미국, 유럽의 반응은 매우 달랐다. 중국 측은 국가 통합과 집단의 조화를 위협하는 행위로 간주했지만, 미국과 유럽 측은 티베트 인들의 자치권과 자유에 관심을 기울였다.

수년 전, 미국 정찰기가 중국 제트기에 격추되어 중국 영토에 불시착했을 때 이런 시각 차이는 두 나라 사이에 위기 국면을 조성했다. 중국은 미국의 사과에도 불구하고, 미국인 조종사를 돌려보내는 것을 거부했다. 미국 정부는 이에 의문을 느꼈고, 중국 측 조종사의 부주의함이 사고를 불러일으켰다고 주장했다. 그러나 중국 측은 이에 대해 중국을 정찰하고, 자신들의 영공을 침략했기 때문에 미 정찰기를 격추했으며, 이런 맥락에서 자국의 제트기를 미 정찰기가 파손했다며 미국의 입장을 논박했다.

이런 관점에서 니스벳은 인종과 학문적 성취에 대한 다소 위험한 고정관념을 상기시킨다. "우리는 문화가 주목하라고 하는 것에 집중한다. 예를 들어 전통적으로 흑인들은 교육 수준이 낮고 게으르다고 생각되어왔다. 그러나 이는 흑인 노예가 있던 시절 지주의 생각이지 우리의 생각이 아니니다." 시대가 변하고, 인종차별이 철폐된 지 30년이 지났으며, 흑인들의 평균 아이큐 지수도 5점 이상 높아졌다. 또한 흑인들은 많은 교육을 받고 다양한 윤리 집단에서 중요한 위치를 차지하고 있다. 그럼에도 불구하고 다른 집단에 비해 흑인들은 여전히 교육 수준이 낮은 사람들이 종사한다고 간주되는 육체 노동 등에 주로 종사한다고 여겨진다. 반대로 동양 학생들은 실제 아이큐 지수보다 훨씬 높은 성취를 나타낸다고 여겨지는데, 그들이 학교에서 공부를 열심히 하기 때문이다. 이는 고학력과 가족의 명예를 지켜야 한다는 문화적인 압력 덕분이다. 니스벳은 "아이큐가 100인 중국계 미국인들과 아이큐가 120인 백인들의 성취 수준은 똑같다"며 놀라워한다.

오랜 연구 끝에 니스벳은 현실을 인위적으로 조작하는 서양의 방식과 전체적으로 조감하는 동양의 방식은 어느 한쪽이 옳고 그르거나, 좋고 나쁨으로 가를 수 없다는 결론에 도달했다. 니스벳에게 이런 연구를 하게끔 영감을 준 중국계 대학원생 카이핑 팽Kaiping Peng은 그에게 이렇게 말했다고 한다. "세계에 대한 당신과 나의 생각은 완전히 다릅니다. 당신은 선line 적으로 생각하고, 나는 순환론적으로 생각하지요."

신경과학과 인류학은 각기 분야가 다르지만 우리가 주목하는 대상이 뇌의 작용과 행동을 형성한다는 데서 같은 견해를 나타낸다. 이는 얼마 전까지 상상하기 어려웠던 일이다. 조슈아 벨처럼 클래식 음악에 몰두하든, 티베트의 수도승처럼 내면의 열정에 몰두하든, 일본인처럼 큰 그림을 바라보든, 그리스 인처럼 한 가지 대상에 집중하든, 니스벳과 같은 미국인 교수들처럼 세계를 선적으로 인식하든, 중국계인 카이핑 팽처럼 순환론적으로 인식하든, 이런 차이점들은 당신이 누구인지를 형성하는 데 막대한 영향을 미친다. 그러나 뇌를 변화시키는 몰입 능력은 어린 시절의 경험에만 한정되어 있는 것이 아니라 일생 동안의 경험을 통해 변화할 수 있다.

06 | 관계의 법칙

각자의 우주에서 살아가는 사람들

정신이 환경을 선택한다.

_ 에밀리 디킨슨

주목이라는 의미의 영어 단어 '어텐션attetion'은 라틴 어로 '저 너머까지 뻗친다'라는 의미다. 우정이든 결혼 생활이든 주목은 모든 관계에서 가장 기초적인 요소이다. 주목을 주고받는다는 것은 한 사람이 다른 사람에게 할 수 있는 최소한의 것이자 때로 최대의 것이다. 《세일즈맨의 죽음》에서 아서 밀러는 실패하고 기만당한 윌리 로만이 받는 마지막 호의에 대해 묘사한다. 이는 "그는 인간이다. 그리고 끔찍한 일이 그에게 일어났다. 때문에 그에게 주목할 필요가 있기" 때문이다.

미러 뉴런과 모방 행동

상대에게 주의를 기울이지 않는다는 말은 커뮤니케이션의 부재와 연대감의 상실을 불러온다는 말과 같다. 상대에게 주목하는 능력은 사람들 사이의 관계를 결정적으로 변화시킨다. 상호작용은 근본적으로 상대를 탐색하는 데 뿌리를 두고 있다. 이런 이유에서 MIT 대학교의 로드니 브룩스Rodney Brooks, iRobot의 설립자-옮긴이가 자랑하는 로봇 메르츠Mertz는 상대에게 주목을 함으로써 자신의 존재를 드러낼 줄 안다. 우리의 시선을 사로잡는 이 기계의 주목 능력은 거의 사람에 가깝다.

메르츠에게서 가장 눈에 띄는 형태는 크고 깜빡이는 눈으로, 짙은 눈썹과 귀여운 큐피 인형 같은 얼굴에서 두드러지게 드러난다. 아기 같은 푸른 눈동자 뒤에는 인간의 얼굴을 인식하고 그에 반응하도록 프로그램된 카메라 센서가 자리한다. 당신이 반응하면 메르츠는 당신에게 시선을 고정하고, 내재된 주목 프로그램을 가동시켜 당신이 원하는 일에 대해 이야기한다. 이 인간적인 기계는 MIT 캠퍼스에서 사회생활도 한다. 지나가는 사람들에게 시선을 돌리고, 상호작용을 하며, 개개인의 외모 특성을 구별해내기도 한다. 당신이 다가가면 이 기계는 당신이 무슨 옷을 입고 있든 어떤 헤어스타일을 하고 있든 당신이 P327이라는 것을 알아본다. 이는 당신의 목소리를 구별함으로써 가능하다.

브룩스는 로봇이 주목을 던지고, 상대의 주목을 끌어내는 것뿐만 아니라 인간성과 존재의 모든 측면을 습득할 수 있다고 믿는다. "오늘날의 기계들이 할 수 있는 것과 우리가 어떻게 그들을 만들어낼 수 있느냐는 다른 문제이다." 그는 기계 안에 내재된 인공지능이 우리들에게 '아이와 같은 종류의 영향'을 미치지만, 그래도 아이와 같은 존재가 될 수는 없다고 말하며 아직까지 우리는 동물에게서 그

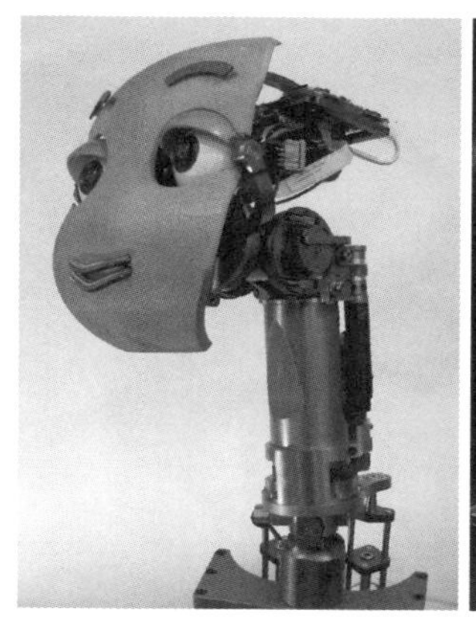
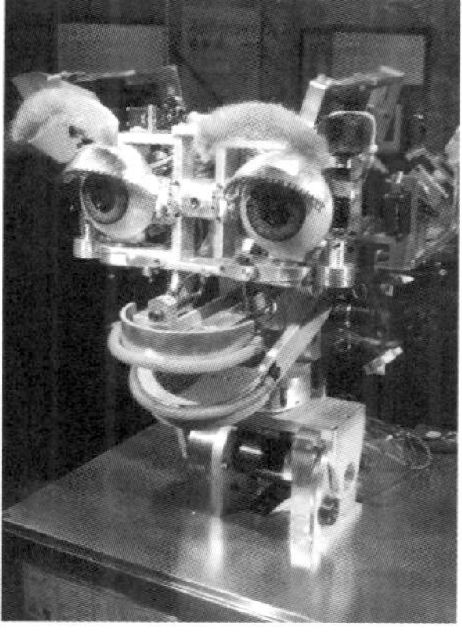

◀ 메르츠와 키스멧 (좌측부터)

런 역할을 기대한다고 설명한다.

짧은 꼬리 원숭이 실험을 통해 원숭이가 보는 대로 행동한다는 사실을 밝혀냄으로써 우리를 당혹시킨 파르마 대학교의 신경과학자 쟈코모 리촐라티Giacomo Rizzolatti 교수는 주목과 사회적 행동 사이의 접점을 모방하게끔 하는 '미러 뉴런'이라는 모방 행동 개념을 제시했다. 동물 B가 하는 행동을 관찰한 동물 A의 신경세포들은 마치 자신이 그 일을 한 것과 같은 방식으로 활성화된다. 인간의 경우, 미러 뉴런은 다른 사람들의 행위를 이해할 수 있게 해주고, 감정이입을 촉진하고, 얼굴 표정과 언어를 감지하게 해준다. 우리의 주목 능력은 단순히 다른 사람들의 행동을 그대로 따라하는 것만이 아니라 상대의 감정을 느낄 수 있도록 진화되어온 듯이 보인다.

이런 능력은 결정적으로 '존재'를 성립하게 하는데, 상호작용하는 로봇들은 이와 관련된 내용을 받아들이고, 내보낼 수 있게끔 설계된다. 메르츠보다 훨씬 전에 개발된 휴머노이드 로봇 코그Cog는 눈동자를 움직이고 머리를 갸웃거림으로써(인간이 주목할 때의 주요한 반응 지표 두 가지이다) 무엇인가에 집중하여 자극을 입력함을 보여주었다. 이런 로봇들은 눈을 마주보고, 머리를 추켜올리는 등 인간이 주목했을 때 보이는 것과 같은 반응 신호들을 드러낸다. "우리가 로봇의 눈을 들여다보면, 그 역시 우리들에게 반응을 보인다. 말하지 않아도 우리는 시선이나 행동으로 우리가 집중한다는 것을 보여주고, 그에게 지시할 수 있다. 만약 우리가 로봇에게 어떤 일을 하는 방법을 보여주어야 한다면, 그가 보고 받아들여야 하는 것을 볼 수 있도록 (로봇이 마치 사람인 것처럼) 계속 그를 응시하면 된다. 만약 그가 보지 못한다면 그에게 '집중해!'라고 야단을 칠 수도 있다"라고 브룩스는 말한다.

주목은 일반적으로 '존재'를 제시하지만, 특히 유대감을 길러주는 등의 감정 능력을 전달하기도 한다. 이런 이유에서 인공지능 로봇들은 놀랍게도 자신의 마음을 전달하는 데 능숙하다. 브룩스가 발명한 키스멧Kismet이라는 사회화된 로봇은 상대의 목소리를 통해 찬성이나 반대의 상황을 감지하고, 자신이 내면적으로 그 의견에 반발하고 있다고 해도 표면상으로는 얼굴 표정, 목소리, 머리의 움직임 등을 통해 적절하고 긍정적인 반응을 나타내는 놀라운 일을 해낸다.

브룩스가 가장 좋아하는 로봇 중 하나인 '바이센테니얼 맨'은 〈스타워즈〉의 R2D2나 C3PO보다 섬세하지 않지만, 우리의 주목과 감정에 연결될 수 있다.

브룩스의 롬바Roomba는 마음을 가지고 있는 작고 민감한 청소로봇인데, 200만 명의 열성팬을 보유하고 있으며 어떤 이들은 그에게 이름을 붙여주거나 옷을 사주기도 한다. 이라크에서 젊은 병사들은 폭발물을 찾아다니면서 자신들의 희생을 줄여주는 작은 탱크인 아이로봇iRobot에게 이름을 붙이고 유대감을 느끼기도 한다. 그리고 기계가 파손되면 군인들은 수리점으로 들고 와서 마치 응급병동에 실려 간 친구의 치료를 기다리듯이 수리가 끝날 때까지 얌전히 기다린다. 메르츠나 코그, 키스멧과 달리 군인들이 가족 취급을 하는 이런 기계들은 눈이나 얼굴을 가지고 있지 않다. 그러나 이 기계들은 인간미는 없지만, 군인들의 목숨을 구해주게끔 고안되어 있다.

25년 전만 해도 정보 처리 능력을 신장시켜주거나, 신경학적 게이트 키퍼 역할을 하거나, 주목 능력을 증가시켜 집중력을 길러주는 기계란 상상할 수도 없는 것이었다. 그러나 한 가지 확실한 것은 브룩스의 지적처럼 미래에 무슨 일이 일어날지 누구도 알 수 없지만 주목이 일어나는 방식을 변화시킬 만한 일이 발생할 것이라는 점이다. 그는 주목을 대상과 깊은 관계를 맺을 수 있는 방향으로 계발하는 방식을 연구하고 있다.

전자적 커뮤니케이션이 만들어내는 세대 차이는 그의 네 자녀들에게서도 나타난다. 세 언니 오빠들과 비교해보면(가장 큰 아이가 스물세 살이다) 가장 어린 열여덟 살짜리 막내 아이는 동시에 여러 명의 친구들과 휴대전화를 통해 SMS 등의 즉각적인 메시지를 훨씬 더 자주 사용한다. 막내는 또한 페이스북의 이메일 기능도 필요에 따라 시시때때로 이용한다.

이 어린 여학생의 아버지는 전자제품에 대해 둔감하지 않지만 그녀가 동시에 행하는 다양하고 많은 상호작용들을 따라잡기는 힘들다. 막내 아이가 하는 일은 단지 공간적으로 입력되는 분리된 비트들이 펼쳐지는 컴퓨터 스크린에 의해 쉴새 없이 바뀌는 일시적인 메시지들 중 하나를 내보내는 것 뿐인데 말이다.

"시간을 분할하는 컴퓨터의 능력은 막내 딸이 많은 대화에 집중할 수 있게 해준다. 20세 이하의 사람들은 이런 기술적인 발전을 능숙하게 받아들인다. 그 기계는 우리의 주목 능력이 이미 변화했다는 것을 보여주는 외부 장치의 한 예이다."

주목하지 않으면 커뮤니케이션도 없다

이런 동시다발적인 커뮤니케이션을 수행하는 전자기기에 대한 몰입이 좋은 것인지에 대한 판단은 잠시 보류하자. 누군가에게 집중하는 것은 유대감이 형성되는 기초 요인이며, 양쪽 모두에게 매우 이익이 된다. 실제로 사회적 연대는 더욱 오랫동안 건강하고 만족스러운 삶을 사는 데 대한 최고의 단일 지표이다. 최소한 누군가에 대한 주목은 경험을 구축하고, 자신을 성찰할 때 부정적인 상태에 빠지는 것을 막아준다는 매우 큰 심리적 장점을 지닌다. 젊은이들이 스포츠 선수나 역할 모델들에게 열광하는 것 역시 이와 유사하다. 특정인에게 주목의 방향을 맞추는 것은 현재 자신의 자아상을 만들어내는 방법의 하나이다. 캐나다의 심리학자 조앤 우드Joanne Wood는 자신에 대해 더 나은 감정을 가지고자 한다면 자신보다 못한 처지의 사람을 생각하고, 동기 부여를 받고자 한다면 자신보다 훨씬 뛰어난 사람에게 시선을 두면 된다고 한다.

상대에 대한 주목은 상호작용과 피드백을 만들어내며, 우리가 보다 유용하고 더 큰 세계와 연결되어 있다는 감정을 부여해준다. 일을 할 때 세세한 업무 사항들을 생각하는 것보다 자신의 노력이 다른 사람들에게 미치는 영향을 생각하는 것이 더욱 도움이 된다. 관계성을 생각함으로써 만족감과 생산성이 촉진되기 때문이다. 고객들이 만족하는 모습을 체감할 수 있는 카페 점원들은 주방에서 일하는 직원들보다 더욱 큰 만족감을 느끼며, 장학금을 받을 예정인 학생들과 10분 정도 함께 지낸 기금 모금자들이 다른 사람들보다 2배 이상의 기금을 모으기도 한다.

주목은 개인적인 행위이지만 이는 또한 집단을 유지하고, 각 개인들보다 더 큰 부분의 일부라는 것을 느끼게 하는 사회적 유대이기도 하다. 사회적 활동이든 업무든, 집중을 할 때 예민하고 스트레스 지수가 높은 사람들(유방암 환자, 거식증, 우울증 환자 등)의 기분은 (비교 집단에서 평균적인 피험자들과 다른 상태에 있기는 하지만) 혼자 있거나 아무것에도 집중하지 않고 있을 때 급격하게 가라앉았다.

단순한 사회화도 장점이 있지만 자신을 둘러싼 친족 관계들만이 아니라 꿈과 희망을 공유하는 사람들과의 사회관계는 훨씬 더 장점이 많다. 궁합이 맞는 테니스 파트너, 체스 기사, 독서 토론회 회원, 배우자는 인간관계가 좋은 자극을 제공해주는 것은 물론 '우리를 최상의 상태로 만들어주는 것'을 입증하는 좋은 예이다.

다른 사람에게 집중하는 것이 상대보다 자기 자신에게 더 많은 도움을 준다는 것은 심리학자나 카운슬러에게서만 들을 수 있는 말은 아니다. 다소 방식은 다르지만 상대는 심리적, 생리적으로 자기 자신을 들여다보고 더 나은 삶에 대한 답을 추구할 수 있게끔 해준다. 지속적으로 행복이라는 주제를 탐구하고 있는 노벨 평화상 수상자 달라이 라마는 이렇게 썼다. "나의 종교는 사람에 대한 애정이다."

세계를 인식하는 두 가지 방법

달라이 라마의 세계관은 아시아의 전통적인 작은 마을 단위의 사회에 기반을 둔 사상이지만, 세계 어디에서나 통용될 수 있는 진리이다. 맥아더 지니어스 상 수상자이자 UCLA 가족연구소장인 인류학자 엘리너 오크스Elinor Ochs는 중산층 백인 가정과 개발도상국 아이들의 사회화 방식과 언어 습득 방식을 연구해왔다. 그녀는 주목을 '일단 지각되고, 인식되고, 사회적인 방침의 특정 부분을 받아들이는 것'이라고 정의했다. 그녀는 가족 관계에 영향을 미치는 방식으로 문화를 두 부류로 나누었다.

사모아 족 같은 마을 단위 사회에서 사람들은 아주 어린 시절부터 시선을 외부의 다른 사람들에게 향하도록 배운다. 아이들은 부모만이 아니라 친구나 다른 친지들의 보살핌을 받고, 주변 사람들의 욕구를 활발하게 감지하며 자란다. 아이들을 데리고 다닐 때에도 등에 업는 방식을 취하는데, 그럼으로써 아이들은 업어준 사람의 어깨 너머로 외부 세계를 엿볼 수 있게 된다. 말을 배우기 전부터 이들은 타인의 행동과 감정에 주목하는 법을 배운다. 이런 문화에서 우선적으로 고려되는 것은 상대적이고, 대인 관계 중심의 관점이다.

이와 반대로 고도로 개인화된 서구 사회 사람들은 어린 시절부터 자신의 필요와 욕구에 집중하는 법을 배운다. 아이를 데리고 다닐 때도 유모차, 카시트, 높은 유아용 의자 등의 기구에 태우고 다닌다. 아이들은 그 좁은 공간에서 고작 팔 하나 정도의 시야를 확보할 뿐으로 그 안에서 자신의 방 같은 안락함을 느끼며 잠을 청한다. 유치원에서도 아이들의 사회집단은 부모와 보육자, 그리고 극소수의 사람들뿐이다. 개인화된 경험을 강화한다고 해도 고작 수많은 장난감이나 주목할 만한 물건 몇 개로 확장될 뿐이다. 아주 갓난아이조차 장난감을 가지고 있으며 장난감의 형태와 색에 주목하면서 자란다. (이런 물건들을 구매하는 부모들의 희망에도 불구하고, 8개월에서 16개월 된 아이들이 교육용 비디오에 노출되는 것은 실제로 언어 발달 능력을 저하시키며, 매일 비디오를 보는 아이들이 그렇지 않은 아이들에 비해 6개에서 8개가량의 단어를 덜 습득한다는 연구 결과도 있다.)

서구 사회와 비서구 사회 간의 세계를 인식하는 방법과 관계에 대한 문화적 차이들로 인해 어린아이들에게 기대되는 자질 역시 달라진다. 예를 들어 사모아 족 아이들은 네 살이 되면 부족 사회에 도움이 될 만한 일을 하고, 어린 동생들을 돌보고, 어른들에게 스스로의 의사를 전달한다. 아이들은 '공공의 이익'에 따라 행동하는 것이다. 이 개념은 어린아이들은 타인의 필요를 충족시켜줄 수 없다거나 혹은 해서는 안 된다고 생각하는 서구 사람들에게서 종종 남용되는 개념이기도 하다.

UCLA 가족연구소의 연구에 따르면 미국의 개인주의적이고 객체 지향적인 사고방식은 사회적 삶에도 영향을 미치고 있다. 빠르게 변화하고 있는 가정에서 실제로 어떤 일이 일어나는지 연구하기 위해 각기 다른 가설을 세우고 있는 과학자들 21명으로 이루어진 연구 팀이 4년간 관찰연구를 했다. 각기 다른 사회 · 경제적 배경을 지닌 서른두 가족이 선발되었고, 이들의 침 샘플에서 일어나는 스트레스 화학작용이 분석되었다. 그리고 가족의 생활을 묘사하는 인터뷰에서 피험자들은 하루 중 가장 중요한 순간(예를 들어 저녁 시간 부모의 귀가 등)을 설명했는데, 아이들이 그들의 작은 세계에서 가장 관심을 기울이고 있는 최우선의 동력은 대개 전자제품이었다. 이런 측면에서 아이들이 부모에게 쏟는 관심보다 배우자들이 서로에게 쏟는 관심이 다소 높았다. 한 아이는 엄마가 들어오는 소리에 즉시 텔레비전을 켜기도 했다. 그리고 집에서 보내는 시간의 80퍼센트 이상 아버지들은 무시당하거나 차선의 대상으로 자리했다. 그저 가볍게 손을 흔들거나 인사 정도를 나누었을 뿐이다. 아이들이 귀가하는 부모들에게 일어나서 "잘 들어오셨어요?"라고 묻는 것은 매우 드문 일이었다.

노먼 록웰Norman Rockwell은 가족들이 서로에게 주목을 하는 순간은 특히 저녁 시간이라고 말한다. 이때 가족 구성원들은 서로에게 의식적으로 입에 발린 대화를 나누고, 실제 경험에 대해서는 뭉뚱그려 회피하는 경향을 보였다. 미국인들은 가족들이 저녁 식탁에 모두 모이는 시간을 신성하게 여긴다. 엘리너 오크스는 이 때문에 마약, 게으름, 비만 등 실질적인 문제들은 모두 언급되지 않는다고 지적했다. 그러나 아이러니하게도 모두들 집 안에 있어도 가족이 모두 함께 모여 저녁을 먹는 것은 단 17퍼센트밖에 되지 않았다.

오크스의 완화된 표현에 따르면 현대의 저녁은 더 이상 모두 한자리에 앉아 주님의 은혜를 나누는 시간이 아니다. 미국인들은 함께 한자리에 모여 음식을 나누기보다 인스턴트 음식을 데워 각기 다른 시간에 각기 다른 장소에서 각기 다른 구성원들과 함께 식사를 하고 있다. 두 사람이 부엌에서 테이크아웃 치킨을 먹고 있고, 누군가는 거실을 어슬렁거리며, 누군가는 아직 귀가 전이다. 또 다른 누군가는 위층에서 컴퓨터 앞에 앉아 피자를 씹고 있다.

재미있는 것은 그 원인에 대해 묻자 모두들 현실적인 대답을 하기보다 일, 회의, 수업, 운동 등으로 바쁘기 때문에 한자리에 모여 식사할 시간이 없다고 말하면서 함께 가정사를 의논하던 시절을 그리워했다는 것이다. 그들은 질문에 대한 객관적인 이유들은 전혀 생각지 못하고 위선의 눈물을 흘린다. 오크스는 "함께 저녁 시간을 보내는 것을 우선적으로 생각하는 몇 가족을 제외하고 대부분은 그렇지 않았다"라고 말했다.

UCLA 연구 팀은 가족들이 심지어 함께 저녁을 먹기 위한 노력을 하면서 동시에 저녁 자리에서 서로의 잘못들을 지적함으로써 가족애의 기반을 망가뜨리고 있다는 것을 발견했다. 한자리에 모인 가족들은 그때까지 들추지 않았던 가족사들을 시시콜콜한 부분까지 들추어내고, 결국 그날의 사건으로 화제를 전환하는 '중재자'가 등장한다. 주로 어머니들이 "오늘 학교에서 있었던 일을 말해보렴"이라는 식으로 이 역할을 하고, 아버지들은 그에 대해 "성적이 좋구나, 더 노력해보거라"는 식으로 평가를 내린다. 아버지들은 대체로 자신의 일상생활을 이야기하지 않고, 만약 그렇다 해도 대개 상대의 대답을 요구하지 않는 화법을 구사한다. 엄마와 아이들의 대화법이 "이 상황이라면 어떻게 하는 게 좋았을까?"라는 식의 열린 구조라면, 아버지들은 "내가 다 알아서 한다"고 말한다.

이런 권위적인 논점으로 인해 싸늘해진 저녁 식사 분위기를 무마하고자 한다면, 부모들은 아이들을 갑자기 입 다물게 하는 것, 빨리 그 자리를 뜨고 싶게 만드는 것이 무엇인지 살펴보아야 한다. 한 예로 아버지가 딸 수지에게 최근 만나는 남자친구에 대해 비난의 말을 한다. "그 애 머리 꼴이 그게 뭐니? 게다가 불량해 보이더구나." 그러면 수지는 엄마에게 화를 전가하고 식탁을 박차고 일어난다. 그 순간 저녁 식탁은 전쟁터가 된다.

저녁 식탁이 법정이나 FBI 심문실로 변하지 않는 보다 완벽한 세상에서는 부모들은 아이들이 말로 표현하지 않은 대화에도 주의를 기울인다. 이들은 누군가가 이야깃거리를 만들어내도록 자연스럽게 유도하며, 적절한 피드백을 제공하고, 귀 기울여 듣는다. 만약 아들 조니가 형편없는 수학 성적표를 가지고 왔다면 아버지는 그에 대한 판단을 유보하고, 왜 그런 성적을 받게 되었는지, 개인교습이 필요한지 등에 대해 묻는다. 엄마는 저녁을 먹기 전에 수학 숙제를 하는 습관을 들이라고 조언을 한다. 집 안은 조용하고, 조니의 마음도 편안하다. 수지는 기하학에서 좋지 않은 점수를 받고 선생님으로부터 보충수업이 필요하다는 말을 들었던 때를 회상했다. 당시 수지의 부모들은 그에 대한 판단을 유보하고 일상적인 일을 함께 나눔으로써 문제에서 화제를 전환하고, 관점을 바꾸고, 새로운 방안을 함께 시도해볼 수 있게 되었다. 이는 문제 해결만이 아니라 관계를 돈독히 하는 데도 도움이 된다.

UCLA 연구 팀의 심리학자 토머스 브래드버리Thomas Bradbury는 아이들에게 이력서를 작성하는 방식의 새로운 양육환경지표를 만들었는데 이는 그를 매우 불편하게 했다. 그것이 자신의 인생 같았기 때문이다. 남편, 아버지, 연구자로서 관계를 계발하는 방법을 연구하는 그는 새로운 양육환경지표가 미국의 구식 윤리와 사회·경제적 환경 변화 사이에서 일어나는 충돌을 반영한다고 생각한다. 예를 들어 고학력은 한때 부를 보장해주었지만, 지금은 대학 졸업생들의 직업 안정성이 고교 졸업생과 같다는 역사상 초유의 상황이 벌어졌다. 브래드버리는 말한다.

"우리는 아이들이 자신보다 더 나은 삶을 살기를 바란다. 그러나 빈부 간의 격차는 점점 커지고 있다. 중산층 부모들은 아이들이 빈곤한 상황에 처하는 것을 매우 두려워하며, 부유해질 수 있는 방식을 택하기를 바란다. 그리고 자신들이 통제할 수 있는 단 한 가지는 아이들을 바이올린 레슨에 보내든가 아이비리그 학교에 보낼 수 있는 교육을 시키는 것이라고 생각한다. 따라서 아이들에게 더 많은 시간과 에너지를 쏟고, 아이들의 길을 자신들이 만든다. 이는 아이들이 오랫동안 부모에게 의존하게 된다는 것을 의미한다."

UCLA의 연구와 유사한 연구가 이탈리아에서도 이루어졌다. 이 연구는 미국과 이탈리아에서 계층에 따라 주목하는 부분이 다르다는 것을 보여주었다. "미국의 가족 모델은 매우 힘든 상황에서 이루어진 것이다. 미국에서는 1년에 휴가가 14일밖에 없지만, 유럽에서는 39일까지 보장되기도 한다. 가장 큰 의문은 '아이들이 대학에 가는 것이 중요한지, 아니면 더 나은 삶을 사는 데 큰 의미를 부여하는 것인지였다. 로마 인들은 매우 좁은 아파트에서 살지만, 우리 미국인들이 가지고 있지 못한 조화와 유쾌함을 지니고 살고 있었다"라고 브래드버리는 결론짓는다.

화성 남자 금성 여자의 기본적 귀인 오류

에밀리 디킨슨은 〈정신이 환경을 선택한다Soul selects her own society〉라는 시에서 몰두 주목에 대해 묘사했다.

> 광활한 제국에서 온 여인을 알고 있네.
> 한 가지를 선택하고 나면,
> 그녀는 관심의 밸브를 돌처럼 단단히 닫아버린다네.

남녀 간의 사랑 같이 강화된 형태의 애정은 서로에 대한 특별한 집중에서 나타나는 것으로 이는 (결혼 관계의 위기가 온 이 시대에도 역시) 좋은 삶을 사는 데 필수적이다. 동거 형태가 극적으로 증가하고, 수많은 부부들이 이혼을 하고 있다. 비공식적인 가족 관계들은 보다 안정적이지 않고, 더욱 갈등이 많기 때문에 이런 큰 변화는 명백한 문화적, 사회적, 경제적 위험을 만들어낼 수 있다. 특히 여성과 편부모 슬하에서 자라는 아이들에게 더욱 큰 위협이 될 수 있다. UCLA 연구팀의 결혼 관계 연구를 진행하면서 브래드버리는 성인들의 삶의 질 문제에 관심을 기울였다. "사람들이 다른 사람에게 개입하고 집중하는 관계에 있어서 결혼은 최후의 보루이다."

결혼과 같은 관계에서 배우자에게 깊은 관심을 쏟는 것은 가장 깊은 내면의 유대 관계를 맺음으로써 외부 세계와 자신들을 구분하는 행위이다. 최소한 이론적으로는 그렇다. 브래드버리는 관계에서 관심을 유지하는 데 있어 발생하는 모순들에 언제나 큰 인상을 받곤 한다.

"부모들이 상대의 관심을 호소하며 이에 대해 늘 불평한다면, 아이들 역시 그렇게 될 가능성이 높다. 이를 통해 서로에 대한 주목 능력은 발전하지만, 정확히 주목이 우리의 삶을 지배하는 모든 요소는 아니기 때문에 이런 일이 발생한다. 세상이 어디에 있는지 상상해보라."

가장 이상적인 경우 우리들은 배우자(애인)에게 특별한 관심을 기울이는 것만이 아니라 이를 건설적인 방식으로도 이용한다. 실제로 배우자에 대한 만족도가 높은 사람은 세상을 온통 장밋빛으로 바라보며, 배우자를 있는 그대로의 모습보다 모든 측면에서 미화해 바라본다. 뉴욕 대학교의 심리학자 샌드라 머레이Sandra Murray가 '긍정적 환영'이라고 지칭한 이 상태는 무엇이든 더 나아질 수 있다는 것에 대한 증거이다. 시간이 지나면서 실제로 사람들은 배우자의 환상으로 인해 상대를 더욱 좋아하게 된다.

반직관적으로 보이는 〈모든 일이 잘되면 제 곁에 있어 주겠어요?〉라는 실험은 애인에 대한 긍정적인 주목을 유지하는 것의 이익에 초점을 맞추고 있다. 캘리포니아 대학교의 심리학자 셸리 게이블Shelly Gable은 피험자들에게 자신의 금전적인 행운을 배우자와 함께 나눌 것인지 질문했다. 행운을 얻은 응답자들은 객관적으로 긍정적인 사건에 대해 언급하기보다("승진? 너무 잘됐어!") 배우자의 성취나 진정한 자아의 결과물에 대한 표현만을 하는 등 좋은 소식에 집중했다. "당신의 재능을 알아본거야!" 이러한 확실한 반응들은 단순히 표현되는 것만이 아니라 다른 사람들의 경험을 기억해내는 데도 마찬가지며, 이로써 기쁨은 배가 된다. 일반적인 속담 같은 것이 아니라 실제로 그들은 그동안 힘들었던 과정들을 생각하기보다는 자신들의 삶이 실제로 좋은 방향으로만 흘러가게 될 증거가 나타났다는 식으로 생각했다.

특히 상대에게 열렬히 주목하게 되면, 그 관계에 속한 사람들은 상대의 시각을 통해 세상을 바라볼 수 있도록 노력한다. 주목을 유연하게 운용하기란 어렵다. 그러나 1970년대에 수행된 한 독창적인 실험은 이것이 반드시 불가능하지만은 않음을 알려주었다. 먼저 피험자 절반에게는 '집을 사러 온 사람들'의 역할을 주고, 나머지 절반에게는 '도둑'의 역할을 준다. 그러고 나서 양쪽 그룹에게 집 안의 모습을 묘사하게 했다. 집을 사러 온 역할의 사람들은 전체 집의 모습, 방, 구조를 묘사했지만, 도둑 역할의 사람들은 값이 나가는 물건이 있는 위치를 묘사했다. 그다음 피험자들에게 서로의 역할을 바꾸어보게 했다. 그러자마자 새로 도둑 역할을 맡은 사람들은 귀중품과 자신들이 있는 위치를 기억해냈고, 새로 집을 보러 온 역할을 맡은 사람들은 현관에 서 있는 나무, 방의 크기, 창의 위치 등을 기억해냈다.

실제 삶에서 서로에게 헌신적인 커플들은 상대의 시각을 공유하기 위해 매일매일 엄청난 도전들을 치러낸다. 선천적, 후천적으로 형성된 주목 방식은 자신만의 독창적인 관점을 만들어내고, 이는 하나의 대상에 대해서도 상대와 다른 관점에서 바라보게 만든다. 그러나 다른 사람과 함께 살고 있을 때, 우리는 상대도 자신과 같은 현실을 공유하고 있다고 생각하기 쉽다. 사랑의 환영이 사라진 후에 대해 브래드버리는 결혼을 고려 중인 한 젊은 커플을 상담한 일을 예로 들었다. 결국 남성은 결혼을 하지 않는 게 좋을 것이라고 말해 여성의 화를 돋우었다. "모든 것은 변해. 실제로 우리는 더 이상 서로를 사랑하지 않는 것 같아." 남성은 여성을 응시했다. "우리는 에어컨이 고장난 이후에 서로 사랑을 나눠본 적이 없어."

이런 일화가 말해주듯이 주목의 선택적인 특성은 (심지어 가장 가까운 관계일지라도) 두 사람이 서로 다른 현실을 바라보게 만든다. 브래드버리는 배우자들에게 사건과 할 일 목록을 주고, 그 주에 일어난 일들 중 상대를 나무랄 만한 일을 이야기해보라고 했다. 저녁 식사 시간, 사소한 말다툼, 성생활, 아이 문제 등 결혼은 끝없는 문제의 연속이다. 그후 데이터를 분석해보니, 부인과 남편 사이의 일들은 수치로 표현할 수 없는 중대한 함의를 지니고 있었다. "특정 사건에 대해 단순히 감정이나 경험이 다른 것이 아니라 내 아내와 나는 완전히 다른 세계 속에서 살아가고 있었다. 그녀는 그녀의 세계를 내가 공유해주길 바랐고, 나는 그것을 받아들일 수가 없었다. 이 때문에 커뮤니케이션 문제가 일어난다"라고 브래드버리는 분석했다.

주목 방식과 커뮤니케이션을 공유하는 능력의 중요성에 대한 UCLA 가족연구소의 연구가 있다. 부부가 가사를 분담하는 방법에 대한 관찰 비디오는 두 가지 기본적인 관점을 제시해주었다. 한쪽은 부부가 함께 일상적인 가사일들을 목록으로 적고, 남편은 설거지를 하고, 부인은 음식을 만드는 등 적절히 분담을 한다. 그러면 대부분 계획은 제대로 진행되고, 각자 그 일을 자신이 할 일이라고 여긴다.

반면 다른 부부는 매일같이 발생하는 가사일이지만 완전히 다른 관점에서 바라보았다. 그들은 쓰레기 버리기나 빨래 같은 일을 매번 처음 발생하는 일인 듯 대하면서, 그것을 누가 처리할 것인지 계속 논쟁했다. 예를 들어 아들 조이는 매주 수요일 피아노 레슨을 가야 한다. 이는 한 해 동안 발생하는 일들 중 가장 쉽게 조절할 수 있는 간단한 일이며 매주 반복되는 일이다. 그러나 부부는 누가 조이를 레슨에 데려다 줄지 한정된 주목을 나누는 것에 대해 매주 논쟁을 벌였다. 브래드버리는 건강한 관계에서는 "많은 일을 함께하기 때문에 그것을 새롭게 받아들이지 않고, 그에 대한 이야기를 나눈다"라고 한다.

배우자들이 각자 다른 세계를 받아들이는 데 대해서는 일반적으로 성별 차이(화성 남자 금성 여자 식)가 주요 원인으로 언급된다. 그러나 이는 두 성별 간의 골을 더욱 깊게 만들 뿐이다. 여성은 일반적으로 관계를 더욱 중시하고 때문에 그들은 일반적으로 남성들보다 상대에게 더 주의를 기울인다는 식의 관점에 대해 생각해보자.

브래드버리와 벤자민 카르니Benjamin Karney는 부부들에게 자기계발을 하고 싶은 방향(더욱 조직적인 사람, 능란한 화술, 혹은 운동을 더 하겠다 등)을 생각해보라고 했다. 그리고 각자의 배우자들에게 그 목적을 이루도록 도와줄 것을 요청했다. 연구실에서 남성과 여성은 모두 그 제안에 매우 열렬한 반응을 보였지만, 집에서 기록한 일지를 보면 남편보다 부인들이 제안을 충실히 따르는 것을 알 수 있었다.

여성이 선천적으로 상대에게 주목하는 특성이 더욱 강하다는 이유도 있지만, 브래드버리는 성별을 뛰어넘는 더욱 복잡한 원인이 존재한다고 지적했다. 즉 '힘의 균형'이었다.

학생이든 선생이든, 상사든 부하직원이든, 어떤 관계에서든 힘의 역학 관계에서 낮은 위치의 사람들은 상대에게 더욱 많은 주의를 기울임으로써 이익을 얻는다. 현대의 결혼 관계에서 남편보다 높은 위치를 점하고 있거나 완전히 동등한 위치에 있는 아내들이 일부 있기는 하지만 대부분은 그렇지 않다. 때문에 시간이 지날수록 여성들이 남성들에게 "여보, 당신 오늘은 어땠어요?"라고 묻는 일이 더 많아질 수밖에 없다.

관계에서 문제가 발생하면, 남성과 여성은 동등한 권리를 행사하고, 집안일에 대해 상대의 잘못을 지적한다. 결혼 생활과 관련된 카운슬링을 할 때 처음 세 시간 동안에는 서로 다른 현실에 대한 충돌로 인한 문제점들이 튀어나온다. 카운슬러 앞에서 부부들이 하는 일은 서로의 문제를 지적하는 것이 전부이다. 서로 "저 사람 때문이에요"라고 말한다. 시간이 지날수록 관계의 위험은 더욱 커지며, 서로 다른 우주에서 발생하는 문제들도 점점 커진다. 이것이 우리가 함께하고, 상대의 경험을 함께 나누는 데 노력이 필요한 이유이다. 이런 노력이 있어야만 타인과 같은 세계를 바라볼 수 있고, 그로 인한 갈등이 줄어들 것이다.

자신만의 관점으로 대상을 바라보고자 하고, 다른 사람을 비난하는 데 있어 성격적인 특성을 전체 원인이라고 생각하는 기본적

귀인 오류는 문제를 해결하는 데 요구되는 상식적인 관점의 기초를 이룬다. 이런 자아 보호를 위한 왜곡의 덫에 빠지면, 우리는 배우자의 행동에 대해 생각할 때 먼저 그가 어떤 유형의 사람인지를 우선적으로 고려하게 된다. 그러나 자신의 행동에 대해서는 행위의 주변적인 상황을 고려하는 보다 폭넓은 시점을 가지게 된다.

만약 자신이 자동차 사고를 낸다면 우리는 "폭우가 심해서" 혹은 "커피가 갑자기 쏟아져서"라는 식으로 합리화를 한다. 그러나 배우자가 자동차 사고를 내면 "앞을 잘 살폈어야지" 혹은 "안전거리 확보를 안 했으니 그렇지"라고 생각한다. 나에게 있어 상황적으로 발생한 문제는 다른 사람들도 역시 그럴 수 있다. 그러나 사람들은 흔히 자신은 그럴 수 있지만 다른 운전자는 그럴 이유가 없다고 생각하곤 한다.

기본적 귀인 오류는 가정 생활에서도 수없이 일어난다. 배우자가 저녁 식탁에서 투덜거리면 우리는 입을 다물고 있거나 잔소리를 해댄다. "그만 좀 해요. 당신은 그냥 그러고 싶은 거잖아. 내가 당신과 헤어졌으면 좋겠어?"라는 등 말이다. 이때 심호흡을 하고, 상대에게 그날이 어땠는지 묻는 것이 보다 더 현명한 일일 것이다. 그러면 상대는 그날 회사 동료가 일을 공정하게 나누지 않았다는 등의 이야기를 할 것이다. 상대의 관점에서 상황에 주의를 기울여, 그가 왜 그런 행동을 했는지 파악한다면 두 사람 모두에게 더 나은 방식으로 대응할 수 있게 된다.

또한 배우자들은 같은 세계에 대해 서로 보는 관점이 다르다는 것이 드러났을 때 불편한 기분을 느끼기도 한다. 생각과 감정은 밀접한 관련이 있으며, 우리는 당시 겪고 있는 감정 상태를 기반으로 정보를 처리한다. 만약 지갑을 잃어버리고 몹시 지친 상태라면 긍정적이거나 비판의 소지가 없는 일에 대해서도 신랄하고 비판 어린 시선에서 대상을 바라보게 된다. 배우자가 나갔다 들어와 방문을 닫는 소리를 들었다고 생각해보자. 만약 그때 다소 불쾌한 감정이었다면 "그가 나를 무시하고 문을 꽝 닫았다"고 생각할 것이다. 그러나 너그러운 감정 상태였다면 "바람이 세게 불었나보다"라고 생각하게 된다.

톨스토이는 "행복한 가정은 모두 같다. 그러나 불행한 가정은 각자 다른 불행덩어리를 안고 있다"고 말했다. 그의 주장에도 불구하고 문제를 겪고 있는 가정뿐만 아니라 행복한 가정도 주목 방법에서 문제를 겪는다. 단지 행복한 가정은 긍정적인 관점으로 사물을 바라본다는 것이 이런 차이를 발생시키는 것이다. 배우자가 귀가길에 꽃을 한 다발 사왔다고 해보자. 좋은 관계에서라면 그것을 애정의 징표로 여기고 "너무 고마워요. 저녁 식탁이 근사해지겠어요"라고 반응할 테지만, 좋지 않은 관계에서라면 "내게 뭐 잘못한 거 있어요? 아니면 떨이를 하던가요? 난 데이지 알레르기가 있는데 그건 몰랐죠?"라는 식으로 반응할 것이다.

〈펀치와 주디〉 인형극에서는 요구–철수 패턴demand withdraw pattern이라고 불리는 부적응 행동을 볼 수 있다. 불행한 부부가 자신들의 시들한 관계, 결혼이라는 속박, 서로에 대한 비난으로 점철

▶ 펀치와 주디
영국 전통 인형극 〈펀치와 주디〉는 늘 싸우는 두 부부의 모습을 보여주는데 이는 서로 다른 세계에서 사는 사람들 간의 충돌을 보여준다.

된 현실을 공유하고, 그 위에 관계를 구축하고 있는 것이다. 여성은 일상적으로 남성에게 감정과 애정에 대해 불평한다. "당신은 내게 관심이 없어." 그러면 남성은 깊이 생각하지 않고 차갑게 대꾸한다. "만족스러운 것이 아무것도 없는걸." 이런 헛된 대화들이 매일매일 누적된다면, 다른 사람의 관점에서 삶을 보고, 커뮤니케이션을 하고자 실제로 노력해야 한다.

자기평가에 대한 차이는 연인들이 상대와의 관계, 상대방의 행동을 받아들이고 해석하는 데도 영향을 미친다. 샌드라 머레이는 자기평가와 존중도가 높은 사람은 배우자에게도 역시 존중받는 경향이 크다고 주장한다. 그들은 지나치게 의존적이거나 거부당하는 데 마음 쓰지 않는다. 배우자가 칭찬을 하면, 긍정 주목은 충분히 기쁨을 느끼지만, 그것으로 애정과 관계의 결속력이 변화하지도 않는다. 반대로 자아 존중도가 낮은 사람들은 배우자가 자신이 생각하듯이 생각하리라고 여기고, 칭찬을 받는 경우에도 거부에 대한 분노를 먼저 표출한다. 또한 그들은 배우자가 자신과 다르다는 것을 꺼려하기 때문에 칭찬에 대한 답을 되돌려주지 않고 대신 배우자의 결함을 끊임없이 이야기한다. 친밀함과 기쁨을 구축하는 대신 가능한 고통에 집중함으로써 그들은 상실에 대한 두려움으로 맺어진 연대를 맺는 결과를 낳게 된다.

관계에서 문제가 발생하면 일반적으로 우리는 문제를 해결하기 위해 먼저 주목의 방향을 돌리곤 한다. 즉 집중 대상을 상대가 아닌 대상으로 향하는 것이다. 이는 쉬운 일은 아니지만 문제를 해결하는 데 중요한 요소가 된다. 감정적인 문제에 집중하는 것은 매우 골치 아프고, 관계를 취약하게 만들 수 있다. 그것이 두 사람 사이에 진실이라는 것을 깨닫는 순간, 배우자가 보내오는 특정한 신호를 감지하고 받아들이는 것은 보다 쉬워진다. 당신의 관심을 필요로 하는 상황이라는 신호이기 때문이다. 그리고 이는 노력하고 경험할수록 더욱 쉬워진다. 브래드버리는 "배우자의 흥미가 나에게 있다는 것을 알게 되면 상대와 나의 차이에 대한 두려움은 적어진다. 싸움을 하고 있는 와중에도 말이다. 그리고 현실을 보는 공통의 시각을 만들어낼수록 서로에게 더욱 집중할 수 있게 된다"라고 말했다.

토요일 아침, 브런치를 먹으러 가는 데 정신이 팔린 당신을 두고 배우자가 외출을 거절하고 집에만 있으려고 한다고 생각해보자. 이 행동은 괜한 고집일 수도 있고 우연일 수도 있다. 그러나 배우자가 겪고 있는 표현하기 힘든 감정일 수도 있고, 혹은 어떤 감정을 알아

달라는 표현일 수도 있다. 대개 우리는 먼저 "왜 이렇게 심술을 부려요. 이번 주 내내 직장에서 시달렸는데, 좀 특별한 걸 하자고요!"라고 반응할 것이다. 그러나 그는 보다 현명한 대답을 내놓을 수도 있다. "당신도 좀 피곤해 보이는 걸. 좀 쉬는 게 어때? 내가 나가서 갓 구운 머핀이라도 사올게." 당신이 언제나 이타적으로 구는 사람이라면 배우자는 "당신의 관대함이 우리의 관계를 돈독하게 유지시켜 줘"라고 말할 수도 있을 것이다.

결국 관계에서 양쪽 배우자에게 중요한 것은 지속적으로 상대의 행동에 관심을 기울이고 그 관심을 유지하는 것이다. 이는 관계를 유지하기 위한 방법으로 멋진 저녁 식사나 꽃, 로맨틱한 행동을 강조하는 아침 방송이나 여성잡지에서는 듣기 힘든 말이지만, 결혼생활 일이 년이 아니라 지속적으로 좋은 관계를 유지하는 데 필수적인 요소이다.

일단 안정적인 관계가 구축되면, 긍정적인 것들(외모, 멋진 스타일, 유머 감각 등)은 보다 퇴색된다. 그렇다고 해서 부정적인 것들 역시 감소하지는 않는다. 이런 함정을 피하기 위해서는 보다 사소한 일에도 주의를 기울이고, 특별한 금요일 저녁 이벤트를 꾸미는 등 일상의 전략을 짜야 한다. 새롭고 활동적인 일을 하는 것도 좋다. 영화를 보러가는 것도 좋지만 함께 춤을 배운다든가 여행을 하는 것이 더 좋다. 이를 통해 실질적인 상호작용을 할 수 있기 때문이다. 관계 역시 노력이 필요한 일이며, 관계를 유지하기 위해 지속적으로 주의를 기울여야 한다.

주목은 매우 내면적이고 개인적인 것으로 느껴지기 때문에 주목이 사회적 관계에 미치는 엄청난 역할을 간과하기 쉽다. 그럼에도 불구하고 어떤 관계에서든 첫 단계는 호의를 되돌려주는 누군가에게 주의를 집중하는 일이다. 연대감이 깊어질수록 양 측은 상대에게 몰두 주목을 사용하는 것만이 아니라 상대의 다른 세계를 보기 위해 노력하며 많은 커뮤니케이션을 하고자 한다.

가정은 구성원들 간에 서로 관심을 기울이고 같은 현실을 공유하는 장소로 여겨진다. 그러나 개인주의적인 문화에서, 그리고 주목을 끄는 대상이 많고 다양해진 이 세계에서 가정이라는 작은 공간이 더 이상 예전과 같은 역할을 수행하지 않는다는 것을 보여주는 연구들도 많다. 오늘날 미국에서 가족은 전통적인 가정에 대한 관점을 충족시키지 못한다. 사회가 커질수록 개인화된 주목 방식과 공동의 이익 추구에 대한 골을 메우기 위한 노력들은 실패로 돌아가고 있다. 이런 개인과 공공의 문제를 해결하기 위해 앨 고어Al Gore의 기후 보호 광고에서는 백인 극우파인 팻 로버트슨Pat Robertson과 흑인 자유주의자인 앨 샤프턴Al Sharpton이 함께 웃고 있는 등의 환상을 보여주기도 한다. 이런 기묘한 조합은 서로 속한 진영과 관심이 다르다 해도 기후 변화 같은 공동의 이익을 위해 서로 같은 곳을 바라볼 필요가 있다는 것을 깨닫게 해준다.

07 | 몰입과 생산성

일과 놀이의 경계를 허물어뜨리다

시간이 없다는 말은
'나는 스스로를 관리하지 못한다'는 말이다.

_ 미하이 칙센트미하이

프로이트는 말했다. "일과 사랑, 사랑과 일, 그것에 인생의 모든 것이 있다." 주목은 관계에서부터 생산성에 이르기까지의 삶의 가장 근본적인 요소이다. 우리는 주목을 기술적으로 운용하기 위해 선택적 노력을 함으로써 필연적으로 발생하는 일상적인 삶의 지루함을 더욱 활력 있게 만들 수 있다. 그럼으로써 일과 놀이의 경계가 허물어지는데 이는 완전히 몰입하는 삶의 특징이다.

대상이 의미를 획득하는 방식

지난 100여 년간 심리학자들은 무엇이 우리의 관심을 끌고, 관심을 지속시키는지에 대해 수많은 이론들을 만들어왔다. 이런 이론들이 공유하는 공통의 특징도 다수 존재한다. 윌리엄 제임스는 몰두 주목은 새로운 것과 익숙한 것이 완벽하게 조화를 이루는 대상에 발휘된다고 했다. 예를 들어 길고 어두운 겨울이 끝나갈 무렵 우리의 흐릿한 눈동자는 불타오르는 듯한 색의 울새에 주목하게 된다. 그러면 주목 시스템은 그 기억을 저장해두는데 이는 새로운 종류의 자극이 덧붙여졌음을 의미한다. 울새는 봄이 다가오는 것을 의미하며, 우리는 이로 인해 봄을 좋아하게 될 수도 있다. 평범한 새들에게는 시선을 주지 않고, 좋은 날이 왔다는 것을 알리는 붉은 날개 달린 대상에 주목하게 되는 것이다.

우리의 흥미를 끌고 유지하는 것과 관련된 이런 이론에서 가장 중요한 특징은 새로운 대상이든 익숙한 대상이든 '그 특징 자체'가 우리를 사로잡는 것은 아니라는 사실이다. 7월의 울새는 우리의 흥미를 '전혀' 끌지 못한다. 7월에는 이 평범한 새에게서 연상할 수 있는 것이 없기 때문에 우리는 이 새에게 새로운 의미를 부여하지 못하며, 결국 주목하지 않게 된다. 울새의 예측하지 못한 출현, 그에 대한 인식과 감정적인 공명을 포착해내야만 수많은 대상들 중에서 주목 대상으로 떠오를 수 있는 것이다.

목장 경영자인 트레이시 버크는 목장에 관심을 둠으로써 익숙하고 신선하며 강력한 마법을 개발해냈다. 대학 졸업반이었을 때 그녀는 와이오밍 주의 외딴 광야에 있는 한 목장에 머물렀다. 목장 주인은 여름방학 동안 잭슨 홀에서 스키 강사를 한 경력이 고작인 젊은 동부 풋내기를 고용해주었다. 버크는 당시를 웃으면서 회상한다. "주인이 말했죠. '음식을 할 수 있고, 말을 탈 줄 알고, 잡일을 처리할 수만 있으면 된다'고. 나는 할 줄 몰랐지만, 젊은 혈기로 하겠다고 했죠."

메릴랜드 주에서 태어나 자란 그녀는 카우걸이 아니었기 때문에 오히려 목장 일에 새로운 방식들을 도입할 수 있었다. 수학 교사의 문제 해결력과 수년간의 수영과 피트니스 센터에서 다져진 근육질의 건강한 몸매를 지닌 그녀는 자신이 신체적, 사고적인 측면에서 목장 일에 자질이 있다고 생각했다. "흙을 바르고, 말을 다루고, 전기 없이 모든 일을 처리해야 하죠. 저는 그 모든 일을 해냈어요. 첫 3년간 일을 배울 때는 모든 것이 경이의 연속이었죠."

훗날 그녀의 남편이 된 목장 주인 레니 버크와 함께 트레이시는 8,000에이커의 목장을 운영하고 있다. 도로가 끝난 후 10분 쯤 비포장 도로를 따라 달려가면 헛간이 있는 집 한 채가 나오는데, 그 앞뒤로는 송어가 사는 시내와 아브사로카 레인지의 풋힐이 펼쳐져 있다. 염소와 말들이 초원에서 풀을 뜯고 때때로 엘크, 곰, 사슴, 회색늑대를 마주칠 수도 있다.

특히 여름철에는 밖에서 할 수 있는 일들이 많고, 목장의 손님들이 직접 가축들에게 음식을 먹이는 경험을 할 수도 있다. 농장에서 하는 일은 보통 사람들에게 하루 종일 걸리는 일이지만 그녀에게는 아니다. 그녀는 식용·운송용 양을 기르고, 그녀의 개, 말, 정원은 각종 대회에서 수상을 한 경력이 있다. 요리 솜씨는 전문가 수준이고, 요가도 가르친다. 그녀는 명상 자격증을 땄고, 잭슨 홀에서 전문 스키 강사를 했으며, 리조트에서 2년간 여성 프로그램을 운영했다. 키 크고 마른, 온화한 중년의 이 여성은 한 가지에 정통해야 한다는 미국식 인물상인 칼리 피오리나나 잭 웰치 같은 사람들과는 완전히 다른 삶을 살고 있다.

아메리칸 드림은 더 이상 빨리 부자가 되는 것만이 아니라 그 부를 누리는 것이 되었고, 경제계의 새로운 거물들은 그 목적을 이루기 위한 다양한 조언을 하는 책들을 내고 있다. 그들은 "실패에서 배워라"는 철학적 조언에서부터 "한 바구니에 모든 달걀을 담지 마라"는 실용적 조언까지 다양한 가르침을 준다. 그리고 여기에는 필연적으로 생산성과 만족도, 양측에 대한 시각이 담기게 된다. 그러나 목적 중심적인 주목은 우리를 함정에 빠지게 할 수도 있고, 전형화된 인생의 길에 접어들게 할 수도 있다.

원하는 것에만 집중하고 그 외의 것들을 억제한다면 무엇도 성취하기 힘들다. 트레이시는 산맥에 흩어져 있는 양 떼를 모으든, 법률 사무소에서 이주민 정착 문제를 협의하든 매 순간 사냥개처럼 집중 상태를 유지하면서 그곳에 존재한다. 심리학자 니콜라스 홉스Nicholas Hobbs는 내면의 평온함을 유지한 상태에서 당면한 문제에 집중력을 발휘하는 태도는 우리에게 능력의 극한까지 발휘할 수 있는 활동들을 선택하게 하며, 이것이 완전한 몰입을 이끌어낸다고 말했다.

흥미로운 경험에 대한 제임스의 설명과 유사해 보이는 홉스의 '다른 것을 선택하는 기술'은 자신이 다룰 수 있는 프로젝트를 선택하게 만든다. 일이 지나치게 쉬우면 우리는 집중력을 잃고 따분해하게 된다. 일이 지나치게 어려우면 스트레스를 받으면서도 불가능한 수준의 압도적인 집중력을 발휘한다. 일에 자신의 모든 것을 바칠 만한 열의를 측정하는 실험에서 고성과를 내는 사람들은 성공 확률이 반반인 위험도가 높은 일을 즐기면서 한다는 특징을 지니고 있었다.

버크가 수많은 도전들을 통해 다양하고 폭넓은 기술들을 습득하게 되었음을 생각해보자. 그녀만큼 모든 순간에 헌신한다면 배움 속에서 편안함을 느낄 수 있게 될 것이다. 대학을 졸업하고 다른 여러 가지 교육 과정을 끝마친 후 그녀는 '정신적, 감정적으로 완전히 고갈'되었다. 휴식처이자 삶의 터전인 테톤 산에서 스키를 타고, 목장 일을 하고, 요가를 가르치면서 그녀는 인생의 과도기를 겪었다. 이런 외부 활동에서 오는 자극에 집중하고, 닥치는 대로 일을 처리하는 것은 버크에게 목장 생활의 궁핍함과 미래의 삶을 관리하는 데 대한 몰입 훈련을 시켜주었다.

매일매일에 놀라워할 줄 아는 재능

인간의 보편적인 행동과 생산성에 있어서 몰두 주목의 규칙을 발견한 1세대 심리학자들 중에는 절정경험peak experience에 대해 연구했던 제임스, 홉스, 매슬로 등이 있다. 이 개념은 심리학자 미하이 칙센트미하이에 의해 최근 몰입flow 연구를 통해 확장되었다. 이 최적의 경험 상태는 하고 있는 일을 즐기고 도전할 때 일어나는 완전한 집중에서부터 시작된다. 주목 혹은 동기(목표로 이끄는 원동력)는 몰입 상태에 돌입하게 해주지만, 이 두 심리 상태를 모두 유지하기 위해서는 집중하려는 노력이 필요하다.

제임스와 마찬가지로 칙센트미하이는 이 일상생활 연구를 통해 미국 심리학자들의 명예의 전당에 올랐다. 삶에서 주목의 중요성에 대해 강한 흥미를 느끼고 있던 그는 주목이 심리적인 기저에 깔려 있는 것 그 이상이라고 생각했다. 그 어떤 행동이든 인간의 복잡한 행동의 핵심에는 '주목'이 내재되어 있다고 생각한 것이다. (그의 이런 태도는 우연이 아니다. 그는 시카고 대학교에서 오랫동안 심리학 연구를 했는데, 시카고 대학교 심리학과는 다소 철학적인 문제를 다루는 칼 로저스Carl Rodgers와 하인츠 코허트Heinz Kohut가 주축으로 연구가 진행되었다. 이들은 제임스와 같이 주목의 세속성을 인정하고, 현실은 1인칭적 시점이 강화된 경험이라고 생각했다.)

그가 강조한 이 '심리적 에너지'는 어떤 일을 발생시키고, 제한된 자원을 이용하는 데 필수적이다. 그의 연구에 따르면 우리는 실제로 1초에 110비트의 정보를 수용할 수 있으며(누군가의 목소리를 듣는 데는 초당 40비트 정도의 과정이 요구된다) 일생 동안 1,730억의 정보를 수용할 수 있다. 이처럼 정보를 가치 있게 이용하는 데는 능력의 한계가 존재한다.

일상생활에서 실제로 필요하고 적절한 정보만을 받아들이는 것은 쉬운 일은 아니다. 다소 구식이지만 "1부터 5까지 점수를 매기시오. 당신은 자신의 일을 얼마나 즐깁니까? 가족들은 얼마나 중요한 존재입니까?" 같은 설문지 기입법을 사용해 알아볼 수도 있다. 칙센트미하이는 체험표집법을 통해 피험자들 개인의 주목 방향이 어느 쪽으로 강화되어 있는지 추적해보았다. 설문지에 답변을 기입하는 대신 피험자들에게 휴대용 호출기를 주고 일상생활에서 주목도를 관찰했다. 호출기는 몇 주 동안 약 두 시간 간격으로 무작위로 울린다. 신호가 울리면, 당시 상황에서 가장 중요한 것(현재 있는 장소, 하고 있는 일, 생각, 감정, 누군가의 등장이나 부재 등)을 기록한다. 이 정보는 후에 자신들이 말하는 것과 비교하여 훨씬 더 개인(혹은 집단)이 실제 경험한 현실에 대해 세밀하게 알 수 있게 해준다.

이런 전자기기 연구는 지난 30여 년간 수만 명의 사람들을 대상으로 시행되었고, 무엇이 높은 가치를 지닌 경험을 산출하는지에 대한 지표를 제시해주었다. 칙센트미하이의 개인적인 관심 중 하나인 직장 일에 대해서도 말이다. 머리를 자르든, 말을 훈련시키든, 부동산 계약서를 쓰든, 맹장수술을 하고 있든, 현재 행위하고 있는 순간에 완전히 집중하면 우리는 몰입 상태에 들어가게 된다. 이때 자아는 사라지고, 직관적으로 행동하게 된다. 그리고 생득적으로 타고난 본능대로 행동하거나 그것이 하고 있는 일의 전부라고 생각하게 될 것이다. 특히 일에서 완전한 기쁨을 느낀다면 올바른 일을 하고 있다고 확신하게 될 것이다. 이는 높은 급여나 직업 안정성 등 타인과의 비교를 통한 비본질적인 기쁨에서 얻는 만족이 아니라 순수한 기쁨이라는 본질적인 보상이다.

어떤 종류의 일에 가장 잘 집중하고 가장 높은 보상을 받느냐고 묻자 버크는 월스트리트나 실리콘밸리 종사자들과는 다른 대답을 내놓았다. "육체적 활동과 문제 해결과 관련된 일이죠!" 그녀의 다양한 커리어에 대해 이야기하면서 이 주제는 계속 반복적으로 등장했다(요가를 가르치든, 들판에 물을 주든, 손님이 양 떼들에게 먹일 건초를 준비하든 말이다).

요가 수업을 하면서 버크는 필요하다면 한 사람을 콕 집어 바른 자세를 취할 수 있도록 한다. 그녀를 진실로 열중하게 하고, 몰입 상태를 경험하게 해주는 것은 한 학생이 쟁기 자세와 같이 어려운 자세를 완벽히 습득하도록 도와주는 방법을 찾아낼 때이다. "나는 한 가지 기술을 아주 완벽히 습득하기까지의 과정을 좋아해요. 그래야만 그 기술을 해내는 데 집중할 수 있게 되죠."

요가를 가르치거나 양 떼를 키울 때 버크가 그 일을 즐김으로써 얻는 몰입 상태와 완전한 경험은 놀랍게도 보통 사람들에게는 잘 적용되지 않는다. 20퍼센트 정도의 사람들은 매일 한순간 정도 몰입 상태를 경험한다. 그리고 이조차 경험하지 못하는 사람은 15퍼센트나 된다. 대부분의 사람들은 이따금씩 몰입 상태를 경험할 뿐이다. 불행하게도 보통 사람들은 대부분의 시간을 스트레스를 받거나 피로를 느끼며 흘려보낸다. 모두 경험은 다를지언정 집중하지 못하고, 비생산적이고, 불만족스러운 삶을 살아간다는 데는 다를 바가 없다.

우리는 헨리 제임스, 피카소, 모차르트 같은 예술가들만이 행운의 작용으로 번뜩이는 영감을 얻고, 자신들의 작품에 완전히 사로잡혀 위대한 창조성을 발휘한다고 생각한다. 그러나 놀랍게도 이는 비즈니스 세계에서도 일어난다. 파타고니아의 설립자 이본 취나드

Yvon Chouinard, 맥도널드의 CEO 잭 그린버그Jack Greenburg 같은 이들은 자신이 하는 일에서 엄청난 쾌락을 느낀다고 칙센트미하이는 지적했다. 또한 그들은 모두 자신이 아직 부족하다고 생각한다. 즉 이들은 진짜 효과적으로 일하고 싶다면, 자신의 일을 즐겨야만 한다는 것을 보여주는 실례이다.

일에 몰입하는 순간에 대한 세세한 특징은 과학자와 시인이 다를 수 있지만, 분야에 관계없이 자신의 분야에서 최고 수준의 성취를 이룩한 사람들은 타고난 능력만큼 강화된 몰두 주목을 사용할 줄 안다. 칙센트미하이는 노벨 상을 수상한 물리학자 존 바딘John Bardeen, 시인 데니즈 레버토프Denise Levertov, 재즈 음악가 오스카 피터슨Oscar Peterson 등이 어린 시절 학급의 다른 학생들보다 특히 영특하지는 않았다는 사실에 주목했다. 그러나 그들은 주변의 사물에 주목을 집중했고, 그것에 흥미를 느낄 줄 알았다. 이에 더해 이런 창조성의 귀감이 될 만한 인물들은 삶에 대한 보다 폭넓은 시각을 유지했다. 칙센트미하이는 이 능력을 '매일매일에 놀라워할 줄 아는 재능'이라고 표현한다.

일상의 대부분이 그저 흘러갈 뿐인 경험들로 점철되는 주요한 한 가지 이유는 사람들이 대개 일상의 모든 활동들이 기쁨을 주고 동시에 완전한 집중을 요구한다는 사실을 알지 못한다는 것이다. 미시간 대학교의 심리학자 올리버 슐타이스Oliver Schultheiss는 사람들이 심지어 직업을 결정할 때조차 선택한 직업이 자신과 연관 관계를 맺을 수 있고, 자신이 그에 만족할 수 있는 것인지 알지 못한다고 말한다.

그의 피험자 중에는 사회성이 강한 여성이 한 사람 있었다. 그녀는 선생님 같은 수혜적인 직업에서 행복을 느낄 수 있는 유형의 사람이었지만 그것을 깨닫지 못하고 결국 자신이 만족을 느끼지 못하는 부를 쌓을 수 있는 직업, 즉 증권중개인이 되었다. 이런 절망적인 각본을 피하기 위해 슐타이스는 직업을 선택하기 전, 혹은 삶의 목표를 정할 때 미리 그 상황을 상상해보고 그 과정에서 감정적으로 만족감을 느끼는지를 판단해보라고 말했다.

일을 놀이로 전환하다

일상의 멋진 경험을 망치는 일반적인 관념에 대한 깜짝 놀랄 만한 연구 결과가 있다. 보통 사람들은 직장에 있는 것보다 집에 있는 것을 더 선호한다고 자동적으로 말하곤 한다. 그러나 연구는 실제로 사람들이 직장에 있을 때, 주목을 요하는 활동들에 훨씬 더 집중하고, 도전적인 일을 해내며, 보다 확실히 객관성을 유지하고, 시기적절한 대응을 한다는 것을 보여주었다. 즉 집보다 직장에서 몰입 상태에 돌입하기 좋은 조건이 형성된다는 것이다.

이런 의식적으로 깨닫지 못하는 직장에서의 만족도는 포춘 500대 기업의 직원들을 대상으로 한 사회학자 알리 호흐실드Arlie Hochschild의 연구에서도 나타난다. 초과근무를 하는 대부분의 사람들은 불평을 하고 경제 형편 때문이라고 자조적으로 말하면서도 초과근무 수당보다 사무실에서 하는 일들에 더욱 만족감을 느꼈다.

흥미로운 사실은 직장에서 몰입 상태를 경험하는 것이 반드시 그곳에서 행복함을 느낀다는 것과 동의어는 아니라는 점이다. 실제로 자신이 매우 즐거워하는 다양한 일들에 대해 오랫동안 대화를 나누는 내내 버크는 결코 행복 혹은 그와 비슷한 말을 언급하지 않았다. 칙센트미하이는 사람들이 직장에서 일을 하는 동안 휘파람을 불지는 않았지만 가정에서보다 자신들이 하는 일과 더욱 큰 유대감을 느끼고, 창조적이고, 활동적이며, 집중한 상태를 느낀다고 표현한다는 것을 강조했다.

이와 마찬가지로 일단 현재 하고 있는 일에 극도로 집중하면, 외부의 어떤 자극도 생각하지 못하게 된다. 당신이 그 일을 즐기든 그렇지 않든 관계없다. 사업을 시작했을 때, 개발도상국을 여행할 때, 대회에 나갔을 때 등 도전적인 일을 했을 때를 회상해보라. 흔히들 이런 순간에 "그때가 내 인생의 전성기였지. 그때처럼 무엇인가에 열중해보고 싶어"라고 말하곤 한다. 칙센트미하이는 "테니스를 하는 동안 당신은 상대에게 '행복해'라고 말하지는 않는다. '헉, 헉, 잠시만 쉬었다 하자'고 말을 한다. 행복은 당시 경험의 결과라기보다는 몰입에 대한 훗날의 회상에 있다"고 덧붙였다.

칙센트미하이는 행복이라는 주제를 최근 심리학계에서 뭉뚱그려 일반화시키는 일에 우려를 표하는 과학자들 중 한 사람이다. 수천 명의 사람들을 대상으로 수년간 일상 경험에 대해 연구해온 그는 대부분의 사람들에게 온화하고 유쾌한 상태는 자연스럽게 나타나는 것이 아니며, 그 상태를 유지하고자 노력하고, 계발해야 하는 것이라고 말한다.

"내면의 경험을 관리하는 법을 습득한 사람들은 자신의 삶의 질을 스스로 결정할 수 있다. 그리고 그것이 우리를 행복에 한 걸음 더 가까워지게 한다."

일반적으로 행복이 우리에게 일어나는 일에 달려 있다는 파괴적인 관념은 문화와 언어에 스며들어 있다. "독일인들은 행복과 행운을 '운gluck'이라는 한 단어로 표현한다. 고대 영어에서 '행복happiness'의 기원이 되는 'hap'이라는 단어는 행운을 의미하기도 한다. 자연스럽게 이 두 가지를 연결시키는 일은 잊는 것이 최선이다."

때로 매우 생산적인 사람이 일에 집중하는 데 애를 먹거나 그 일을 즐기지 못하는 경우가 있다. 이에 대해 버크는 그런 순간을 다루는 자신의 전략을 귀띔한다. "물이 넘치는 도로의 물을 빼는 것은 그 자체로는 흥미롭게 들리지 않는다. 그러나 그 일이 물을 여기에서 저기로 이리저리 움직이게 하는 것이라고 생각하면 훨씬 재미있어질 것이다."

일을 놀이로 전환하는 버크의 방식은 직장 연구가 보여주는 발견의 중요성에 대한 좋은 묘사이다. 약간의 생각, 노력, 주목을 통해 기계 조립이나 택배 포장 같은 지루한 일들을 보다 만족스러운 일로 전환할 수 있다. "트릭은 일을 게임으로 만드는 데 있다. 그를 통해 각각의 과정에 보다 가까이 다가갈 수 있게 된다. A나사를 B구멍에 끼우는 일이나 도구를 여기에서 저기로 옮기는 일 등 어떤 일이든 더 잘할 수 있는 방법을 찾아내야 한다. 그것이 기계적인 일과보다 더 깊은 유대를 맺을 수 있게 해줄 것이다."

생산적인 사람들 중에도 일에 집중하는 데 어려움을 겪는 사람도 있다. 어려운 기술을 완전히 습득하면 더 이상 도전 정신을 느끼지 못하고, 집중력을 잃어버리는 것이다. 심리학자 길버트 브림Gilbert Brim은 오스카 상이나 MVP를 수상한 사람, 고층 빌딩의 한자리를 차지한 사람 등 고도의 성과를 내는 사람들은 '해낼 수 있는 어려운 일들just manageable difficulty'에 지속적으로 도전함으로써 기력 소진, 좌절, 소모적인 상태가 되는 것을 피한다고 한다. 그에 더해 자신들의 업무가 일상적이 되면 새로운 일을 발견하여 다시 집중하는 능력을 회복한다고 한다.

혁명을 하고 대통령직을 수행하지 않는 한가한 때에 토머스 제퍼슨은 집 열쇠나 쟁기 같은 간단하고 유용한 도구를 만들면서 기쁨을 느꼈다고 한다. 녹초가 된 CEO나 유명인들이 낚시를 배우거나 바이올린을 연주하면서 새로운 목표를 추구할 힘을 얻고 완전한 주목을 얻어내는 일은 비일비재하다. 즉 부수적인 여가 활동은 그들에게 즐거운 인생으로 가는 티켓이자 다시 일로 돌아올 에너지를 회복시켜주는 방법인 것이다.

여가를 활용하여 자신의 성을 구축한 스피노자와 윌리엄 블레이크

우리들은 직업적 측면에서 생산성을 생각하는 데 익숙해져 있다. 그러나 진정으로 몰입하는 삶을 살게 된다면, 여가 시간마저 생산적이 될 수 있다. 우리는 여가 시간이 소중하다고 말하지만 이는 말뿐이다. 우리들은 종종 집중과 기술이 필요한 활동들에도 온전히 집중하지 않고 이 때문에 경험은 불만족스럽게 끝나는 경우가 많다.

몰입이 주목과 의욕을 한데 모으는 것임을 생각해보고, 흔히 여가 시간에 어떤 일들이 일어나는지 생각해보자. 직장에서 힘겨운 하루를 마치고 나서 집에 돌아온 당신은 신발을 벗어던지고 거실에서 무엇을 하며 시간을 보낼지를 생각한다. 그리고 피아노를 치거나 텔레비전을 보기로 한다. 소파에 몸을 던지고 텔레비전 화면을 보는 것과 비교하여 듀크 엘링턴의 음악을 연주하는 것은 정신근육 mental muscle을 요한다. 극복할 수 있는 어려움들은 당신이 악보에 몰두할 수 있게 해주며 까다로운 소절을 제대로 연주하려고 노력하는 사이 몰입의 순간이 찾아오게 될 것이다. 그리고 마지막에 이런 몰입은 극대화된다. 일상적인 지루함을 이겨내고자 하는 동기를 끌어내지 못했다고 하더라도 최소한 정크푸드에서 얻을 수 있는 것과 같은 일시적인 만족감이라도 얻어낼 수 있게 될 것이다.

잃어버린 저녁이나 주말은 부분적으로 진화와도 관계가 있다. 사바나 초원에서 긴장을 이끌어내는 대상에 주목하던 속성이 도시민인 우리들에게 제대로 적응되지 않은 것이다. 우리들은 주말에 자기 뿌리를 찾아 헤매지는 않지만 음악을 연주한다든지 가구를 만드는 등 도전적인 일에서 현실적인 만족감을 얻는다. 일어나고 있는 일에 주목하지 않는 한 우리는 목적 없이 이리저리 배회하고, 무의미한 수다를 떨고, 생각 없이 텔레비전 채널을 돌리면서 시간을 낭비했다는 생각에 분노하고, 내심으로 월요일이 왔으면 하고 바라게 된다.

여가 시간은 칙센트미하이의 관심 대상 중 하나이다. 그는 사람들이 얼마나 자주 집중을 잃고, 자신들의 제한된 자원을 오용하는지를 연구하기도 했다. 한 실험에서 피험자들은 스포츠를 즐기거나 게임을 할 때는 시간의 44퍼센트를, 취미 생활을 할 때는 시간의 33퍼센트를, 텔레비전을 볼 때는 시간의 13퍼센트를 몰입했다flow. 실제로 텔레비전 시청은 우리가 경험하는 일 중 질적으로 가장 낮은 체험이다. 유용하지도 않고, 실제로 즐겁지도 않은 엔트로피 상태인 것이다. 그럼에도 불구하고 피험자들은 월등히 상위의 활동을 하기보다 텔레비전 앞에서 4배나 더 오랜 시간을 보냈다. 즉 관심을 끌 만한 두드러진 외부 자극이 없다면 각자가 지닌 유전적인 프로그래밍과 의지에 따라 대부분의 사람들은 걱정거리를 생각하거나 텔레비전을 보는 등 낮은 수준의 정보 처리 상태를 유지하는 것이다.

여가 시간의 권태는 직장에서처럼 여가 시간도 생산적으로 보낼 수 있도록 계획을 세우고 그를 실행하는 데 더 많은 주목을 사용하는 것으로 해결할 수 있다. 이는 반직관적으로 보이지만 오히려 자발적으로 할 일을 결정하는 것은 유쾌한 경험이 된다. 그 과정에서 미래의 즐거움을 예측할 수 있기 때문이다. 그리고 여기에는 우리들이 생각하는 것보다 훨씬 더 복잡한 작용이 일어난다. 토요일이 좋았다면, 집안일이나 몇 가지 해야 할 일들을 하고 친구를 만나러 가거나 따로 외출을 했기 때문이다. 그러나 일요일 오후에는(미국인들에게 이 시간이 즐거운 시간이 아니라는 것은 우연이 아니다) 할 일들을 쌓아놓고 소파에 쓰러져 빈둥거리며 실존의 위기에 대한 고뇌에서 몸부림칠 것이다. 몰입하지 못하고, 비생산적인 시간인 것이다. 칙센트미하이는 말한다. "사람들은 자신이 삶을 낭비하고 있는지, 그리고 앞으로도 그럴 것인지에 대해 반추하며 괴로워한다."

몰입하지 못하는 태만에 대한 불안sloth-angst syndrome을 극복하기 위해 약간의 영감이 필요하다면, 역사가 멋진 역할 모델을 제시

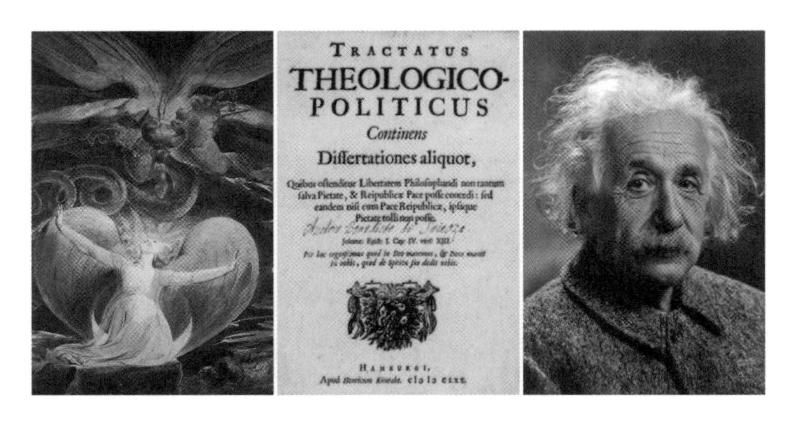

▲ **윌리엄 블레이크의 〈붉은 용과 태양의 여인〉, 스피노자의 《국가론》 초판본, 아인슈타인**(좌측부터)
블레이크는 인쇄공이었고, 스피노자는 안경공이었으며, 아인슈타인은 특허청 공무원이었다

해줄 수 있다. 전문가의 시대가 도래하기 전 철학자 스피노자는 낮에는 안경알을 깎고 밤에는 철학 사상에 몰두했고, 화가 윌리엄 블레이크는 전문 인쇄업자로 여가 시간에 작품을 완성했다. 주말에만 연구에 몰두하여 일가를 이룬 식물학자, 조류학자, 기타 동물학자들도 셀 수 없이 많다. 칙센트미하이는 우리 역시 이들 못지않게 여가를 활용하여 자신만의 성을 구축하지 못할 이유가 없다고 말한다. 정원 가꾸기를 하든, 새로운 요리법을 시험해보든, 수채화를 그리든, 어떤 활동이든 목표를 세우는 것은 즐거운 경험이 되며, 어떤 방식으로든 우리의 정신을 확장시켜준다.

단기적으로 시를 짓든, 새집을 만들든, 여가 활동을 선택하고 행하는 것은 몰두 주목을 불러오고, 이런 모든 기술은 만족스럽고 생산적인 체험을 하게 해준다. 뇌의 역량을 시험할 수 없고 변화를 이끌어낼 수 없는 대상에 주목을 낭비한다면 결국 정신이 침체되고, 인생은 다소 지루해질 것이다.

장기적으로 몰두할 대상을 선택한다는 어려운 결정을 내릴 때는 어린 시절을 되돌아볼 필요가 있다. 선택의 여지가 없던 어린 시절 만약 무서운 부모님이 억지로 피아노 연습실에 보내고 클래식 음악만 듣게 했다고 해보자. 당신은 클래식 음악을 매우 싫어하게 될 것이다. "어느 날 모차르트의 음악이 내 머릿속으로 침입했고, 그 음악이 얼마나 멋진지 깨닫게 되었다"고 고백하게 될 순간까지 말이다. 이 경험은 스스로 클래식 음악을 듣고 피아노 연습을 하도록 자극할 것이고, 결국 음악은 당신 인생에서 최고의 경험이 될 것이다.

이와 유사하게 당신이 지금 부모의 입장이라면 지금 아이에게 무엇이, 얼마나 중요한 것인지를 알고 있을 것이다. 그리고 숙제, 운동, 피아노 연습 같은 일들 중에서 힘이 들기만 하고 소득은 없는 일, 특히 엄청나게 어려운 일이 무엇인지를 가늠해볼 것이다. 칙센트미하이는 한 아버지와 아들의 예를 든다. 아버지가 아들에게 이번 여름 휴가는 카리브 해로 스쿠버 다이빙을 하러 가자고 말한다. 아버지는 아이가 산호와 해양 생물들이 있는 신세계에 호감을 느끼고 즐거워할 것이라고 생각하지만 아들은 스쿠버 다이빙에 전혀 관심이 없어 보인다. 지루하고, 무엇인가를 다소 염려하는 듯도 보인다. 아마 아들은 여름 휴가 동안 부모님의 비위나 맞추어주어야 한다고 생각할 수도 있다. 그러나 카리브 해에서 몇 번 스쿠버 다이빙을 한 후 아들은 곧 바다에 사로잡히고, 어쩌면 학교로 가서 다음 학기에 해양생물학을 수강하게 될 것이다.

모든 아이들이 주목을 올바른 방향으로 유도해줄 부모를 가지고 있지는 않다. 젊은 치기에서 자기 의지대로 행동하고 난 후 무서운 결과를 감당해야 하는 일도 비일비재하다. 866명의 십대를 대상으로 하루 동안 행하는 다양한 활동들을 어떻게 느끼는지를 측정한 체험표집 연구가 있다. 자신이 하고 있는 활동에 대해 "일 이상으로 생각한다" "놀이 이상으로 생각한다" "일이고 놀이이다" "일도 놀이도 아니다"라는 4가지 응답을 기준으로 설문이 시행됐다. 아이들은 나이가 많을수록 일과 같은 활동을 즐기지 못했고, 초등학교 6학년들이 고등학교 3학년보다 하고 있는 일을 훨씬 더 긍정적으로 생각했다. 십대의 약 30퍼센트가 '일도 놀이도 아닌' 무의미한 활동을 하며, 즐기지조차 못하는 활동에 상당한 시간을 보냈다.

많은 사람들이 그 어떤 욕망보다 가족을 위한 시간을 보내고 가족에게 활용하는 주목의 양과 질이 훨씬 더 가치가 있다고 생각한다. 칙센트미하이는 가정에서의 삶은 노력이 필요 없고 자발적인 보상이라는 일반적인 관념이 위험한 공동체적 신화를 만들어낸다고 지적한다. "즐거운 나의 집~"이라는 식의 노래를 부르면서 우리들은 모두가 서로를 사랑하고, 함께하는 것을 즐거워해야 한다고 생각한다. 그러나 이는 사실이 아니다. 당신이 가정에 의미를 부여하고 가정에서 보내는 시간을 즐겁게 느낀다면 일에 투여하는 시간만큼 가정에서 시간을 보낼 것이다. 그러나 여기에서 우리가 주목하는 것은 단순히 개인적인 문제가 아니라 사회적인 것이다.

일반적으로 가정에서 부모의 건설적인 관심을 받지 못한 아이들 대부분이 빈곤층이라는 생각은 널리 퍼져 있다. 그러나 많은 연구들은 이런 관념에 의문을 표한다. 칙센트미하이는 1,000명의 십대를 대상으로 가정 생활의 양적, 질적 측면 모두를 고려하는 연구를 했다. 그 결과 전문 직업을 가진 부모 아래서 자라는 부유한 교외 지역 아이들이 부모와 함께 있는 시간이 많은 중산층 가정의 아이들보다 행복감을 느끼지 못하며, 도시 빈민가 아이들에 비해서도 그렇다는 것을 알아냈다.

부모의 수입이 어떻든 가족보다 또래집단에서 지내는 시간이 많을수록 아이들은 공부든 운동이든 자신들의 능력을 계발시킬 도전적인 활동에 주목을 덜 사용했다. 부유층의 정력적으로 일하는 전문직 부모를 둔 아이들은 어른들이 기대하는 바와 요구를 충족시키지 못했다. "이런 아이들은 좋은 이력서를 만드는 것이 아니라면 중요하지 않다는 것을 배운다. 아이들이 잘 자라는 집에서는 부모가 아이들의 주목을 좋은 방향으로 다룬다"고 칙센트미하이는 말한다.

일상을 예술로 만드는 비밀

도전, 몰입하는 삶, 여가에 대한 헌신은 일상의 경험을 더 나은 것으로 만들어줄 뿐만 아니라 우리를 더욱 흥미로운 사람으로 만들어준다. 이것이 장기적인 관점에서 몰입하는 삶의 이득이다. 심리학자 니콜라스 홉스는 성취의 비밀은 "되고 싶은 사람이 되는 방향으로 자신의 문제를 선택하는 것"이라고 말한다. 많은 중년들이 은퇴 후의 자산 설계에 여념이 없는 데 반해 버크는 명상이라는 새로운 분야와 씨름하고 있다. 그것에 호감을 느껴서이기도 하지만 중년의 삶을 다르게 살아보고자 하는 도전이기도 하다. 그녀는 다른 야외 활동이나 해본 적이 있는 활동을 선택할 수도 있었지만 그렇게 하지 않았다.

"인생의 큰 그림을 그려보고 나서 나는 내가 새로운 것을 할 수 있고, 그렇게 해야 한다는 것을 깨달았지요. 그리고 새로운 것을 시도함으로써 내가 다른 종류의 일을 할 수 있다는 자신감을 얻었어요."

지금껏 다양한 능력을 계발해온 경험들을 돌이켜보며, 버크는 만족스럽게 말한다.

"내 머릿속을 가장 많이 차지하고 있는 것은 보는 방법에 대한 것입니다. 새로운 것을 시작했을 때, 나는 먼저 큰 그림에 주목합니다. 그다음 그 일에 필요한 작고 세부적인 부분을 하나씩 실행해나갑니다. 그것이 내가 대상을 하나로 통합하고 감각하는 방법입니다."

홉스는 스스로에 대한 기대를 높이고 충족시키는 도전적인 활동은 인생의 즐거움과 풍미, 깊은 충족감을 안겨주며 삶을 멋지게 바꾸어준다고 말한다.

주목에 대한 수십 년간의 엄격하고 깊이 있는 성찰을 통해 칙센트미하이는 주목이 어떻게 우리의 일상생활을 증진시키는지에 관한 개념을 정립했다. 지극히 일상적인 집안일을 하든, 길거리에서 아는 사람을 우연히 만나든 그 순간에 주목하고, 집중을 유지하라. 대상에 즐길 만한 의미를 부여함으로써 주목의 방향을 조절하고 완전히 사용할 수 있는 방법을 연습하라. 마음을 다스리기 위해 동굴 속으로 들어갈 필요는 없다. 탭댄스를 추고 있든, 뜨개질을 하고 있든, 마음을 집중하여 더욱 즐겁게 그 일을 할 수 있는 방법을 찾으면 된다.

"중요한 것은 관리이다"라고 칙센트미하이는 강조한다. 우리들은 어떤 활동이 자신의 주목과 관계되고, 자신을 만족시키는지 실제로 잘 알지 못하기 때문이다. 칙센트미하이는 매일매일 한 일들을 기록하고, 그 일을 하는 동안 느낀 점들을 기록해둔다면 도움이 될 것이라고 조언한다. 그리고 더욱 몰입할 수 있는 일을 시도하는 것도 좋은 방법이 될 수 있다. 노력한 것이 그만큼의 결과를 내지 못한다고 해도 관계없다. 최상의 경험은 숙고하는 데 있다.

"시간이 없다는 말은 '나는 스스로를 관리하지 못한다'는 말이다."

《몰입의 재발견》에서 칙센트미하이는 주목의 사용을 경험으로 전환하는 것은 개인만이 아니라 사회집단 역시 가능하다고 말한다. 미국의 비만 문제부터 중동 지방의 만성적인 갈등 상황까지 대부분의 문제들은 우리가 본능적으로 분노나 공포 같은 즉각적인 자극이나 부정적인 감정에 주목한다는 것을 일깨워준다. 그러나 정글에서 우리들을 살아남게 해준 이런 주목 능력은 오늘날 심각한 위협이 되었다. 우리의 미래는 이런 부정적인 대상에서 환경 보호나 전쟁 반대 등 새로운 목표로 주목의 방향을 이끄는 데 달려 있다.

최근 주목 연구가 개인적 차원뿐만 아니라 사회적 측면으로까지 확대되는 것은 당연한 일이라 볼 수 있다. 목장 일이든 마케팅이든, 하이쿠 짓기든 원예든 특정 활동에 주목하면 그 활동에 필요한 기술을 계발하기 시작하고, 그 과정에서 체험한 몰입을 유지하기 위해 적극적으로 노력하게 될 것이다. 이런 방식에서 칙센트미하이는 인간이 경험할 수 있는 최고의 경험은 진화론적인 역동성이라고 표현했다. 이는 일상적인 정신 상태에 반하여 제아무리 복잡한 활동도 해낼 수 있게 하고, 부적절하고 파괴적인 행위를 대체할 만한 대상으로 관심을 돌리게 하여, 서서히 사회를 변형시킬 수 있는 토대가 된다. 칙센트미하이는 주목하는 대상이 우리의 경험을 만들고,

주목 대상을 현명하게 선택하는 것이 좋은 인생으로 이끄는 열쇠라는 점을 절대적으로 믿는다.

경험을 충족시키는 데는 다양한 방식이 존재한다. 그리고 '흥미' '절정' '최상의 경험' 등 다양하게 묘사된다. 익숙한 대상이든 새로운 대상이든 주목 방정식을 이루는 요소들이 이들과 새롭게 균형을 맞추고자 하는 것은 결국 같은 것을 의미한다. 즉 우리의 주목을 사로잡은 활동에 몰두하는 것이 영혼을 충족시켜줄 것이라는 뜻이다. 일이든 놀이이든, 행복하든 그렇지 않든 현재 하고 있는 일에 온전히 집중하지 못하고 있다면 몰입하는 삶을 살아야 할 필요성을 깨닫게 될 것이다.

08 | 의사결정과 매몰환상

기억과 현실의 딜레마

우리는 자신에 대해 생각만큼 잘 알지 못한다.
이것이 최대의 적이다.

_ **배리 슈워츠**

명민한 사람들이 어리석은 선택을 하는 일은 종종 일어난다. 멋진 장소를 파괴하고 그곳에 건물을 짓는 일부터 불필요한 전쟁을 하는 일까지 말이다. 몇몇 행동경제학 연구들은 이런 재앙들이 크든 작든 의사결정 과정이 진행되는 동안 잘못된 대상에 주목을 던지는 인간의 공통된 속성 때문에 나타난다고 말한다.

왜 똑똑한 사람들이 멍청한 실수를 하는 걸까?

새넌 하월Shannon Howell은 오로지 아이비리그 학교를 다니겠다는 오랜 소망에 따라 미시간 대학교에서 브라운 대학교로 편입했다. 어느 대학이 그녀의 욕구를 충족시켜줄 만한 경험을 제공하는지보다 단지 아이비리그라는 것이 중요했던 것이다. 그녀는 앤아버에서 첫 일 년은 자신이 원하는 학교에 있는 것이 아니라는 생각에 내내 사로잡혀 있었다. 그래서 미시간이 자신에게 적합한지 여부를 생각하는 것조차 거부했다.

그러나 브라운 대학교에 입학하고 나서 하월은 아이비리그 대학의 신성한 강당이 생각보다 실망스럽다는 것을 깨달았고, 뒤늦게서야 친구들, 멋진 빅 텐 리그, 그리고 훌륭한 심리학 교육과정 등 미시간에 얼마나 좋은 것들이 많았는지 깨닫게 되었다. "하지만 그곳에 있을 때는 그런 것을 깨닫지 못했죠. 미시간이 내가 가고자 했던 학교가 아니라는 선입견에 완전히 사로잡혀 있었기 때문이에요."

하월의 예에서 알 수 있듯이 주목은 생각을 규제하고, 경험을 제한하여 중대한 의사결정이 필요한 순간 그 과정에서 착오를 일으킬 수 있다. 선택할 수 있는 좋은 학교가 수없이 많지만, 학생들은 종종 선택지를 매우 좁히거나 특정 학교에 집착해 다른 조건들은 아예 고려하지 못하곤 한다. 학교 순위, 평판, 지역적 조건 등 일반적인 기준이나 다른 사람들의 시선을 생각지 않는다면, 결국 아이들은 필연적으로 '중대한 경험'이라는 한 가지 측면만을 고려하게 될 것이다.

프린스턴 대학교의 심리학자 대니얼 카너먼Daniel Kahneman은 의사결정 과정에 대한 연구에서 '주목'이라는 주제를 상당히 중요하게 다루고 있다. 2002년 의사결정 이론으로 노벨 경제학상을 받았지만 그는 여전히 자신을 심리학자라고 일컫는다. 그의 태도는 심리치료사와 유사하다. 정감 있고 의뭉스럽게 굴지는 않지만, 그는 대상에 서서히 접근하는 방식을 취하며 사소한 한 가지 사실도 놓치지 않는 안전 지향적인 사람이다. 일부 명사들과 달리 그는 인터뷰를 할 때도 혼자서만 말을 늘어놓지 않고, 대화 상대의 말에 가까이 다가가 참여한다. 자신의 의견에 토를 달거나 다른 이론을 들먹이면 그는 "흥미롭군요"라고 말한다.

그는 스무 살 무렵 이스라엘 군대에서 심리학자로 복무하면서 일생의 연구 성과를 이룩해낼 정밀한 연구조사 기법을 만들어냈다. 질문의 기법에 관한 것이었다. 동료 연구자들은 군인들에게 시행할 정밀한 인성 테스트를 많이 만들어냈지만, 그들의 광범위한 질문들은 소기의 목적을 달성하지 못했다. 누가 전쟁에 적합하고 적합하지 않은지를 가려내는 일 말이다. 카너먼은 동료들과 완전히 정반대의 시각에서 출발했고, 컬럼비아 대학교의 심리학자 월터 미셸Walter Mischel의 연구에 주목했다. 월터는 "이 과자를 지금 먹을래, 나중에 먹을래?"라는 한 가지 멋진 질문으로 아이들의 본성을 탐색해냈다.

성격을 평가하는 단순하고 집중적인 설문 방식을 찾아냈는지 묻자 그는 고개를 끄덕이며 말했다. "캠핑을 할 때 당신의 텐트 안에는 몇 명의 사람들이 있을까?" 그 대답은 아이들의 사회성에 대한 단서를 제공한다. 다음으로 그는 상대가 자신의 성격에 대해 간략히 이

▲ 월터 미셸은 마시멜로라는 눈 앞의 보상에 손을 뻗는 데 걸리는 '참을성'을 측정함으로써 아이들의 본성과 미래의 성공을 예측했다.

야기하는 것을 듣는다. 당신은 오늘 혼자서 시간을 보내기를 원하는가, 다른 사람들과 더 많은 시간을 보내기를 원하는가?" 이는 좋은 질문이다. 여기에 대한 대답은 그 사람이 처한 상황을 많은 부분 반영하고 있기 때문이다. 당신이 현재 다른 사람들과 얼마나 많은 시간을 보내는지 같은 것 말이다. 이런 질문을 정제하여 사용한다면 많은 것을 알아낼 수 있다.

의사결정에 관한 연구에서 카너먼과 아모스 트버스키Amos Tversky는 이런 질문의 기술을 정련하여 과학으로 만들었다. "우리의 조사 방법은 한 번에 한 가지 질문을 하고, 특정한 시각을 만들어내는 것이다. 그러고 나서 이런 질문과 대답, 그에 대한 가설을 출간했다. 그것이 우리가 한 일의 전부이다. 내가 노벨 상을 받은 이유는 경제학자들에게 다소 다른 방식으로 경제학에 접근하는 법을 보여주었기 때문이다. 즉 심리학을 더욱 현실적으로 이용할 수 있다는 것이다."

카너먼의 제한적 합리성bounded rationality 법칙은 먼저 경제적 의사결정과 보다 나은 삶을 살아가기 위한 선택들에 적용된다. 우리는 합리적인 존재이지만 때로 잘못된 대상에 주목할 수 있다. 우리의 생각은 감정보다 인지적 착각cognitive illusion, 혹은 직관의 실수mistaken intuitions, 그리고 다른 결함 있고 파편화된 정신적 구조에 의해 길을 잃을 수 있다.

예를 들어 선택의 시점에서 우리들은 흔히 대상에 대해 시간을 들여 천천히 생각하기보다 빠르고 가능한 해결책을 찾고자 한다.

우리들은 장기적으로 중요한 의사결정을 내릴 때도 순간적인 관심 대상에 집중하는 실수를 저지르곤 한다. 이것이 경제적으로 사소한 사항들을 낱낱이 파헤치는 것이 문제가 되는 이유이다. 손실과 이득을 각각 따로 고려하면서 세부적인 것들에 지나치게 집착하면, 실수를 저지를 수밖에 없다.

위험과 관련된 선택을 할 때 우리는 흔히 손실 가능성만을 지나치게 고려한 나머지 잠재적인 이익을 간과하게 된다. 이와 관련된 연구들은 우리들이 손실은 물론 위험을 전혀 감수하려 하지 않는다는 것을 보여준다. 우리들은 이익보다 손실에 훨씬 더 민감하게 반응한다. 동전을 던진다고 해보자. 뒷면이 나오면 20달러를 잃게 될 것이고, 앞면이 나오면 같은 돈을 따게 될 것이다. 여기서 판돈을 얼마나 걸 것이냐고 묻는다면 대부분의 사람들은 40달러에서 50달러 정도를 건다. 즉 우리들은 도박의 확률이 반반이라는 것을 생각하기 전에 이득보다 손실에 더 집중하기 때문에 최소한 잃을 돈보다 2배 정도를 걸어 결과가 0이 되는 것을 방지하고자 하는 것이다.

경험자아와 기억자아의 충돌

일반적으로 경제학은 돈에 관해 더 나은 결정을 하는 학문이다. 그러나 카너먼의 연구는 경험이라는 더욱 가치 있는 자원에 대해 더욱 현명한 선택을 하는 것과 관계가 있다. 자신의 삶에 대해 생각하는 것을 그만두면 사람들은 대개 과거의 심리학 설문에서 사용된 질문을 스스로에게 하게 된다.

"내 집에(혹은 직장, 인간관계, 내 차) 무슨 일이 생기고 있는 거지? 최상의 상황인가, 좋은 상황인가, 그저 그런가, 최악인가?"

카너먼은 이런 질문은 추상적이기 그지없으며 사람들이 실제로 삶을 어떻게 경험하는지 보지 못하게 한다고 말한다. 여기에는 자신의 삶에 대해 어떻게 생각하는지만 나타난다. 이 차이는 그가 질적인 삶에 대한 연구를 시작하게 한 단초가 되었다.

실제 삶을 현실적이고 제대로 바라보기 위해 행동과학자들은 이전의 설문조사 방법들을 피하고 새로운 방법을 개발했다. 칙센트미하이의 체험표집법은 일상의 경험에 대해 즉각적인 정보를 제공해준다. 카너먼은 909명의 직장 여성을 대상으로 그들이 매일 겪고 있는 일들을 기록하고, 전날 겪은 일에 대해 어떻게 느끼는지를 물었다. 《사이언스》에 기고된 논문에는 여성들에게 직업 안정성, 부부 관계 같은 주요 이슈들이 직접 선택한 일을 하는 시간(돈의 경험적 등가물)보다 일상생활의 만족도에 거의 영향을 미치지 못한다는 놀라운 사실이 드러나 있다. 대부분의 피험자들은 깨어 있는 시간(평균 11.5시간) 대부분을 친구들과 수다를 떠는 등의 좋아하는 일을 하기보다 집안일을 하는 등 즐겁지 않은 일을 하는 데 사용했다. 일상에 대한 만족도는 부분적으로 유전자와 스스로 통제할 수 없는 초기 환경에 달려 있다. 그러나 당신이 시간을 즐겁게 보내는지 그렇지 않은지 여부 역시 하는 일에 큰 영향을 미친다. 카너먼의 연구는 우리가 좋지 않은 상황보다 더 나은 상황에 있기를 스스로 선택할 수 있으며, 더욱 좋은 상황에서 더 많은 시간을 보내도록 노력해야 한다는 것을 알려준다.

시간을 보내는 방법과 삶의 질에 영향을 미치는 선택을 하는 방법은 주목과 밀접한 관련이 있다. 카너먼은 질적인 삶에 대해 계속 생각한다면, 그것이 경험을 지배하게 될 것이라고 생각한다. 그는 최선을 삶을 사는 방법에 대한 우리의 선택을 왜곡하는 잘못된 주목에 대해 두 가지를 알려준다.

먼저 실제의 인생과 우리가 그에 대해 말하는 이야기 사이에는 차이가 존재한다. 우리는 실제가 아닌 '이야기(생각)'에 더욱 몰두하는 경향이 있다. 이런 차이는 중요하다. 어떤 경험을 할지 선택하는 것과 그 경험을 어떻게 생각할지를 선택하는 것, 두 가지 주목 선택이 질적인 삶에 대한 접근 방식의 핵심이기 때문이다. 현실의 삶과 그에 대한 생각 간의 차이는 서로 다른 대상에 주목하게 하는 두 가지 다른 자아를 만들어낸다.

지금 여기에 실제로 존재하는 것을 다루는 직접적인 경험자아 experiencing self는 현재 일어나고 있는 일과 그에 대한 감정을 분석하지 않고 있는 그대로 느낀다. 그러나 평가를 담당하는 기억자아 remembering self는 경험을 되돌아보고 가장 중요하다고 느끼는 부분과 결과에 집중하여 그에 대한 정확하지 않은 생각을 만들어낸다. 기억에 관한 대부분의 연구는 기억의 편향성과 변덕성에 대해 이견을 제시하지 않는다. 기억은 매끄러운 융단이라기보다는 조각조각

▶ 요하네스 검프의 〈화가의 자화상〉
화가는 거울에 비친 자신을 보고 자화상을 그린다. 그렇다고 해도 이 자화상이 있는 그대로의 현실을 반영하고 있다고 할 수 있을까?

기워진 퀼트와 같은 것이다. 실제로 우리는 경험한 것을 기억 속에서 재구축함으로써 실제로 일어난 일들 중 많은 부분을 회상해내지 못한다. 더욱이 이런 인공적인 기억은 실제 일어난 사건보다 더욱 긍정적이거나 부정적으로 채색되는 경향이 있다.

경험과 기억된 자아 사이의 차이는 삶의 외견상의 모순들을 설명할 수 있다. 예를 들어 대부분의 어머니들은 아이 양육이 인생의 가장 큰 만족감을 주는 것 중 하나라고 이야기한다. 그러나 그의 피험자들은 양육이 가장 즐겁지 않은 활동 중 하나라는 것을 보여주었다. 이와 같은 대조적인 결과는 부모들이 지닌 두 자아가 각기 다른 곳에 관심을 둔다는 것으로 설명할 수 있다. 너저분한 아이 방을 치우면서 지쳐버린 어머니의 경험자아는 그 순간 양육에 낮은 가치를 부여한다. 그러나 동시에 부모다움에 대한 관념이 발휘되면서 기억자아는 감정을 조절하고, 장기적인 미래를 내다보게 한다. 즉 더러운 양말과 피자 부스러기라는 삶의 단편들에 관한 순간적인 짜증이 어버이날 받은 편지나 축구 시합 우승 트로피, 하버드 대학교 합격 통지서 같은 것으로 방향을 바꾸는 것이다. 이것이 바로 아이를 양육한다는 성인으로서 선택한 삶이며, 이 선택이 자신의 만족스러운 삶에 대한 경험자아의 속삭임보다 기억자아의 판단력에 귀를 기울이게 한다.

우리가 왜 실제 인생보다 인생에 대한 자신의 생각에 더욱 주목하는지는 카너먼의 '포춘 쿠키' 이론으로 설명할 수 있다. "당신이 삶에 대해 생각하는 동안은 당신의 생각만큼 삶에서 중요한 것은 아무것도 없다. 당신이 그것에 대해 생각하고 있기 때문이다."

카너먼의 질문 중 하나는 삶에 대한 환상을 설명할 때 많이 인용된다. "캘리포니아에 산다면 더욱 행복할 것 같습니까?" 같은 질문이다. 캘리포니아는 기온이 온화하고, 대부분의 사람들이 그렇게 생각한다. 같은 이유에서 캘리포니아 사람들은 자신들이 다른 지역 사람들보다 행복할 것이라고 생각한다. 그러나 실제로 삶의 질 지수를 측정해보자 미시간이나 일부 다른 지역에 사는 사람들과 캘리포니아 주민들의 삶의 만족도는 같았다. 이는 어디에 살든, 어디에 있든, 살기 좋은 곳에 살든, 그렇지 않든 삶을 이루는 것(인간관계, 일, 집, 여가 활동 등)의 99퍼센트가 누구나 같기 때문이다. 우리들은 생각만큼 늘 온화한 기후에 대해 생각하고 있지는 않다. 그러나 이런 질문을 하면 기후는 당장 삶에서 중요한 부분으로 생각되는데 이는 단지 그것에 주목하고 있기 때문이다. 이런 환영은 A지역과 B지역 사이의 차이를 두드러지게 보이게 하며, 실제로 별 볼일 없는 것을 정말 중요한 것이라고 여기게 한다.

포춘 쿠키 법칙을 시험하려면 스스로 얼마나 행복한지 먼저 물어라. 이 질문은 자동적으로 결혼, 이직, 이사, 이혼 등 최근 일어난 삶의 변화와 관련된 기억자아를 불러낼 것이다. 그러면 당신은 이런 새로운 사건에 대해 생각하게 될 것이고, 이 사건은 점점 크게 마음에 자리하고, 대답에 영향을 미치게 된다. 만약 시골에서 떠나 도시로 이주한 것이 즐겁다면, 삶이 꽤 괜찮은 것이라고 대답할 것이다. 그러나 이를 후회한다면 대개 불만족을 표하게 될 것이다. 그러나 15년이 흐르고 나면 당시의 중대한 변화는 현재의 주목을 끄는 사건들(조만간 할아버지가 된다든지 하는 일)에 밀려 희미해진다. 당신이 지금 현재의 일에 대해서 생각하기 때문이다. 그리고 삶의 질의 척도는 현재의 평가에 따라 달라진다.

기억자아는 있는 그대로의 삶보다 자신의 삶에 대한 생각과 관계있기 때문에 경험의 질을 정확히 평가하기 어렵다. 미시간 대학교의 심리학자 노베르트 슈바르츠Norbert Schwarz는 한 그룹의 피험자들에게 다음과 같은 질문을 했다. "당신의 차에 만족하는가?" 차량 소유자의 만족도는 차량의 가치와 유의미한 상관관계를 보였다. 즉 BMW나 렉서스 소유자들의 기억자아는 포드 에스코트나 도요타 캠리 소유자보다 훨씬 더 만족감을 드러냈다.

다음에 슈바르츠는 다른 그룹의 피험자들에게 다른 질문을 함으로써 경험자아, 즉 현실을 조사했다. "오늘 차를 타고 오면서 어떤 기분을 느꼈나요?" 이 순간 차량 소유자의 만족도와 차량 가치 간의 상관관계는 급격히 사라졌다. 그들의 대답을 결정하는 것은 차량의 가치가 아니라 바로 오늘 실제 통근 상황이었다. 대답은 날씨의 좋고 나쁨, 교통 상태, 혹은 개인적 기억에 따라 달라졌는데, 즉 경험자아의 일상적인 기복과 관계가 있었다.

경험자아와 기억자아 간의 주목적 인식 차이에 대해 카너만은 복잡한 이야기complicated story라고 일컫는다. 만약 당신의 차에 만족하느냐는 질문을 받으면 그 질문은 당신의 평가적인 기억자아를 불러낸다. '차에서 만족을 느낀 순간은 차에 대해 생각하고 있는 순간'이기 때문이다. 질문을 받았을 때 사람들은 가장 최근의 운전 경험을 생각해낸다. 그러나 그 순간 자기 차에 대해 가지고 있던 생각이 머릿속에 번쩍 지나간다. 이런 경험과 사고의 복잡한 관계는 당면한 문제가 차보다 가족이나 직업, 친구, 가정 등에 대한 것이 되면 더욱 유의미해진다. 여기서 배워야 할 가장 중요한 한 가지는 삶을 기억적 특성 하나만으로 평가해서는 안 된다는 것이다.

요다 같은 선승이 아닌 우리들에게 있어 생각에서 현존하는 존재 자체로 주목을 전환하는 것은 생각보다 훨씬 더 어려운 일이다. 우선 이를 시도하는 순간 우리는 기억자아로 되돌아가는 경향이 있다. 자신의 삶에 대해 생각하는 순간 우리는 본능적으로 회상의 관점을 이용하기 때문이다. 그리고 의사결정에 있어서도 그것이 기억에 크게 남아 있지 않다고 해도 경험에 영향을 미치기 때문에 우리는 의식적으로 그런 태도를 취하게 되곤 한다.

기억자아와 익숙함의 함정

기억자아의 의견에 지나치게 귀를 기울이는 것과 마찬가지로 적응(상황에 익숙해지게 되는 과정)의 영향을 간과하는 것 역시 현명한 결정을 방해할 수 있다. 우리는 흔히 미래에 대한 계획을 세울 때 무엇을 할지는 결정하지만, 어떤 대상에 주목하지 않을지에 대해서는 생각하지 않는다.

특정한 사건이나 경험에 주목하지 않는 성향은 그에 대한 두려움이나 경이로움 등의 감정과는 관계가 없다. 이는 매우 다른 환경에 처한 한 그룹의 사람들 사이에서 삶의 질의 차이가 나타나는 이유를 설명해줄 수 있다. 카너먼은 양측하지마지 환자와 로또 당첨자를 예로 들어 설명한다. 이들은 당신이 생각하는 것만큼 불행하거나 행복하지 않다. 여기가 주목이 발현되는 곳이다. 사람들은 자신이 로또에 당첨된다면 모든 것이 좋아질 것이라고 생각하곤 한다. 물론 그렇지 않은 사람도 있을 수 있다.

그러나 어떤 생각을 가지고 있든 로또 당첨자의 행복은 순간에 불과하다. 새로움에 도취되고, 승리자라는 생각은 한순간에 불과하기 때문이다. 그러고 나서 그들은 상황에 적응하고, 그에 따라 로또 당첨 사실에서 주목을 돌린다. 이와 유사하게 사람들은 양측하지마비 환자도 행복하게 살아갈 수 있다는 사실을 종종 간과하곤 한다. 그러나 우리는 그 환자의 입장에서 살아본 적이 없다. 오히려 그들은 우리들보다 훨씬 더 삶에 집중하고 행복을 누릴 수 있다. 그들은 음식을 먹는 것, 친구를 만나는 것, 신문을 보는 것 모두를 즐긴다. 이는 그 일에 주목을 온전히 할당해야만 가능한 일이다.

헤어진 연인들, 막 일을 시작한 사회 초년생, 여름 캠프를 간 초등학생들과 같이 하지마비 환자나 로또 당첨자는 처음에는 새로운 상황에 많은 주목을 쏟는다. 그러나 대부분이 그러하듯 이들도 그 상황에 적응하고 자신들의 주목을 다른 더 큰 대상으로 돌린다. 외견상 심드렁해 보이는 그들의 태도는 우리를 놀라게 한다. 우리가 그들의 입장이 되었다고 상상했을 때 하지마비가 되거나 벼락부자가 된 순간을 떠올리고 그 일에만 완전히 몰두하여 상황을 느끼기 때문이다. 그러나 아침이면 태양이 떠오르는 것처럼 우리 역시 부나 휠체어에 적응한 사실조차 잊어버릴 수 있다.

주목의 이런 근시안적인 시각은 미래에 대한 중대한 결정을 내릴 때 특히 문제를 일으킬 수 있다. 예를 들어 로맨틱한 신혼 초기의 경험이 희미해지면 중년의 남성은 새로운 애인 때문에 수년간 편안함을 제공해준 결혼 생활을 깨뜨린다. 그러나 그곳에서 그는 첫 번째 아내와 함께 공유한 편안한 가족적 삶을 잃어버리고, 새로운 결혼이 요구하는 수많은 일들이 산재해 있음을 깨닫게 될 뿐이다. 도시에 살고 있는 부부가 주말 전원 생활에 취해 도시 생활을 정리하고 시골로 떠나게 되면 그들은 새로운 일상적 기반에 적응하고, 제한된 자원들을 운용하는 법을 배워야 한다는 사실에 직면하게 될 것이다. 일상적으로 생각하는 방식이 변화를 겪고, 그 과정에서 혼돈을 경험하게 되는 것은 우리가 무엇인가를 예측할 때, 우리가 예측한 것은 실제 경험이 아니라 기억(관념)이기 때문이다.

결국 새로운 대상에 적응하여 그것에 주목하지 않게 될 것임을 간과한다면 미래에 대한 중대한 결정뿐만 아니라 현재의 삶에 영향을 미칠 만한 사소한 결정들도 왜곡될 수 있다. 경제학자 티보르 스키토프스키Tibor Scitovsky는 '즐거움'과는 구별되는 이런 '안정감'이 사실상 우리가 깨닫지 못하는 즐거움이라고 말한다. 이 둘 사이의 차이점은 명백히 주목의 차이이다.

안정감과 즐거움에 대한 주목의 관계는 종종 소비 결정에도 영향을 미친다. 매몰환상focusing illusion, 어떤 특정한 요소에 대한 집착은 그 요소의 중요성을 확대한다-옮긴이은 구매 시점에서 구매 대상에 대해 단지 생각하는 것만으로 그것에 대한 중요성을 과장하게 만든다. 그러나 일단 구매하고 나면, 우리들은 그 값비싼 즐거움에 주목하지 않으며, 이는 익숙함으로 격하된다. "당신이 사용하기 시작한 제품과 그렇지 않은 제품, 이 차이는 매우 흥미롭다. 이는 갓 딴 꽃다발이나 방금 마신 와인 한 잔과 같은 즐거움에 매몰환상이 보다 덜 작용하는 것이다"라고 카너먼은 덧붙인다. 이는 당신에게 더욱 큰 기쁨을 주고, 본전을 뽑았다는 생각을 안겨주기 때문이다. 한 다발에 500달러나 하는 꽃다발이나 버건디 한 병에 지출하는 것이 전자제품을 바꾸는 것보다 삶에는 더 나은 투자가 된다.

초기의 흥분과 고가의 가격표에도 불구하고 적응은 새 컴퓨터나 새 아파트에 대한 엄청난 기쁨에서 슬금슬금 주목을 멀어지게 하고, 익숙한 안정 상태에 돌입하게 한다. 결국 안정적인 은행 잔고는 월요일 아침의 맛있는 커피 한 잔 앞에서 무색해진다. 이런 일상의 작은 것들(혹은 우리가 그것을 하고 있을 때를 생각하는 경험)은 일상에서 누리는 기쁨의 큰 부분을 차지한다. 그러나 경험자아보다 기억자아에 더욱 주목하는 경향은 결국 일상에서 작지만 중요한 이런 기쁨들에 무뎌지게 만들고, 더욱 큰 기쁨을 누리지 못하게 하기도 한다.

최근의 삶의 질과 관련된 연구들은 미래를 위해 하루에 20분에서 30분가량 정신적, 신체적인 운동을 할 시간을 내야 한다는 것을 알려준다. 긍정심리학이 추구하는 것이 바로 이것이다. 장기적으로 이런 법칙들이 잘 적용할지 아직은 알 수 없다. 아직 모든 데이터가 갖추어져 있지 않기 때문이다. 그러나 인생에서 좋은 대상에 주목하는 것이 결국 좋은 결과를 내리라는 것만은 명백하다. 여기에는 의문의 여지가 없다.

저것이 아니라 이것에 관심을 두는 주목 능력이 우리들에게 경험과 삶을 스스로 통제할 수 있게 해준다는 개념에 관해서는 달라이 라마와 펜실베이니아 대학교의 긍정심리학자 마틴 셀리그먼Martin Seligman 역시 동의한다. 주목 관리 능력은 큰 힘이 된다. 그것이 부정적인 감정이 일어났을 때 거기에 주목하지 않아야 한다는 것을 우리에게 알려주기 때문이다.

의사결정과 주목에 대한 논의의 마지막에 카너먼은 나이 든 사람일수록 경험자아를 제대로 이용할 수 있다고 언급했다. 나이 든 사람들은 물 위에서 반짝이는 햇살이나 창문 틈으로 흘러들어오는 음악 같은 일상의 사소한 즐거움들을 즐길 줄 안다.

"이는 마치 홀로코스트 생존자들의 경험처럼 들린다. 생존자들은 보통 사람들보다 삶에 더 감사할 줄 안다. 노인들 역시 마찬가지이다. 인생이라는 바다를 건너오면서 사소한 즐거움들이 현재를 더욱 즐길 수 있게 해준다는 것을 깨달은 것이다."

의사결정의 딜레마

삶의 질을 좌우하는 데 소중한 자원인 여가 시간을 어떻게 보낼지에 대한 선택만큼 중요한 것은 거의 없다. 그러나 경험자아와 기억자아의 각기 다른 주목 방식은 심각하게 의사결정을 방해할 수 있다. 저녁 시간이 여유로울 것이라는 예측을 하면 우리의 고매한 기억자아는 저녁에 콘서트를 갈지 전시회를 갈지 혹은 개인적인 취미 생활을 즐길지를 생각하는 데 주목을 사용한다. 좋아하는 사람, 새로운 사람들에게 전화를 걸어 한데 모이자고 제안을 하는 것은 어떨까 궁리하기도 한다. 그러나 이런 과정이 진행되기 전에 경험자아가 끼어들어 요즘 지나치게 스트레스를 받고 피곤하니 소파에 몸을 묻고 드라마 재방송이나 보는 것은 어떻느냐고 칭얼거릴 것이다.

누구나 일요일 아침 이런 두 자아의 주목 충돌을 겪어본 적이 있을 것이다. 편안히 앉아 신문을 뒤적거리고 있을 때 기억자아가 여행이나 예술 지면에 유혹되는 일 말이다. 정신을 확장할 만한 휴가

나 가치 있는 문화적 체험을 하기로 했다면 우리는 몇 주 후의 여유로운 시간을 상상한다. 그리고 비행기 표나 오페라 표를 예매할 것이다. 그러나 결전의 날, 당신이 얼마나 바쁜지, 혹은 집에 그냥 있는 게 나을 것 같다는 등의 생각을 일깨워주는 경험자아로 인해 당신의 지평을 확장해주던 생각들은 사라져버릴 것이다.

여유 시간을 해야 하는 일을 판독하는 데 사용하지 않는다면 때로 기억자아의 성가신 일들을 처리하고, 발레 공연표나 아일랜드 서부로 자전거 여행을 가기로 한 것을 기억해내야만 하는 상황이 온다. 여행 출발일이나 공연 날짜를 알고 있지만, 갑자기 이마를 탁 치며 "내가 미쳤나봐! 내가 지금 이걸 할 상황이 아닌데!"라고 소리를 질러본 경험은 누구나 한 번쯤 있을 것이다. 그러나 이미 비용은 지불되어 있고, 그래서 당신은 일을 진행하며, 결국 즐거움을 누리게 된다. 공연장이나 아일랜드의 골웨이에 일단 도착하고 나면 경험자아는 그 순간을 즐기게 되며, 기억자아는 달콤한 인생의 기억을 두고두고 회상하게 될 것이다.

이런 유형의 주목 갈등은 심리학자 배리 슈워츠Barry Schwartz의 의사결정의 딜레마를 떠올리게 한다. 이 이론은 뉴욕 대학교의 심리학자 야코브 트로프Yaacov Trope에 의해 탐구되었는데 이는 학계에서 다소 기이한 일로 취급될 만한 일이다. 왜 X교수는 오랫동안 엉덩이를 붙이고 앉아서 글을 써야 하는 상황이 벌어지리라는 것을 알고 있으면서 동료의 논문에 기고하는 데 동의했을까? 악몽이 아닌가?

슈워츠는 이에 대해 이렇게 답한다. 장기 프로젝트에 대해 처음 생각했을 때 당신은 마지막 장을 솜씨 좋게 마무리하고 멋지게 주석을 단다는 목표(결과)에만 집중하고 결과에 도달하기까지 무슨 일이 일어날지는 거의 생각하지 못한다. 그러나 마감일이 막연하게 떠오르면, 우리의 주목은 성취된 목표 달성 상황에서 그에 도달하기까지의 힘든 과정으로 옮겨간다. 그러나 때는 이미 지나치게 도를 넘은 후이다. 당신은 글을 쓰기 위해 필요한 최신 논문들을 다시 훑어보는 일을 더는 하고 싶지 않게 되었지만 어쩔 수 없는 일이다.

이런 개인적인 경험은 슈워츠에게 새로운 일을 받아들이기 전에 그 일이 의미하는 바가 무엇인지 숙고해야 한다는 지혜를 안겨주었다. 그럼에도 불구하고 슈워츠는 "프로젝트를 끝내는 것만 생각하는 것은 우리의 타고난 성향 중 하나이다. 그리고 결국 우리는 그 결정을 엄청나게 후회하게 된다"고 덧붙였다.

모든 것이 바쁜 세계에서 무엇을 하며 시간을 보낼지 결정하는 것은 힘든 일이 되었다. 그러나 바쁜 세상이 의사결정을 어렵게 만드는 단 한 가지 요인은 아니다. 이는 21세기가 지닌 삶의 특성이다. 끝없이 늘어나는 소비 상품의 시대에 텔레비전 프로그램들이 옷장, 서랍장, 차고를 추려내는 데 온 힘을 다하고 있을 때 사운드 시스템을 갖출 것인지 컴퓨터를 살 것인지 결심하는 일은 주요한 연구 프로젝트 중 하나가 될 수 있다.

《선택의 패러독스the Paradox of Choice》를 쓴 후 슈워츠는 주목 관리가 수많은 선택지들 사이에 낀 현대인의 주요한 과제가 될 것이라고 주장하는 리더들과 유럽의 정치 지도자들의 강력한 지지를 받게 되었다. 많은 행동경제학자들과 사회심리학자들 역시 그가 주목 오류mis-attention의 결과라고 부르는 개념에 동의한다.

우리의 주목을 흐트러뜨리는 상품과 서비스의 폭발적인 증가는 쉬운 결정을(검은색이냐 갈색이냐, 혹은 포드냐 시보레냐) 무서운 트라우마로 만들어버렸다. 매몰환상은 이런 각본들의 주요 범인 중 하나이다. 에어컨을 사거나 카메라를 살 때 우리들은 상품의 유사한 점들은 무시하고 상품들이 지닌 차이점을 찾아내면서 선택 목록을 걸러내는데 이는 꽤나 합리적으로 보인다. 문제는 사소한 차이점들에 주목하게 됨으로써 그것이 실제로 매우 중요하다고 과장하게 된다는 것이다. 지극히 사소한 차이점이라고 해도 그 한 가지가 모든 실용

▲ 소비재 상품의 폭발적인 증가는 쉬운 결정을 어렵게 만들고 선택의 딜레마를 만들어낸다. 55가지의 설거지 기계의 순위를 매기는 데 대한 기준은 실제로 전혀 중요하지 않은 것들이다.

적인 부분들을 잊게 할 정도로 크게 느껴진다. 그러나 이런 기계들은 대개 거의 비슷하며 각각의 사소한 차이를 생각하는 과정은 시간과 에너지 낭비가 될 수도 있다. 공공의 이익에 대한 부분을 고려하면서 슈워츠는 《소비자 보고》의 기자에게 이런 조언을 했다.

"55가지의 설거지 기계의 순위를 매기면서 53가지의 기계가 근본적으로 좋다고 하는 것은 역효과를 낸다. 여기에는 실제로 중요하지 않은 차이가 반영되어 있다. 그러나 사람들은 차이가 있기 때문에 그것이 중요할 것이라고 생각한다. 그래서 우리들은 그 차이를 가늠하면서 어떤 설거지 기계를 사야 할지 스스로 고문하게 된다."

한 연구 결과에 따르면 소비 선택에서 가장 효율적인 수는 8가지에서 10가지라고 한다. 이는 지나치게 과도하지 않은 다양성을 제공해준다. 이런 범위는 상품에 대해 일반적으로 만족감을 드러내는 보통 소비자들satisficer에게 적합하다. 지나치게 까다롭고 최고만을 추구하는 합리적 소비자들maximizer은 대개 지나치게 많은 선택들 사이에서 고뇌하는 경향이 있다.

관심사를 한정하고 있는 보통의 소비자들에게도 원치 않는 선택의 공격을 막아내는 일이 늘 쉽지는 않다. 슈워츠는 전자제품을 살 때 항상 '두 번째로 비싼 소니'를 선택하는 동료의 예를 들었다. 그럼에도 불구하고 다른 제품을 구매하도록 유도하는 세일즈맨들은 그를 늘 고뇌하게 한다. 7가지 특징이 있는 사운드 시스템과 21가지의 특징이 있는 사운드 시스템 사이에 선택이 주어졌을 때, 우리들은 흔히 21가지의 특징을 지닌 것을 선택하는데 그것이 더욱 비싸고 새로운 모델인 경우에는 더욱 그렇다. 이는 심지어 자신이 대부분의 기능을 사용할 줄 모르고 집에서 사용하지 않을 기능임을 알고 있다 해도 마찬가지이다.

상품의 유용성과 기능 사이에서 선택을 해야만 할 때 우리들은 기능에 초점을 맞추는 경향이 있다. 이는 "언젠가는 그 기능을 쓰게 될 지도 몰라"라는 생각을 하기 때문이다. 소비자들이 구매 전에 사운드 시스템들을 시험해볼 수 있다면, 대부분의 사람들은 더욱 간단한 제품을 고를 것이다. 슈워츠는 이것은 습득하기 매우 어려운 교훈이라고 말한다.

기관 역시 개인들과 다르지 않다. 기관들도 지나치게 많은 선택지와 매몰환상의 유혹으로 인해 주목을 낭비한다. 교수로서 슈워츠는 특히 대학의 행정 절차에 넌더리를 낸다. 지나치게 많은 행정 절차들 때문에 아이비리그와 유명 대학들은 근본적으로 거의 차이가 없는 지원자들 사이에서 미세한 차이점을 발견해내야만 하는 상황에 처해 있다.

이런 절차는 그들이 지닌 관리상의 자원을 낭비하는 것은 물론 학생들에게도 엄청난 중압감으로 작용한다. "내가 가장 좋아하는 과목은 무엇일까?" "어떻게 해야 사람들과 잘 어울릴 수 있을까?" 등의 중요하고 발전적인 질문에 주목하는 대신 많은 고교생들이 지원서를 잘 쓰기 위해 흥미도 없는 활동들에 시간을 쏟아 붓고 있다. 슈워츠는 자신의 방법을 제안한다. 유명 대학들이 입학에 적합한 지원자들을 평가한 후 지원자들의 이름을 모자 안에 넣고 무작위로 입학생을 선출하는 것이다. 이는 학교와 입학 지원자들 양측 모두가 수요이고, 두 대상은 모두 똑같이 중요하며, 모두 주목받아야 하기 때문이다. 이런 식의 사고방식이 우리가 직면하고 있는 주목 문제와 그것이 발생시키는 불행에 대한 해결책이다.

어떤 곳에서는 지나치게 많은 선택 가능성들을 제공하여 우리들의 혼을 빼놓기도 한다. 뉴욕 시는 행복한 도시 목록의 최하위를 차지하고 있다. 이 도시는 저녁 식사, 놀이, 예술, 쇼핑 등 모든 일에 있어서 무한한 선택지를 지니고 있는데, 이 모든 것들이 사람들을 미치게 하기 때문이라고 슈워츠는 지적한다. 뉴요커들이 그곳에 사는 이유가 그 다양한 선택지들 때문이라는 반박에 슈워츠는 차분하게 대답했다. "그렇지만 많은 연구들은 우리가 자기 자신에 대해 잘 알지 못하고 있다는 것을 보여준다. 이것이 인간의 최대의 적이다."

집중력을 공격하는 것들이 난무하는 시대에는 대상들을 자신만의 커뮤니케이션 방식으로 다루고 조절하는 분별력이 필요하다. 그러나 수많은 기계들이 제공하는 효율성에 대한 기대와 유혹에서 자신의 경험과 관계를 보호하기란 쉽지 않은 일이다. 이는 간단한 한 장짜리 요약 보고서를 원하는 21세기가 요구하는 삶의 속도와 관련된 것이기 때문이다. 이메일이나 음성 메시지 역시 그런 것 중 하나이다. 상호작용 역시 수단화되고 있는 듯 보인다. 그러나 이런 요약 메시지들을 통합하는 데 실패한다면 일부의 목적만 이룰 수 있고, 삶의 질은 감소할 것임을 알아야 한다.

정보 기술은 또한 일주일, 24시간이라는 시간 개념을 휘젓고 우리의 제한된 주목 능력을 위협한다. 슈워츠는 "우리는 매분 일을 할지 하지 않을지를 선택할 기회를 가지고 있다. 어디에 있는지는 관계없다. 기계를 모두 꺼버린다고 해도 우리는 그에 대해 생각할 것이다. 압력은 어디에나 존재한다"라고 설명한다. "두 시간 동안 외근을 나가 자리를 비웁니다"라는 자동 이메일 답변을 받을 때마다 슈워츠는 "지금 농담하는 건가!"라고 생각한다. 그리고 그는 깨달았다. 만약 우리들이 모든 시간을 사용할 수 있다고 생각한다 해도 시간당 비용을 청구하는 전문직 사람들처럼 특정 시간을 방해받지 않도록 노력하지는 않을 것임을 말이다.

슈워츠는 정보화 시대의 행위적 곤경에 대해 간결히 설명한다. 만약 우리들이 제한된 인지적 자원들을 정보의 공습에서 제대로 지켜낼 수만 있다면 진짜 중요한 일만을 처리할 수 있게 될 것이다. 그러나 그것이 잘 되지 않을 수도 있다. 때문에 슈워츠는 주목을 끄는 모든 대상들에게 짓눌리지 않고 그것을 사회의 일부가 되도록 하는 방식을 찾아내야만 한다고 강조한다.

합리적 소비자들이나 뉴요커들도 슈워츠의 간단한 의사결정 법칙을 따른다면 집중력이 낭비되는 것을 막을 수 있다. "선택에 직면하면 습관을 따르라. 최고급 여행가방이나 무선 드릴 앞에서 조바심치지 말고 당신이 마지막으로 산 것과 같은 것으로 사라. 의심스럽다면 박식한 친구에게 대신 선택해달라고 하라. 친구들 중에 투자, 레스토랑, 전자제품 등 해당 분야에 대해 지정된 전문가 한 명은 있기 마련 아닌가?"

마지막으로 선택이 당신의 필요를 충족시켜준다면 그 선택이 최선의 선택인지를 두고 의심하지 않아야 한다. 슈워츠의 연구에서 가장 중요한 교훈은 바로 이것이다. "좋은 것이 항상 좋은 것이다. 이런 태도를 지니고 있다면 의사결정 과정이나 선택의 폭격으로 머리가 마비된 상태에서 나오는 문제들은 모두 사라질 것이다."

구매자의 후회buyer's regret에서 충동 범죄에 이르기까지 많은 어리석은 결정들은 잘못된 대상에 집중하는 데서 야기된다. 인간은 상당한 잠재적 이득이 있거나 특정 대상의 중요성이 매우 커진다고 해도 손실을 피하는 쪽으로 움직이는 경향이 있다. 이는 우리들이 이득보다 손실을 먼저 생각하기 때문이다. 또한 실제 경험보다는 자신의 평가에 선택의 기반을 둔다. 그리고 우리가 오늘 집중한 대상이 멋진 것이든 끔찍한 것이든 관계없이 후회하는 경향이 있다. 그것에 곧 익숙해지기 때문이다. 이런 태생적인 특징에 더해 우리의 몰두 주목 능력은 그 어느 시대보다 수없는 제품들과 서비스, 끊임없이 울려대는 개인용 휴대기기들의 습격까지 받고 있다. 우리는 중요한 결정들을 내릴 때 우리의 제한적인 주목 능력이 이끄는 방향을 고려하게 된다. 때문에 우리의 삶은 우리가 선택한 대상의 합으로 이루어지며 우리의 정신적 에너지를 가치 있게 사용하는 선택들을 해야 한다는 사실을 깨달아야 한다.

09 | 창조성의 원천

디테일을 보는 눈

나는 동물들을 보고 듣습니다.
진정으로 그들을 느끼고,
그래서 그들의 이야기를 들을 수 있습니다.

_ 마리 엘렌 혼세이커

마리 엘렌 혼세이커Mary Ellen Honsaker의 들쥐를 그린 작은 스케치에는 털 한 가닥까지 자세히 묘사되어 있다. 이 그림은 윌리엄 제임스의 주목 능력을 높이는 간단한 실험을 떠올리게 한다. 먼저 벽이나 종이에 점 하나를 찍고 거기에 집중한다. 즉시 이런저런 생각이 떠오르게 될 것이다. 그러고 나서 점에 대해 크기, 모양, 색 등을 질문해본다. 그리고 그와 관계된 것들을 연상해보라. 점에 대한 실존적 연민이 될 수도 있고, 점이 양이고 종이가 음이라는 생각을 할 수도 있다.

혼세이커의 미세 주목

일단 이런 숙고의 과정을 겪게 되면 한동안 우리들은 평소 무시하고 지나칠 법한 사소한 표식들에도 집중할 수 있게 된다. 사소한 대상을 포착하고 그것을 계발하는 이런 관찰력은 창조성의 초석이 된다. 윌리엄 제임스는 이것이 천재성이 발현되는 곳이고, 이런 능력을 지닌 사람이 선택한 주제는 곧 눈부신 발전을 이룩할 것이라고 말한다.

혼세이커의 능력은 그녀가 집 마당의 들쥐나 근처 옐로우스톤의 엘크, 회색곰, 늑대 등 야생동물을 전문적으로 그려왔기 때문만은 아니다. 혼세이커는 창조성이 발현되는 각각의 단계에 경험을 조직, 강화, 제한하는 특정한 방식으로 주목을 사용한다. 그림을 그리기 시작하면, 그녀는 먼저 적절한 서식지에 있는 동물에 주목한다. 이는 아프리카 여행을 의미하는 경우도 있다.

"나는 동물들을 보고 듣습니다. 진정으로 그들을 느끼고, 그래서 그들의 이야기를 들을 수 있습니다."

혼세이커는 들판에서 그릴 대상의 가장 중요한 모습에 집중하고 재빨리 그들을 러프 스케치나 사진, 혹은 기록으로 남긴다. 화실로 돌아와서 그녀는 이런 생생한 관찰을 동물들과 작품과 함께한 일생의 경험으로 녹이고, 대상을 묘사할 만한 최상의 방법(파스텔화, 페인트화, 때로는 소묘)을 생각한다.

창조성이 발현되는 순간

고대 그리스의 뮤즈muse 개념에서부터 창조론에 이르기까지 고대부터 창조성은 신성과 연결되어왔다. 세속화된 현대 사회에서도 창

◀ **뮤즈**
그리스 신화의 무사이 여신들. 예술과 영감을 수호하는 여신들은 현대에는 '뮤즈'로 더 잘 알려져 있다. 이런 전통 아래에서 '영감'은 노력의 결과라기보다 타고난 천재성이라는 낭만적인 단어로 포장되곤 한다.

조성은 대개 '재능'이라는 단어로 낭만적으로 포장된다. 자질은 분명 중요하다. 이것이 대상을 고도로 표적화하는 능력이며, 기준선 바깥에서 새로운 선택지를 찾아내는 다양성과 문제에 대한 논리적 해결책을 추구하는 지식에 기반한 전환적 사고의 시작점이기 때문이다. 지식, 동기, 훈련, 지적 능력, 자신감, 모험심과 함께 창조성은 대부분의 잠재적인 아이디어들부터 의식적이고 선택적인 깨달음에 이르기까지 주목을 불러일으킨다.

창조성은 또한 두 종류의 주목과 연관이 있다. 목표 대상에 즉시적으로 주목하여 영감의 불꽃이 열정적인 작품으로 개화하게 한다. 브람스, 라벨, 바르톡 같은 위대한 작곡가들은 주요 오케스트라 작품의 악구를 작곡할 때 대중 음악이나 민속 음악 등에서 영감을 찾아내곤 했다. 제임스의 점과 같이 특정 멜로디가 잠재성을 끌어내면 사고가 발전되고, 윤색된다. 긍정적인 감정 수준이 증폭하고, 이는 말 그대로 주목 범위를 확장시키고, 당신이 하고 있는 작품에 더 많은 영감을 준다. 창조적 행위가 행운의 순환 과정을 겪는 것이다. 이런 창조적인 정신은 '엄청나고 독창적인 연상'으로 가득하게 되며, 이는 '아이디어의 싹을 멋진 꽃으로 개화'시킨다.

아인슈타인이 상대성이론을 발견했을 때, 미켈란젤로가 시스티나 대성당의 스케치를 구상했을 때를 상상해보자. 우리는 이런 위대한 창조자들이 어느 순간에 세상을 바꿀 만한 아이디어에 주목해 숨을 멈췄을 것이라고 상상할 것이다. '유레카'의 순간 말이다. 그러나 이런 순간에는 반드시 오랫동안 그 주제에 대한 몰두가 선행된다. 이는 예술이든 과학이든, 비즈니스든 정치든 마찬가지이다. 토머스 제퍼슨이 혁명적인 미국 독립선언서를 일필휘지로 쓴 것은 존 로크의 이론을 낱낱이 공부하고 인간의 권리에 대해 수년간 고뇌한 끝에 탄생한 것이다.

혼세이커의 살아 움직이는 피사체들을 생각해보면 그녀의 집이 화가의 아틀리에라기보다 세 마리의 개와 한 마리의 고양이가 있는 시골 농가 같다는 것은 놀랍지 않다. 장작난로와 2개의 청동 토끼 조각상들 사이에 앉아서 그녀는 자신의 창조적인 삶에서 주목의 역할에 대해 말했다. 그리고 무심코 경험과 삶의 질에 미치는 주목의 영향에 대해 묘사했다.

창조성이 발현될 때 머릿속에 일어나는 일에 대해서는 누구도 정확히 알지 못한다. 그러나 작품이 잘 되어갈 때 혼세이커는 몰두 주목이 작동하는 것을 느낄 수 있고, 그것은 일상적인 경험과는 정말 다르다고 말한다.

"예술적 영감이 일어나면, 모든 것들이 순식간에 사라져버립니다. 내가 해야 할 다른 일들은 다 잊어버리게 되지요. 압박감은 없습니다. 식사 시간을 잊어버리는 경우도 있고, 새벽 2시라는 사실도 잊어버리지요. 하지만 지치지는 않습니다. 영감과의 접촉은 매우 자유로운 기분을 줍니다."

집중과 자유로움의 연계는 창의적인 경험을 할 때 뇌의 제동장치가 풀리고, 마음이 느슨해진다는 사실을 떠올리게 한다. 존스 홉킨스 병원의 이비인후과 전문의 찰스 림브Charles Limb는 아마추어 재즈 색스폰 연주자이다. 그는 6명의 피아니스트들이 키보드를 연주할 때 fMRI로 그들의 뇌를 촬영했다. 그들이 즉흥적으로 연주할 때도(모든 종류의 창조성의 핵심이다) 연주자들의 뇌는 '눈앞의 상황과 분리되어' 움직였다. 이는 다른 말로 존zone 현상이라고도 표현되는 상태이다. 자기감찰self-monitoring이나 억제와 관련된 신경 활동은 감소했고, 새로운 자극과 아이디어를 처리하는 능력은 증가했다. 그러나 스탠더드 곡standard tune을 연주할 때 연주자들의 뇌는 앞의 상황과 같이 반응하지 않았다. 림브는 음악 연주 외에 대화 같은 다른 활동에서도 즉흥적인 일이 일어날 때 뇌의 반응이 즉흥곡을 연주할 때 뇌의 반응과 같은지 살펴보기로 했다. 그는 예술가가 아닌 보통 사람들에게서 그 가능성을 살펴보기로 했다.

지금까지 아인슈타인이나 바흐, 셰익스피어, 그리고 다른 창조적인 사람들의 뇌처럼 특별한 재능을 타고난 뇌는 많은 추측을 낳았다. 특출난 재능은 표현력에만 발현되는 것이 아니다. 작품의 수만 해도 그들의 엄청난 주목 능력을 알 수 있다. 〈코시 판 투테〉의 멋진 삼중창 '바람아 잔잔하라soave sia il vento'를 들을 때 우리에게 들어오는 자극은(겹겹이 놓인 미에 대한 자극) 하나의 정신이 수없이 많은 일들을 동시에 처리할 수 있음에 경이로움을 느끼게 한다.

주목적 측면에서 엄청나게 뻗어 있는 모차르트의 뇌 네트워크는 그에게 별다른 노력 없이 정보에 주목하고 정보를 흡수하게 해주었다. 또한 대부분의 사람들이 한 번에 하나씩 순차적으로 일을 처리하는 데 반해 그는 수많은 복잡한 일들을 동시에 처리할 수 있었다. 그는 엄청나게 넓은 범위를 바라볼 수 있었고, 그중에서 다른 노이즈들을 누르고 올라온 승리자들을 찾아낼 수 있었다. 즉 모차르트의 뇌는 평균적인 뇌보다 더 많은 대상들을 동시에 표현해낼 수 있었기 때문에 영감을 주는 재료들을 더욱 많이 정교하게 가다듬고, 더 크고 깊이 있는 현실을 만들어낼 수 있었던 것이다.

마음충만의 기술

창조성은 대부분 예술과 연관된 것처럼 여겨진다. 그러나 하버드 대학교의 심리학자 엘런 랭어Ellen Langer는 지난 30여 년 동안 창조성을 주요 주제로 삼아 인간의 행동연구를 진행해왔다. 그녀가

1979년에 시행한 독창적인 실험은 상황에 대해 마음의 힘이 얼마나 중요한지 보여주는 놀라운 실험이다. 먼저 랭어는 잡지, 신문, 음악 등 완벽하게 1959년을 재현한 공간을 만들었다. 그리고 나이 든 피험자들이 그 공간에서 일주일을 지내고 난 후 인터뷰를 시도했다. 그러자 놀라운 반응이 일어났다. 나이 든 피험자들이 20여 년 전에 자신들이 했던 생각, 행동, 말을 그대로 하기 시작한 것이다. 게다가 피험자들은 한 주 동안 자신들의 풋내기 시절을 떠올리는 것만으로도 눈에 띄게 젊어졌다. 단지 기운찬 태도만이 아니라 생리적으로도 변화가 일어났다. 피험자들의 허리가 꼿꼿이 펴지고, 몸이 유연해졌음이 의학적으로도 검증되었다. 나이가 들면서 짧아지는 손가락도 길어졌다.

심리학 실험 중에는 지금까지 이런 외견상의 이미지를 측정하는 실험이 고안된 적은 거의 없다. 있다 해도 랭어보다 훨씬 섬세하지 못하다. 랭어는 평범한 심리학자가 아니다. 수년간 그림을 그려온 그녀는 예술가적인 관점에서 학습, 건강, 일, 그리고 창조성에 이르기까지 '마음충만mindfulness'이나 목적적인 주목이 영향을 미친다는 데 대한 연구를 해왔다.

사람들이 주목에 대해 통계적이고 빈약한 이해를 가지고 있지 않다면 마음충만이라는 용어도 반드시 필요하지 않다. 수년간 그녀는 다양한 종류의 학교에서 아이들과 선생님들에게 간단하지만 효과적인 질문 한 가지를 해왔다. "선생님들이 아이들에게 '주목해라' '집중해라' '주의를 기울여라'고 말할 때 그 의미는 무엇일까요?" 예외 없이 대답은 '특정 대상에 시선을 유지하는 것'이었다. 즉 대부분의 사람들은 주목을 일종의 정신적인 카메라라고 생각하고, 특정 주제나 물체에 관심을 한정하는 행위라고 여겼다. 이런 인식은 랭어에게 두 가지 중요한 결론을 주었다. "아이들은 집중력 문제를 겪게 되면 선생님들이 시킨 일을 그대로 한다. 문제는 잘못된 지도이다."

이런 식의 고정적이고 좁은 시각의 주목 개념과 달리 윌리엄 제임스의 점 실험이나 활발히 움직이는 피사체를 관찰하고 아틀리에에 와서 그때의 경험을 상기하는 혼세이커의 방식이 보여주는 창조적이고 내재적인 주목 방식은 공식적인 기준에 따른 숙련도를 얻어낼 수 없을지는 몰라도 '개인의 르네상스'를 불러올 수 있다.

관습화된 관념과 전문가의 함정

공공교육 과정에서는 첫 해부터 창조성의 근본이 되는 포괄적이고 호기심 많은 주목 상태를 억제하는 교육이 진행된다. 아이들의 역동적인 주목 능력은 점점 사라지고 눈앞에서 진행되는 일에만 관심을 가지게 될 때 일어나게 될 일은 매우 가슴 아픈 일이 아닐 수 없다. 2학년이 되면 아이들은 "배에 26마리의 양과 10마리의 염소가 타고 있어요. 총 몇 마리인가요?" 같은 주어진 문제에 대해 답하는 법을 배우게 된다. 일반적인 학급에서는 90퍼센트가량의 아이들이

"36마리요"라고 대답한다. 문제가 이해되지 않는다고 지적하는 아이들은 아무도 없다. 이에 반해 보다 덜 정형화된 교육을 받고 사고방식 중심의 교육을 받는 아이들은 3분의 1정도가 문제에 이의를 제기한다. 하버드 대학교에서 강의를 하면서 랭어는 전형적인 지식 중심의 교육이 학생들의 혁신적인 사고방식을 억압하지 않도록 노력한다. "시험 답안을 채점하면서 나는 학생들이 해야 하는 대답보다 자신들이 말하고자 하는 것을 썼기를 기대합니다."

랭어는 완전하고 특별한 내면적 주목이 성인들의 창조성과 어떤 관계를 맺고 있는지에 대해 알려주는 작지만 멋진 실험을 했다. 먼저 그녀는 피험자들에게 낯선 물체를 보여주었다. 그러고 나서 한 그룹에게 "이것은 강아지가 씹고 노는 장난감입니다"라고 말했다. 다른 그룹에게는 그 물체가 무엇인지 각자 생각하게끔 했다. "이것

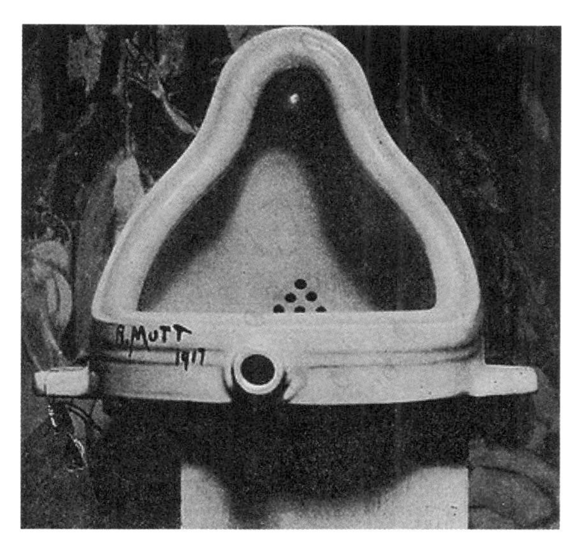

◀ **뒤샹의 〈샘〉**
이것은 정형화된 관념에서는 '변기'이다. 그러나 뒤샹이 〈샘〉이라는 이름을 부여하고 전시장에 가져다놓음으로써 더 이상 단순한 변기가 아니게 되었다.

은 강아지가 씹고 노는 장난감이 될 수도 있겠지요"라는 식이다. 두 번째 집단의 참가자들은 첫 번째 집단의 참가자들에 비해 이 '씹는 장난감'을 다른 목적으로 사용하였다. 두 번째 집단의 독창적인 요리사들은 그것을 새로운 요리법의 시발점으로 삼았고, 이는 규칙 위에서 다양성을 만들어내게끔 하는 다른 교육의 예시가 되었다. 반대로 매우 세부적인 부분까지 지정된 매뉴얼을 무조건 따르는 것은 '얼음 위에서 조개가 자란다' 같은 창조적인 생각을 차단하고, 영감과 혁신을 몰아내게 한다.

활발하게 주목을 운용하는 능력을 연구한 이후, 랭어는 교육기관과 관습에 의해 억눌린 내면 주목의 실체를 밝히고 몇몇 교육적 신화들을 깨뜨렸다. 첫 번째는 현상을 유지하도록 하는 지배적인 몇몇 기본 법칙들에 대한 관념이다. 즉 어떤 일을 처리하는 특정한 방식이 의문의 여지없이 받아들여지고 나면 그것은 제2의 천성이 된다. 이런 아무 생각 없는 태도에 대해 일상적인 예를 든다면 대부분의 사람들이 오른손잡이임에도 포크는 항상 접시의 왼쪽에 놓여 있다는 것을 생각해볼 수 있다. 우리는 더 중요한 문제들, 인생의 의미에 있어서도 특정한 대상이 의미하는 바에 대해 한 가지 정형화된 방식을 묵인하고 받아들인다. 이는 우리들이 현실을 처리하지 못하고, 자동적으로 반응하게 되며, 더 나은 방식, 자신만의 방식으로 할 수 있는 새로운 아이디어를 차단한다.

자신만의 르네상스가 그림을 그리는 것이든 우쿨렐레 연주를 하는 것이든 우리는 재능 있는 전문가만이 그 일을 하는 데 대한 올바른 단 한 가지 방식을 알고 있다는 신화에 직면하게 된다. 랭어는 처음 그림을 그릴 때 자신이 관습적으로 정확하다고 여겨지는 말의 스케치를 그리지 못하고 좌절했다. 그러나 곧 그녀는 예술의 역사를 낱낱이 조사했고, 결국 비격식과 일탈에서 수많은 다양성이 탄생했음을 발견했다. "그림이든, 정원 가꾸기든 모든 것은 다른 방식으로 탄생하기 전에는 모두 같다. 당신은 그것을 할 수 있다. 단지 하는 방법을 모르고 있을 수는 있다. '내가 할 수 있을까?'가 아니라 '어떻게 할까?'라고 물어라."

평가는 내면의 몰입과 창조성으로 가는 길의 주요 장벽이기도 하다. 플루트를 연주하거나 휴가 초대장을 만드는 과정에 집중하는 대신 당신은 '완벽하지 않으면 어쩌지'라는 우려에 짓눌릴 수 있다. 랭어에게 결함이나 실수는 나쁜 것도, 그렇다고 좋은 것도 아니다. 단지 '그저 그렇게 했을 뿐'인 사실이다. 경험보다 평가에 집중하게 만들기 때문에 칭찬은 비난만큼 좋지 않다.

생각 없이 받아들이는 관습화된 개념들은 우리의 창조성을 무디게 만든다. 예를 들어 흔히 망각은 항상 실수이거나 문제라고 여겨진다. 그러나 사실 망각은 우리들에게 새로운 경험을 안겨주기도 한다. 실제로 미 국립정신의학협회의 행동신경과학의 선구자 폴 매클린Paul Maclean은 신경구조학적으로 경험이 기억에 모두 완전히 저장될 수 없는데 이는 인생에서 기쁘고 놀라운 일을 만들어내며 이것이 유기체의 매력이라고 생각한다. 이와 유사하게 우리는 한 가지 대상에만 집중하는 것이 항상 최선이고 집중을 방해하는 노이즈들은 좋지 않다고 생각한다. 그러나 대상과의 연결고리가 끊어지는 것이 때로 새롭고 흥미로운 발견을 이끌기도 한다. 작품이 잘 되지 않고 좌절해 있을 때에 대해서도 혼세이커는 "그것도 역시 좋을 수 있습니다. 다음 날 아침 나는 여전히 그곳에 있는 문제를 바라보고 새로운 것을 시작합니다"라고 말한다.

40여 년 동안 혼세이커는 작품에 집중력을 유지하고, 창조성에 장애물이 되는 것들을 다루는 법을 배워왔다. 이는 긴 과정이었다. 그녀는 야생의 피사체들을 항상 캔버스 위에 끌어낼 수 있었지만, UCLA에서 공부하는 동안 당대 유행이던 추상 미술에 빠지기도 했다. 그러나 졸업 후 그녀는 파스텔이라는 자신에게 완벽히 적합한 도구를 찾아내고, 샌디에이고 동물원에서 동물에 관한 강의를 하고, 비영리환경단체인 오듀본Audubon Society에서 일을 하면서 록키 산맥을 돌아다니게 되었다. 그리고 자신이 원하는 예술가적 삶이 무엇인지를 깨달았다.

"피카소와 나는 둘 다 쥐를 그릴 수 있지요. 하지만 우리들은 각기 다른 부분에 주목하게 될 것입니다. 두 마리의 쥐는 완전히 달라 보이겠지요."

모든 것이 창조적인 삶의 원천이 된다

혼세이커의 작업실에서 주목을 찾아내고 활발하게 운용하는 것은 그녀가 추구하는 제2의 천성이다. 작은 소읍에 살고 있는 그녀는 곧은 자세와 엄숙한 표정, 그리고 은발이 매우 인상적인 여성이다. 그녀는 마을 아이들의 사서이자 이야기꾼, 화가로 유명하다. 이에 더해 그녀는 자신의 통나무 교회에 장애인들이 음식을 키우고 관리할 수 있는 정원을 만들고, 지역민들이 스스로 생산한 것을 사고파는 그린 마켓을 열었다. 매주 200마일 거리를 왕복하며 마켓에 필요한 재고들을 비축하면서 그녀는 이것 역시 창조적이고 몰입하는 활동이라고 말한다. 특히 작업실에서 혼자 보내는 시간이 많은 그녀 같은 사람에게 이런 활동적인 요소는 매우 중요한 일이라고 대답한다.

이상적인 세상에서 그림을 그리고, 춤을 추고, 새로운 요리를 만들 때 강화된 몰입 상태는 당신의 기준 환경이 될 것이다. 창조적인 순간만이 아니라 모든 순간 당신이 행동하는 방식에 대해 말이다. 랭어는 우리가 무엇을 하든 언제나 충만하게 지낼 수 있다고 생각한다. 그녀의 관점에서는 충만한 정신을 위해 반드시 따로 시간을 내어 심신을 가다듬을 필요는 없다. 결국 이는 탈명상적인postmeditative 마음충만mindfulness 상황을 유발하도록 고안된 행위이다. 이런 방식은 의식적인 명상 추구 행위가 아니라 단순히 내면의 주목을 실행하는 것으로 쉽고 재미있고 즐겁다. 그리고 행복하고 효율적이고 건강하게 살 수 있는 근원이 된다. 일상적인 일이 사소한 일은 아니라는 점을 우리는 쉽게 간과하곤 한다.

자동차 안에 열쇠를 두고 차 문을 잠근다든가 가스레인지를 끄고 나오지 않는다거나 무언가를 놓고 나온 것 같다는 징후들은 우리가 주목 상태 혹은 창조적인 상태에서 벗어나 자동조종autopilot적인 상태로 변환되었음을 의미한다. 랭어는 자동반사적, 피동적으로 반응하는 것을 깨닫지 못하는 것도 문제의 일부라고 지적한다. "이곳에 존재하고 있다는 것을 인식하지 못한다면, 실제로 이곳에 있는 것이 아닙니다."

그녀에게 있어 피동적 상태mindlessness는 생산적인 상황이거나 환경의 변화가 없는 상황으로 이해된다. 그러나 이런 것들 중 어느 것도 사전에 알 수 없다. 때문에 언제나 완전한 집중 상태가 되는 것이 좋다. 몰입이 생의 모든 순간을 온전히 느낄 수 있게 하는 방식이라는 것을 깨닫게 된다면, 그렇지 않은 순간 무엇인가가 제대로 되어 있지 않다는 것을 알리는 경고음이 울리게 될 것이다. 즉 당신은 아무 생각 없는 피동적인 상태로 이행하고 있음을 느낄 수 있게 된다는 말이다. 그리고 이는 마음충만 상태와 피동적 상태 양측을 잘 알수록 더욱 잘 느끼게 될 것이다.

심리학자들은 '행복'이라는 단어보다 '웰빙'이라는 단어를 더욱 즐겨 입에 담는데 그것이 어떻게 불리든 랭어는 '마음이 충족되는 방식'이라고 말한다. 행복이든 웰빙이든 이와 관련해 다양한 분야에서 이루어진 다양한 연구들은 이제 그것의 긍정적인 변화와 영향력을 측정하고 있다. 랭어는 마음충만이 만병통치약처럼 생각되는 것에는 반대하지만 그것이 진정성, 창조성, 영적 성장, 인간적인 카리스마를 이끌어내는 근원이라는 것은 믿고 있다.

창조성을 이끌어내는 많은 근원들 중 주목은 가장 중요한 요소 중 하나이다. 당신의 표현 형태가 요리를 만드는 것이든, 방을 꾸미는 일이든, 시를 짓는 일이든 주제에 대해 활발하게 탐구적으로 집중해야 하며, 지식을 얻고 대상을 진정으로 습득하는 기술을 발전시킬 때까지 장기적으로 그 일에 몰입해야 한다.

'단 한 가지 옳은 방식'이나 '전문가가 가장 잘 안다'라는 식의 창조성을 억압하는 생각과 태도는 아직도 수많은 학교와 교육기관에 만연되어 있다. 이에 대한 최고의 무기는 활기차게 탐구하고 호기심을 지니고 진지하게 몰입하는 것이다. 몰두 주목을 사용하게 되면 정신이 상승하고 인지 범위와 창조적 잠재력이 확장된다. 그리고 진정한 개인적 르네상스로 한 걸음 더 다가가게 될 것이다.

옮긴이 주 | 랭어의 마음충만Mindfulness 상태는 기존에 마음챙김, 주의 집중 등 다양한 언어로 번역되어 왔으나 현재까지 우리나라에서는 뚜렷한 합의가 이루어진 단어는 아니다. 때문에 본문에서 설명하고 있는 문맥에 맞추어 번역했음을 알려드린다. 마음충만 상태와 대응되는 자동반사적이고 있는 상황과 상식을 그대로 수용하는 의미의 부주의 상태, 혹은 아무 생각이 없이 반응하는 피동적 상태Mindlessness 역시 뚜렷한 합의가 도출된 용어가 아니기에 본문에서는 문맥에 맞게 번역하고 원문을 병기하였다.

10 | 몰입 중단

집중력과 산만함에 관한 편견들

잡념은 창조력의 어머니다

_ **조너선 스쿨러**

하루 종일 우리들은 외부 세계와 내부 세계를 이해하고, 자아를 지탱하고, 사랑하고, 일하는 데 주목을 사용한다. 퇴근길 자가용에서 라디오 뉴스를 들으면서 아침에 어머니에게 전화를 걸지 않은 것에 약간 죄책감을 느끼고 동시에 쇼핑 목록을 모두 생각해내지 못한다면 우리는 집중이 정교한 레이저 기계 같은 것이 아니라 금방 허물어질 것 같은 루브 골드버그Rube Goldberg의 기계미국의 시사만화가 루브 골드버그가 그린 만화로 '시덥지 않은 결과를 얻기 위해 최대의 노력을 기울이는 조직과 인간'을 풍자하는 온갖 장치를 묘사했다-옮긴이 같다는 생각을 하게 될 것이다. 산만하게 보내는 시간이 더욱 많아진다고 불평하는 사람들이 늘어가고 있다는 것은 시대의 급격한 변화를 반영한다.

기억력 챔피언의 비밀

10년이 채 되지 않는 기간 동안 컴퓨터와 인터넷, 휴대전화, 블랙베리 등의 기계들은 우리의 신체 일부가 되어 무수하게 많은 정보와 엔터테인먼트 자료들에 쉬지 않고 주목하게 만든다. 이런 기술적인 노다지들은 우리가 주목할 대상들을 팽창시키며, 잠재적으로 한정된 재원을 고갈시킨다. 우리의 사랑스러운 기계들이 우리를 미치게 한다든가(일반적), 우리의 집중력을 무너뜨리고 있다는(일부) 등의 널리 퍼진 통탄들은 실상 이보다 더욱 복잡하다. 주목과 기억의 상호작용 혹은 정보의 저장과 기억, 정보와 기술을 능숙하게 이용하는 훈련 방법 등에 대한 이론들은 그에 대한 올바른 관점을 제공해준다.

인간의 정신 생태계에 대해 스콧 해그우드Scott Hagwood보다 더 뼛속까지 이해하는 사람은 아마 거의 없을 것이다. 그는 2001년 이래 4년간 미국 기억력 대회에서 우승했다. 그는 수많은 이름과 숫자들을 거의 완벽하게 기억해내며, 심지어 50행의 시조차 완벽히 암기한다. 이 인지계의 서러브래드의 훈련법은 단순하지만 멋지다. 일반적으로 이웃의 이름이나 레스토랑의 위치 등을 기억하려면 우리들은 그 대상에 집중한다. 그렇지 않으면 정보는 장기 기억 속에 저장되기는커녕 단기 기억에도 저장되지 못한다. 그러면 이웃에게 말없이 인사를 건네거나 다음 주유소의 위치를 묻고 또 묻게 된다.

때로 주목은 하나의 과정이다. 해그우드는 이에 대해 "정도에 따라 다르다. 예를 들어 지금 나는 컴퓨터 모니터를 보고 동시에 부드러운 콧노래에 귀를 기울인다. 그리고 커피 한 모금을 마신다"라고 예를 든다. 그는 편안하게 일을 할 때 몰두 주목이 발현된다고 말한다. 그러나 이때 몸과 마음이 편안한 상태와는 달리 언어 근육은 강화된다.

“주목의 힘을 취하면, 관계없는 잡생각들은 한쪽으로 치워지고, 주목 대상에 완전히 집중할 수 있게 됩니다. 기억력이 극대화되면 몰입력 또한 자연스럽게 강화됩니다. 직장에서 저는 알람을 맞추곤 합니다. 지나치게 몰두하면 알람 소리를 들어야만 그날 해야 할 다른 일을 할 수 있으니까요.”

마구 널려 있는 한 벌의 카드를 1분이 안 되는 시간 동안 제자리에 돌려놓는 것 같은 기억력 챔피언의 작품들은 목표 대상을 선택하고, 강화하는 주목의 기본 메커니즘의 정석을 보여주며 경쟁자들을 물리친다. 그는 이를 해내기 위해서는 산만한 대상은 모두 치워버려야 한다고 강조한다. 휴대전화의 전원을 끄는 것에 대해서만 말하는 것이 아니다. 세계 챔피언십은 60여 명의 참가자가 있는 공간에서 이루어지기 때문에 참가자들은 주변의 소음을 차단하기 위해 귀마개를 착용하기도 한다. 시각적 방해물들을 없애기 위해 선글라스를 착용하는 참가자도 있고, 자신의 움직임 외의 다른 대상들을 바라보지 않으려 벽을 바라보고 앉는 참가자들도 있다. 기억에 있어서 집중을 유지하는 것이 얼마나 중요한지 보여주는 예이다.

주목과 기억, 학습을 위한 이 챔피언의 정신적인 노력은 텔레비전 쇼에서 106명의 방청객들의 이름을 외우는 암기 과정에 대한 설명에서 알 수 있다. 그는 이름을 들으면서 그 사람에게 손짓을 함으로써 새로운 정보와의 강력한 연계를 만들고, 그것을 그가 이미 알고 있는 누군가와 연결시킨다.

"엄청나게 주목이 강화된 순간이었지요. 잠시 후에 방청객들은 정말 조용해졌습니다. 나는 그들에게 '침묵이 손에 잡히는 것 같군요. 여러분은 지금 집중을, 주목을 보고 있습니다. 여러분들이 내게 주었지요. 좀 무서울 지경이지요'라고 말했습니다. 한 여성이 대답했어요. '정말로 당신은 주목을 눈으로 보고 있는 것 같아요. 매우 놀라워요.' 그들은 제가 하고 있는 것을 거울처럼 반영하고 있었습니다."

딴생각의 힘

스콧 해그우드가 주목-습득-기억 스펙트럼의 한 끝에 위치한다면 일반적인 미국인들은 그와 반대의 스펙트럼에 자리하고 있다. 그러나 기억력 증진에 대한 폭발적인 관심에도 불구하고 최근 연구들은 일반적인 주의력 부족이나 건망증이 주의력결핍장애나 알츠하이머의 초기 증상이 아니라 보편적인 현상이며 때때로 정신 현상에 이득을 준다고 말한다.

온전한 뇌를 가지고 있는 사람들은 집중력에 이상이 없지만, 이중 어떤 사람들은 다른 이들보다 훨씬 더 잘 집중한다. 집중 능력과 특성에 대해 사람들을 종형곡선으로 표현해보면 대부분의 사람들은 중간이나 약간 아래쪽에 분포하게 될 것이다. 가장 꼭대기에는 세계 챔피언 급의 집중력 소유자들이, 그리고 맨 아래에는 집중력 장애를 겪는 사람들이 위치할 것이다.

노스웨스턴 대학교의 신경과학자 마셀 메설럼은 아직 무엇이 집중 능력의 차이를 만들어내는지 알아내지는 못했다고 말한다. 어떤 사람은 체스를, 어떤 사람은 수학을, 어떤 사람은 바이올린에 재능을 지니고 있다. 이처럼 무엇이 사람마다 다른 재능을 지니게 하는지 모르는 것과 마찬가지이다. 천재와 보통 사람을 가르는 차이에 대해서는 거의 밝혀진 바가 없다. 집중력 장애 역시 음치나 시적 재능이 없는 것과 다르지 않다. 서구 사회에서는 집중력을 중요하게 여기기 때문에 사람들은 주의력결핍장애에 대해 일상적으로 관심을 가진다. 그러나 누구도 노래 실력이나 사냥 능력을 평가하지 않는다. 누구나 가지고 있는 재능도 아니며 누군가는 이런 부분에 아주 재능이 없지 않은가.

두 가지 주목 방식에 대해 윌리엄 제임스는 마음을 궁수의 목표물에 비유했다. 어떤 사람들은 자연적으로 과녁의 정중앙에 집중하는 법을 타고난다. 이들은 대상에 깊게 빠져든다. 그 순간 주변의 장애물들은 차단되고, 다시 현실 세계로 돌아올 때까지 그들은 외부의 현실 세계를 잃어버린다. 그러나 이와 반대로 어떤 이들에게는 과녁의 바깥 고리가 유성우처럼 이미지들이 쏟아지는 듯 보이기도 한다. 무작위로 떠오르는 이런 이미지들은 과녁 중앙에 집중하지 못하게 만드는 장애물로 생각을 여러 방향으로 이끈다. 이런 사람들은 매분 주목을 이리저리 흩트러뜨리는데, 때문에 자발적으로 주목을 끌어와야 한다.

흔히 명민한 사람들은 목표 대상에 쉽게 집중한다고 여겨지지만 제임스를 비롯한 주목 연구자들은 이에 의문을 제기한다. 그는 하버드 대학교의 동료들 몇몇을 생각하면서 과녁 정중앙을 조준할 줄 아는 집중력이나 주변부의 잡다한 것들에 마음을 빼앗기는 것 둘 다 그 자체로 반드시 좋거나 나쁜 것은 아님을 명확히 했다. 그가 아는 효율성이 뛰어난 사람들 중에는 산만한 사람들이 제법 있다. 그 이유는 자신의 모든 능력을 조화롭게 이용하는 개인의 종합적 정신 효율성 때문이다. 주목이 전부가 아니라 개인의 욕망과 열정의 힘도 중요하다. 즉 태생적으로 주목 능력을 타고났지만 동기가 덜한 사람과 비교하여 대상에 대해 실제로 애정을 가지고 있는 사람들은 쉬지 않고 자신들의 끊임없는 호기심을 충족하고 처음부터 마지막까지 그 대상과 함께하며 결국 더 나은 결과들을 얻어낸다.

주목 능력에 대해 일반적인 차이가 존재하듯이 일반적인 주목 문제들도 존재한다. 멍한 상태 때문에 일상생활에서 어려움을 겪는 사람은 비단 천재 과학자만이 아니다. 예전에 지나간 적이 있는 고속도로 인터체인지로 운전할 때는 뜬소문들을 생각해내거나 라디오에서 나오는 옛노래를 따라 부른다고 해도 시공간을 조직하기 위해 적절히 주목을 사용하는 데 문제를 겪지 않는다. 만약 휴대전화를 놓아둔 장소를 기억해낼 수 없다면 그것은 휴대전화를 놓아둘 때 다른 대상에 한눈을 팔고 있었기 때문일 것이며 그 때문에 정보가 적절히 기억 속에 저장되지 않았거나 혹은 저장된 정보를 마음대로 기억해내지 못하는 것이다.

해박한 지식을 자랑하는 교수들을 보면 멍한 상태는 개인의 일반적인 기억력과는 거의 관계가 없는 듯 보인다. 위안이 되는 것은 특별한 노력 없이 주목하고 습득되는 일도 있다는 것이다. 동사활용법을 암기하는 것처럼 집중하고 노력하여 습득되는 종류의 일도 있지만 자신도 모르는 사이 서서히 머릿속으로 침투하여 그냥 아는 일도 상당히 많다. 예를 들어 꽃의 목록을 보고 붉은색 꽃을 골라보라고 하면 단순히 이름을 듣고 암기하여 기억해낼 때보다 더 많은 것을 기억해낼 수 있다. 그러나 무의식적 습득이 그 대상에 주목하지 않았음을 의미하는 것은 아니다. 단지 의도적으로 주목 과정을 겪지 않았음을 의미할 뿐이다. 실제로 이런 과정은 갑작스러운 깨달음의 순간만큼 우리가 문법적으로 말을 하는 데서부터 운동을 하는 것에 이르기까지 매우 복잡한 실생활의 기술을 습득하는 데 모두 작용된다.

뇌가 생각보다 더 많은 시간 잡생각을 하고 있음을 시사하는 최근의 연구 결과들은 언뜻 나쁜 소식처럼 들린다. 브리티시 컬럼비아 대학교의 심리학자 조너선 스쿨러Jonathan Schooler는 우리가 책을 읽을 때조차도 의식하지 못하는 사이 그 시간의 15퍼센트에서 20퍼센트 정도 다른 몽상을 한다는 것을 밝혀냈다. 고교생과 대학생을 대상으로 한 연구에서도 과제를 하는 동안 그 시간의 절반에서 3분의 1 정도를 제각기 다른 것을 생각하고 있다는 결과가 있다.

일반적인 믿음과 달리 딴생각이 효율성과 창조성, 삶의 질을 증진시키는 뇌의 기본 기능 중 하나라는 증거는 많다. 특정한 대상에 주목하지 않고 있을 때, 우리의 뇌는 (여전히 풀리지 않는) 디폴트 상태를 유지하며 바쁘게 움직인다. 이런 기본 상태에서 일을 할 때 상대적으로 조용히 있는 상당 부분들이 활성화되기 시작한다. 몽상을 할 때 뇌의 기본 네트워크가 활성화되며, 정신적 작용을 수용하는 기능을 하는 학습에 필요한 예측이 활발히 이루어진다.

이른바 하고 있는 일에 집중하지 못하는 것은 큰 문제인 것처럼 들리지만 이는 때로 우리를 더욱 생산적으로 만들어주기도 한다. 무엇보다도 걷고 운전하고 바닥을 닦는 등 많은 주목이 필요하지 않은 일들을 할 때 우리의 사고는 주말 계획, 저녁 식사 메뉴, 혹은 자신의 가족을 모델로 한 지금 쓰고 있는 소설 등으로 길을 벗어나 이리저리 배회한다. 학교나 직장에서 하는 몽상 중 어떤 것들은 당면한 문제를 해결하는 데 도움을 주기도 한다. 딴생각은 숨조차 쉬지 않을 정도로 견고한 집중력을 유지하는 데 대한 딜레마이지만 우리에게 외견상 관계없는 영역에서 유용한 정보를 끌어오고 신선한 관점을 갖게 해줄 수 있다.

위대한 혁신을 이룩하는 데 있어 '유레카'의 순간은 마리 퀴리나 토머스 에디슨처럼 이마에 골을 패고 완전히 집중하고 의식적인 학습을 하는 상태에서만 나오는 것이 아니라 상당 부분 딴생각과 무의식적인 학습에서 나오기도 한다. 일반적인 각본 중 한 가지는 뇌에서 실행을 담당하는 피질은 인지 과정이 허락하는 한 대상들을 최대한 확장해 생각하면서, 이중으로 된 선택 주목 능력으로 그날의 문제를 해결한다. 그러고 나면 우리는 피곤에 완전히 지쳐 의자에 몸을 묻고 이렇게 말하곤 한다. "이만하면 충분해!"

카페에 커피를 사러 가거나 운동을 하러 갈 때 어떤 대상에 주목하기 시작하면 우리는 무의식적으로 그 대상에 대한 이전의 통찰력을 서서히 발휘하고 연상작용을 하게 된다. 뇌의 우반구는 소위 전체적인 추론, 직관, 예술적 부분과 관계있다고 알려져 왔다. 우반구는 특히 이런 배양incubation 과정과 관계있다. 이런 연상 과정으로 인해 커피를 사서 돌아가면서 우리들은 문제를 전체적으로 보게 된다.

이러한 주목과 놀이, 정보와 몽상의 특별한 연금술은 아인슈타인에게 수년간의 작업 끝에 어느 날 갑자기 상대성이론을 깨닫게 해주었다. 책상에 코를 박고 있을 때가 아니라 몽상의 순간이었다.

"거대한 주사위가 던져졌다. 잊을 수 없는 순간이었다. 돌연 우주의 거대한 지도가 생생하게 그려졌다."

일상적인 차원의 경험을 예로 들면 당신이 하루 종일 씨름하고 있는 문제(지루한 도시에서 더 나은 일이 없을까 혹은 거실을 불타는 빨간색으로 칠해볼까 같은)에 대해서 대뇌에서 사고와 공상이 동일하게 작용하고 있다가 그에 대해 신경을 쓰지 않으면 갑자기 해결책이 튀어나오는 것이다.

때로는 특정한 대상에 주목하지 않는 것이 결과적으로 좋은 일이 될 수도 있다. 미시간 대학교의 심리학자 레이첼 카플란과 스티븐 카플란Rachel and Stephen Kaplan은 우리가 떠다니는 구름, 반짝이는 별들, 물결치는 수면 같은 자연의 자극을 보며 공상할 때 마음을 편안하게 하는 '매혹'이라는 다소 약한 몰입 상태에 빠지게 된다고 한다. 그리고 이 상태가 멍청한 인간적 실수들을 줄여주고 생리적으로도 스트레스를 줄여준다고 한다.

멀티태스크의 신화

합당한 수준의 몽상이나 멍함, 산만함 같은 외견상의 몇 가지 문제들은 주목에 있어서 받아들일 만한 변형 중 하나이지만, 다른 것들은 그렇지 않다. 쓰레기통을 비우거나 식기세척기를 청소하면서 전화 통화를 하는 생산적인 일을 시도하면서 상대가 전화를 받은 순간 전화를 건 상대를 잊을 수도 있다. 눈을 컴퓨터 모니터에 고정하고 수다를 떨면서 수정 버튼 대신 전송 버튼을 눌러 보내지 말아야 할 상대에게 비난 이메일을 보낼 수도 있다. 이때 우리들은 멀티태스크가 주목에 미치는 영향을 경험하는 것이다.

전자기기의 혁명 덕분으로 한 번에 여러 가지 일을 처리하는 것이 몇몇 전문가들이나 가능하던 예전과 달리 하나의 문화적 집착이 되었다. 여전히 멀티태스크의 장점과 결점에 대해 논쟁이 이루어지고 있지만 과학은 실용적인 목적에서 멀티태스크와 효율성의 신화를 구축하고, 비효율성을 위험하게까지 여긴다.

우리들은 흔히 두 가지 기계적인 일들을 동시에 수행하곤 한다. 예를 들어 길을 걸으면서 동시에 껌을 씹을 때 우리는 손쉽게 두 가지 다른 형태의 지각을 결합시킨다. 영화를 볼 때도 우리는 외견상 오디오와 비디오를 함께 받아들이면서 이를 하나의 다차원적인 독립체로 병합하는 과정을 수행한다. 이 과정이 제대로 수행되지 않으면 잘못 더빙된 외국 영화를 볼 때처럼 음성과 얼굴 사이의 차이를 느낌으로써 혼란에 빠지게 된다.

멀티태스크의 진정한 문제는 우리가 두 가지 필요한 활동에 동시에 주목하고자 할 때 발생한다. 코넬 대학교의 심리학자 울릭 나이서Ulric Neisser는 수많은 연습 끝에 피험자들에게 받아쓰기와 읽기를 동시에 하는 법을 가르쳤다. 그러나 이 기술을 습득하는 데는 수개월의 훈련이 필요했고, 이는 특정한 일들에만 국한되었다. 대부분의 사람들은 이 시간의 대부분을 상위의 일들과 결합하는 데

▲ 멀티태스크가 과연 당신의 능력을 증진시키고 있다고 할 수 있는가?

실패하거나 미숙했다.

멀티태스크는 명백히 비효율적이다. 대부분의 경우 동시에 두 가지 일을 처리하는 능력은 제대로 발휘되지 못한다. 이는 두 가지 일이 동일한 뇌의 정보처리 영역에 할당되기 때문이다. 예를 들어 대화나 텔레비전 시청, 단순한 생각처럼 언어와 관련된 활동에 대해서는 하나의 주요 통로를 통해 정보가 입력되고 출력된다. 미시간 대학교의 인지과학자 데이비드 마이어David Meyer는 가끔의 예외는 존재하지만 일반적으로 당신에게 그런 재능이 있다면 이메일을 작성하면서 전화 통화를 능숙하게 해낼 수 있을 것이라고 말한다.

당신은 아마 상사의 프레젠테이션을 보면서 몰래 문자 메시지로 점심 약속을 하는 자신에게 멀티태스크 능력이 있다고 생각할 것이다. 그러나 당신이 실제로 하는 일은 이런 활동들 사이를 그저 왔다 갔다 하는 것뿐이다. 허황된 희망에도 불구하고 이런 여분의 노력은 실제로는 생산성을 저하시킬 뿐이다. 이런 노력은 비효율적이며, 실수를 유발하게 하고, 한 번에 한 가지 일을 할 때보다 시간을 지연시킬 뿐이다. 주목을 연구하는 한 전문가는 유감스럽게도 이런 말을 했다.

"생각의 연쇄는 실제로 일 초 동안에도 방해를 받는다. 하나의 생각으로 돌아가서 '내가 어디까지 했지?'라고 묻는 것이다. 매 시간 모든 것을 기억으로 리로드하는 초기 비용이 발생하는 것이다. 멀티태스크는 대가를 요구한다. 사람들은 자신이 생각하는 것만큼 그것에 능숙하지 않다."

멀티태스크는 비효율적이기도 하지만 위험할 수도 있다. 때로는 치명적인 결과를 가져오기도 한다. 흔히 다른 일을 하면서 기계를 조작하는 일은 일상적으로 비일비재하게 일어난다. 한 과학자는 풋볼 경기에 귀 기울이면서 운전을 하던 순간을 회상했다. 자동차가 길 위에서 방향을 바꾸기 시작한 것이다. 머릿속으로 풋볼 경기를 연상하게 됨으로써 눈앞의 현실을 바라보는 시각적 주목이 충돌을 일으켰기 때문이다. 운전을 하는 도중에 교통 상황이 나빠지거나 누군가가 끼어들기를 한다면 라디오를 끄거나 다른 사람과 대화를 중단할 수 있다. 그러나 만약 누군가와 통화를 하고 있다면 상황은 더욱 어려워진다. 특히 시속 60마일 이상으로 운전하고 있다면 말이다. 매년 휴대전화와 관련하여 수만 건의 교통사고가 일어난다. 여기서의 멀티태스크는 안전하지 않고, 잠재적으로 죽음의 위협을 주며, 완전히 불법적인 행위가 된다.

같은 문장을 두 번 정도 읽어본 적이 있는 사람은 주목, 기억, 학습 사이의 연계성이 학습에 얼마나 중요한지 알 것이다. 그러나 대부분의 사람들은 멀티태스크에 강하게 끌린다. UCLA 대학교의 심리학자들의 fMRI를 이용한 흥미로운 연구가 있다. 우리가 힘든 일에 집중할 때는 기억에 중요한 역할을 하는 해마가 그것을 담당한다. 그러나 시시각각 외부 메시지들이 유입됨으로써 산만해진 사이에 일을 한다면 암기 활동과 관계있는 선조체의 기능이 더욱 커진다. 결과적으로 당신이 그 순간에는 일을 제대로 해냈다고 하더라도 기억이 파편화되고, 잘 입력되지 않아서 온전한 주목을 발휘했을 때보다는 기억해내기 어려워진다.

미국 청소년들은 일일 평균 6.5시간을 전자기기에 주목하며, 이 중 많은 사람들이 그 이상의 시간을 전자기기에 할애한다. 또한 3분의 1 이상의 청소년들이 대부분의 시간에 한 가지 이상의 매체를 이용하고 있다고 응답했다. 젊은이들은 나이 든 사람들보다 대상에서 대상으로 주목을 전환하는 것을 즐거워하는 듯이 보이지만, 과학자들은 이런 거대하고 새로운 문화적 변화가 뇌와 정신에 장기적으로 어떤 영향을 미치는지 아직 밝혀내지 못했다.

멀티태스크 신화가 교육에 침투하면 어떤 일이 발생할까? 한 가지 명백한 것은 우리들이 동시에 두 가지 이상의 일을 함으로써 정보를 제대로 다룰 수 없게 될 것이라는 사실이다. 이상적으로 뇌가 가장 활성화되는 발달 단계의 아이들은 기초 지식을 얻고 미래를 대비한 능력을 계발하는 데 집중해야 한다. 그러나 만약 각각의 성장 단계에 따른 적절한 훈련과 경험이 제대로 이루어지지 않는다면 아이들의 잠재적 숙련도는 감소할 것이다.

마이어는 테니스 교육을 예로 든다. 테니스 교육은 8세에서 15세 사이가 가장 좋다. 늦어질수록 습득이 어려워지며, 마음먹은 대로 몸이 움직이지 않아 괴로움을 겪게 된다. 이는 신체적이든 정신적이든 다른 종류의 기술에도 적용된다. 주목 역시 마찬가지이다. 주목을 의지대로 조정하려면 시간을 관리해야 한다. 아이들 역시 주목 능력을 계발하기 위해 노력할 필요가 있으며, 지속적인 주목은 많은 시도들 끝에 단순히 기술을 익히는 것만이 아니라 성공을 만들어낸다. 그는 덧붙였다. "아인슈타인이 상대성이론을 만들어낸 것은 그가 스위스 특허청에서 멀티태스크적으로 일하고 있을 때가 아니었다."

멀티태스크는 전자적인 커뮤니케이션 방식들이 지닌 급격한 주의 전환, 일회성, 성급한 반응 특성 등을 강화함으로써 세계를 피상적으로 다루게 만든다는 점에서 심각한 문제를 지니고 있다. 2007년 일본의 베스트셀러 소설 10위권 중 다섯 권이 휴대전화로 쓰인 소설이라는 점은 이를 웅변한다. 어린 여성들이 쓴 단문형의 로맨스 소설들이《안나 카레리나》는 물론 심지어《브리짓 존스의 일기》가 지닌 깊이조차 지니지 못한다는 사실은 놀랍지 않다. 지식인들은 이런 미심쩍은 새로운 예술 형태의 등장을 애통해하고, 일본의 문화인 만화를 비난하면서도 정작 엄청나게 비대화된 휴대전화 사업을 탓하지는 않는다.

시장을 움직이는 동서양의 소비자들을 유혹하기 위해 커뮤니케이션 회사들은 점점 아이들이 선호하는 빠르고 쉽고 파편화된 정보들을 제공하고 있다. 이는 키보드 놀림으로 사람들을 속이는 것과 같은 얄팍한 정신세계를 구축한다. 컴퓨터 게임 같은 것들은 젊은 이들의 상상력을 억제하는데 이는 위험한 일이다. 한 번에 여러 가지 일에 주목할 수 있다고 착각한 채 자라게 된다면 우리는 자신이 처리하고 있는 정보가 기껏해야 얄팍하고 피상적인 정보일 뿐임을 깨닫지 못하게 된다. 고등학교나 대학교에서 지적으로 힘겨운 탐구를 해야 하는 상황이 오면, 우리는 스스로가 깊이 있는 지식을 사유력을 거세하는 두루뭉술한 지식과 바꾸었음을 깨닫게 될 것이다.

깊이 있는 학습과 사고를 희생시키는 데 더해 매혹적인 기계들의 노예로 보내는 시간들은 주목에서 실존까지 큰 대가를 치르게 한다. 실시간 온라인 방식은 최소한 현실 세계의 상호작용을 앗아간다. 대화, 함께 나누는 식사 시간 같은 것들 말이다. (실제로 이탈리아에서 행해진 한 연구 결과 저녁 시간에 침대에서 텔레비전을 보는 커플은 그렇지 않은 커플에 비해 상호 교류가 절반에 불과했다.) 전자기계와의 접촉을 우선시하는 데 익숙해지면 실제로 사람들과 이야기하는 감각을 잃어버릴 수 있다. 특히 일부 젊은이들은 온라인상의 친구들이 실제로 자신을 알고 있고, 도움을 필요로 하면 자신을 위해 친구로서 이웃으로서 곁에 있어 줄 수 있는 존재임을 생각지 못하기도 한다.

집중력을 증진시키기 위한 약간의 트릭

정신이 산만하거나 집중하지 못할 때 짜증을 느낀다면 집중력을 증진시킬 방법을 찾게 될 것이다. 필요에 따라 구식이지만 간단하고 효율적인 전략을 사용할 수도 있다. 그러나 이와 관련된 연구는 아직도 진행 중에 있다.

집중력을 증진시키는 쉬운 트릭 중 몇 가지는 책상에서 꼼지락대는 학생들 때문에 골머리를 썩는 선생님들에게서 고안되었다. 윌리엄 제임스는 이런 트릭들은 대개 잘 적용된다고 말한다. 평범하지만 훨씬 더 흥미를 자아내는 것들도 있다. 엘리자베스 바렛 브로잉Elizabeth Barrett Browing, 빅토리안 시대의 시인-옮긴이의 시에는 이런 구절이 있다. "내가 당신을 어떻게 사랑하는지 알고 있나요? 그 방법을 세어보아요." 제임스는 사랑처럼 매우 식상한 주제도 새롭게 하고자 노력한다면 매혹적인 대상이 될 수 있다고 한다.

"평범한 주제도 새로운 측면을 바라본다면 새로운 것이 될 수 있다. 새로운 질문을 상기시키고, 다른 단어로 바꿔 표현할 수도 있다. 주제에 대한 시각을 바꿀 수 없다면 주목은 사라져버릴 것이다."

교사로서의 노하우를 풀어내면서 제임스는 우리들에게 지루한 일을 생동감 있게 하는 방법을 알려준다. 자주 요점을 되풀이하고, 이미지화하고, 실례를 들고, 순서를 바꾸어보고, 일상적인 것들을 비틀어보는 것이다. 예를 들어 레포트를 쓰고 있을 때 주제가 인간적인 것이 아니라면 그것을 하나의 이야기로 만들어보라. 이는 어렵지만 '인간적'인 관점과 그에 대한 인식을 결합시켜볼 수 있게 해줄 것이다. 어떤 것이든 하나의 대상이 오랫동안 정신의 한 영역을 붙들고 다양한 방식에서 조명된다면 결국 내면적 변화들을 이끌어낼 것이다.

제임스의 학생들은 새로움과 다양성이라는 자유로운 정신에 더해 덕망 있는 정신적 대상에 주목하는 능력을 개화시켰다. 1600년대 커피가 주목에 활발한 영향을 미친다는 것을 이슬람 세계가 발견하고 오랜 후에 클레멘스 8세는 기독교인들이 그때까지 '사탄의 음료'라고 불렀던 음료를 마셔도 좋다고 인가했다. '주목의 지속성에 대한 연구'들은 커피와 다른 신경 자극 물질들이 음악, 우정, 환경 변화 등과 마찬가지로 긴장을 유지할 수 있게 해준다는 것을 보여주었다. 한 실험에서 피험자들에게 일련의 대문자들을 보여주었다. 그러고 나서 2개의 문자를 보여주고 앞에서 본 문자와 같은 것이 있느냐고 질문했다. 커피를 마시고 실험에 응한 피험자들은 그렇지 않은 피험자들보다 문자를 더 잘 기억해냈다. 카페인은 뇌의 주목 영역을 활성화시키는 것뿐만 아니라 단기 기억도 증가시키는 것처럼 보였다. 카페인은 장거리 트럭 운전사들만큼 학생들에게도 빠르게 전파되었다.

리탈린 같은 새로운 화학적 주목 강화제들은 에스프레소나 카페라떼보다 훨씬 문제가 많다. 베스트셀러인 《프로작에게 듣는다 Listening to Prozac》는 먼저 우울증 같은 질환을 치료하기 위해 고안된 정신질환 약물들이 건강한 사람들에게도 기분을 더 좋게 하기 위해 사용된다고 말한다. 프로작이 나오기 훨씬 전부터 군인이나 윌리엄 버클리Willam F. Buckley 같은 몇몇 천재들은 주목 능력을 강화하기 위해 주의력결핍장애 환자들이 복용하는 약물을 이용했다.

이런 각성제들은 일부 학교에 널리 퍼져 있으며, 성적이 좋지 않은 아이들에게 이런 약물치료를 해야 하는지를 고민하고 있는 부모들도 있다. 상당수의 멀쩡한 학생들이 수행평가 보고서를 쓰거나 시험 공부를 하면서 이 약물의 도움을 받고 있기도 하다. 이런 관점에서 한 연구자는 학업 성취가 뛰어난 학생들 중 상당수는 발표수업 전이나 시험 전에 주목 능력을 최고조로 높이기 위해 리탈린을 복용하고 있다고 밝혔다. 경쟁 상황이 극심한 학교나 직장에 다니는 보통 사람들이 110퍼센트의 능력을 발휘하기 위해, 약물을 복용하지 않음으로써 불이익을 당하지 않기 위해 모다피닐 같은 각성제를 복용하고 있다.

각성제의 문제점들, 특히 그것들이 지닌 부작용이나 아직 알려지지 않은 장기적인 문제들을 생각해보면 훈련을 통해 주목 능력을 높인다는 생각은 꽤나 호소력이 짙다. 데이비드 마이어는 이런 주목 훈련법들은 이미 몇몇 분야에서는 시행되고 있다고 말한다. 마이어는 항공관제사들은 주목과 멀티태스크 능력을 잘 관리하는 사람들 중 하나라는 데 주목했다. 그리고 그들이 사용하는 것과 같은 방식을 가정이나 학교로 확장할 방법을 연구하고 있다.

몇몇 새로운 방식의 주목 훈련들 중에는 체육관에서 컴퓨터 스크린을 사용하는 것도 있다. 아이들을 대상으로 한 마이클 포스너와 마리 로스바트의 연구는 이런 훈련들이 실행 주목 능력을 괄목할 만한 수준으로 증가시키고, 이에 따라 기억력과 자기규제력, 계획 능력과 합리성이 발달했음을 보여주었다. 성인 피험자들에게 스크린 위에 1줄에서 5줄까지의 숫자들을 보여주고 나서 이전에 본 숫자가 다음에 나왔는지를 물어본 실험이 있다. 처음 피험자들은 1줄의 숫자가 나타나는 데 빨리 반응했다. 그러나 7번 시도하자 피험자들은 4줄짜리 숫자에서도 마치 1줄짜리 숫자일 때와 같은 속도로 반응했다. 즉 연습을 거듭하면 주목 능력은 확장된다는 것을 입증한 것이다.

상업화된 컴퓨터 주목 훈련 프로그램 중 하나인 브레인 피트니스 프로그램Brain Fitness Program은 주목을 반복적으로 연습시켜 성인들의 인식 기능을 높인다. 청각장애인들에게 달팽이관을 이식하는 법을 개발한 샌프란시스코 캘리포니아 대학교의 신경과학자 마이클 메르제니히Michael Merzenich에 의해 고안된 이 프로그램은 "뇌는 관절이나 근육처럼 사용하지 않으면 퇴화된다"는 명제하에 운용된다. 8주간 하루 한 시간씩 성인들은 컴퓨터에 접속하여 반복적이고 점진적인 훈련을 수행한다. 음조의 높낮이를 가려내고, '보bo'와 '두do', 혹은 '쉬shee'와 '시chee'를 구별해내는 것은 주목을 정밀하게 사용하게 하며, 뇌의 정보 처리 속도를 증가시킨다. 이는 연습이 뇌의 정보 이동 통로를 구축하고 그를 강화하며, 이는 정보를 분류하고, 자신만의 방식으로 만드는 능력을 증진시킨다는 전제하에 만들어진 것이다. 이 훈련의 효율성에 대한 과학적인 판단은 아직 내려지지 않았지만 일부 사용자들은 자신의 일상적인 주목 능력과 업무 수행력이 증가했다고 말한다.

주목을 증진하기 위한 잘 개발되고, 안전하고, 빠르게 이용 가능한 수단들이 거의 없다는 것을 생각해보면, 명상이나 명상에서 파생된 방법들은 우리들의 몰입하는 삶을 추구하는 능력을 강화하는 최선의 방식인 듯이 보인다. 그리고 이것은 또 다른 이득, 즉 질적인 삶을 누릴 수 있게 해주는 수단으로 여겨진다.

펜실베이니아의 인지신경학자 아미시 자Amish Jha는 바쁘고 지친 와중에도 가족과 일을 모두 챙겨야 하는 전문직 여성 중 한 사람이다. 그녀는 자신의 이런 일상을 타개하기 위해 주목 훈련을 시작했고, 그것은 그녀의 학문 인생에 '결정적 순간'을 만들어주었다. 종신 교수직을 얻기 위해 해야 하는 수많은 잡무들, 강의와 연구, 남편과 아이들 사이에서 왔다 갔다 하면서 스트레스 지수는 급상승했고, 중요한 강의를 하기 직전 그녀는 이를 악물고 이 모든 것들에 대한 감정을 잃어버렸다. "내가 선택한 것이라는 사실은 나도 잘 알고 있었어요. 그것이 내 인생을, 내 마음을 바꾸었지요."

주목 훈련이 스트레스를 완화시킬 수 있다는 많은 연구 결과들을 보고 아미시는 종파성이 없는 2가지의 명상법 훈련 책자를 사서 매일매일 호흡에 중점을 둔 명상을 시도했다. 그리고 그녀는 수많은 생각과 감정으로 뒤죽박죽된 평소 마음 상태를 억제하면서 지금 이 순간을 골라내고 그것을 특별한 것으로 만들 수 있도록 노력했다. 한 달이 지나 아미시는 좀 더 편안해졌고 상황에 잘 대처하게 되었다. 그리고 리처드 데이비슨의 피험자들과 같이 그녀 역시 더욱 집중력을 발휘하게 되었다.

명상을 하는 동안 자신의 호흡에 집중하는 것만으로 아미시는 자신이 연구실에서는 일에, 가정에서는 가족에 집중할 수 있게 되었음을 깨달았다. 힘겨운 일상생활에 대한 감정을 좀 더 잘 통제하게 되면서 그녀는 자신의 학문적 기반을 만들어낼 갑작스런 계시의 순간을 맞이했다. "아, 이것을 탐구해야겠어! 하고 생각했지요. 주목을 이용하는 방법을 습득하는 것, 훈련을 통해 그것을 변형하고 증진시킬 수 있다는 것을 탐구 주제로 삼겠다고 말이에요."

다양한 주목 훈련의 효율성을 탐구하기 위해 아미시는 피험자들에게 그룹별로 각기 다른 명상법을 습득하도록 했고, 매일 그 방식대로 훈련하게 했다. 그리고 피험자들은 정기적으로 연구실에 와서 객관적인 주목 테스트를 받았다. 이 실험은 호흡 같은 목표 대상에 집중하는 연습들, 주목의 선택적 조직 시스템을 강화하는 일이 실제 현실 세계에 대한 집중 능력을 증가시킨다는 것을 증명했다. 이는 또한 단기 기억력도 증진시켰다.

최근까지 아미시는 주목을 강화하는 주목 훈련의 유형을 탐구하고 주목을 다른 방식에서 생각하게 되었다. 지금까지 과학적으로 주목은 정보를 제한적으로 바라보고 걸러내는 것이라고 생각되어왔지만 아미시는 주목이 '좁히는 방식'이 아니라 활발하게 '확장되는 과정'이라는 측면에 더욱 흥미를 느끼고 있다. 단일한 목표 대상에 주목하는 것과 주목이 확장되는 방식 사이의 차이점을 묘사하기 위해 그녀는 피험자들에게 세 가지 단어 '황소bull' '구두shoe' '차car'를 주고 이 세 단어 모두와 관계있는 한 가지 단어를 찾아보라고 말했다.

동떨어진 대상들 사이의 연관관계를 찾는 데는 완전히 다른 두 가지 방식이 존재했다. 이는 서로 다른 주목 방식에서 야기된다. 어떤 사람들은 분석적 접근을 통해 다양한 가능성들을 체계적으로 제거해나가고, 그 단어에 적합한 것들을 추려냈다. 그리고 그들은 '뿔horn'이라는 단어를 도출해냈다. 그러나 다른 이들은 직관에 의존했다. 그들은 편안하게 자신의 의식이 확장되는 것을 그대로 따랐다. "그들은 마음속에서 특별한 어떤 일을 하지는 않았다고 설명했다. 그러다 갑자기 펑! 하고 그 단어가 튀어나왔다. 그들은 답이 나오도록 그저 내버려두었다."

주목을 열어두고 확장하는 방식은 호흡에 집중하는 방식처럼 우리에게 익숙한 주목을 제한하는 방식이 아니라 세계를 확장하고 주변 환경을 받아들이는 방식이다. 이런 훈련법에서 우리들은 의식의 창을 열고 순간을 그저 감각 차원에서 느끼거나 흐르는 채로 놓아두면 된다. 하늘 위로 흘러가는 구름, 웅성거리는 소리, 흘러가는 물결에 집중하듯이 말이다. (이런 주목 확장 방식의 훈련은 긍정적인 감정이 주목을 확장하는 방법에 대한 심리 연구를 촉발했다. 아미시의 연구는 바버라 프레드릭슨의 연구와 유사하다.) 아미시는 대상을 선별하여 현실 세계에 대한 조직 능력을 강화하는 피험자들에 비해 확장 주목 방식을 지닌 사람들이 대상들 간의 주목을 보다 매끄럽게 전환하게 해주는 경보 시스템alerting system이 강화되어 있다는 것을 발견했다.

아미시에게 있어 주목은 여러 가지 방식으로 사용될 수 있는 도구이다. 단지 관련 있는 정보와 관련 없는 정보를 선별해내는 것만이 주목의 기능은 아니다. 그녀는 주목이 손쉽고 유용하게 일을 가장 잘 처리할 수 있는 방식으로 인식의 틀을 만들어내는 능력이라고 주장한다. 그녀는 우리가 인지적, 정서적, 심지어 신체적 조건에 따라 주목을 확장하거나 제한할 수 있다고 믿는다.

주목의 힘이 경험을 창조하고 질적인 삶을 만들어낸다는 관점에서 아미시는 이렇게 말한다. "우리는 모든 순간 현재를 느낄 수 있다. 에너지는 주목이 흐르는 방향으로 따라간다는 말이다. 만약 당신이 자신의 주목 능력을 이용하고, 그것을 운용하는 기술을 구축한다면, 당신의 삶에서 스트레스를 다루는 방식이 달라지게 될 것이다."

만약 당신이 기초 언어를 습득하고자 하는 어린아이거나 혹은 시를 완벽하게 짓는 법을 연습하는 아마추어 시인이라면 주목은 학습과 기억에 영향을 미침으로써 당신의 자아와 경험을 형성할 것이다. 그 과정에 노이즈들이 개입되면 당신의 정보 저장 능력, 지식과 기술 습득 능력은 악화될 것이다. 베스트셀러 《크레이지 비지CrazyBusy》는 현대 사회에서 주목을 요하는 것들이 과도하게 넘쳐나게 됨으로써 현대인들은 주의력결핍장애를 겪게 되었다고 주장한다. 이 주장은 이제 일상적인 이야기가 되어가고 있다.

21세기 초의 주목 능력에 대한 우려는 미디어에서 떠들어대는 것보다 훨씬 더 복잡한 진실을 함의하고 있다. 집중력 장애로 인한 실수들은 대부분 정상은 아니지만 때로 이득이 되기도 한다. 그저 마음 가는 대로 놓아둘 때 정신은 생산적인 방향으로 길을 접어들기도 한다. 멋진 전자제품들에 의해 불붙은 멀티태스크에 관한 유행이나 열망은 오히려 우리들을 비효율적으로 만들 수도 있고, 위험에 처하게 할 수도 있다. 다양한 종류의 모니터와 키보드에 지나치게 많은 시간을 할애하는 것은 배움에 몰두해야 할 청소년들에게 위험하며, 특히 현실 세계와 살아 숨 쉬는 사람들에 대한 결핍이라는 희생을 치르게 만든다. 가장 중대한 한 가지는 전자제품들이 우리가 진짜 주목해야 할 대상을 공격한다는 사실을 간과한다는 것이다. 기계들은 우리가 주목하는 대상, 즉 우리 자신을 책임지지 않는다. 기계가 우리의 주의를 흐트러뜨린다는 것을 깨달으면 그냥 그것을 꺼버려야 한다.

11 | 주목을 방해하는 것들

주목 장애는 어디에서부터 시작되는가

누구든 다른 아이들과
똑같은 아이는 없다.

_ 하비에르 카스텔라노스

면접 대기실이나 입사지원 설명회에 참석했을 때 가만히 앉아 있기 힘들었던 적이 있다면, 당신은 주의력결핍장애를 겪고 있는 아이들이 매일, 매년 견디고 있는 불안감을 다소 알 수 있을 것이다. 몽상이나 잠시 멍한 상태와 같이 일상적으로 일어날 수 있는 문제들과 달리 주의력결핍장애ADHD는 정신질환적 문제 중 하나이다. 아주 평범한 젊은이들도 겪을 수 있으며, 미국인 아이들 중 5퍼센트가 이 질환을 겪는다. 그리고 소녀들보다 소년들에게서 3배 이상 높게 나타난다.

집중력 결핍의 시대

탈산업화된 서구 사회에서 특히 과제에 집중하는 데 어려움을 겪는 아이들은 단기적, 장기적 결함을 지니게 된다. 일반적으로 정보에 집중하지 못한다면 그것을 습득할 수도, 배울 수도 없다. 최소한 정보를 제대로 이해할 수도 없다. 더욱이 이런 아이들의 대부분은 학습 장애를 겪는 것은 물론 가만히 앉아 있지 못하고, 충동적이며, 산만한 경향을 보인다.

ADHD가 널리 퍼져 있음에도 불구하고 이 질환의 심각성에 대해서는 놀라울 정도로 기초 지식조차 부족하다. 과학자들은 이 증상이 대체 어떤 것인지조차 알지 못하고 따라서 뇌영상이나 혈액 검사처럼 객관적인 테스트 방법도 알지 못한다. 의사들과 전문가들은 이 증상을 다룰 수는 있지만 그 방식은 각기 상당히 다르며, 40퍼센트에서 80퍼센트가 단지 추측일 뿐이다. 실제로 누군가가 ADHD를 앓고 있다고 말하는 것은 그가 열이 난다고 말하는 것과 다소 유사하다. 발병 원인이 수없이 많고, 그에 대한 특별한 처방이 없는 경우 감기에 아스피린을 처방해주듯이 이 문제에 대해서도 리탈린 같은 약물이 처방된다.

임상연구자들에게서 떨어져 나온 주목 연구가들의 차이는 ADHD를 이해하는 데 한 가지 분명한 장애물이다. 이 차이는 신경과학과 심리치료가 큰 발전을 이루던 1980년대부터 시작된 것으로 이후 일반인들 사이에서 집중력 장애를 치료하는 것이 보편화되었다. 특정한 진단 규정을 공식적으로 만들어내고자 하는 욕구가 커지면서 소아정신과 전문의들은 부모와 교사들이 아이들의 주목 능력과 자기규제 능력을 평가할 수 있는 설문법들을 고안해냈다. 공통의 문제 증상들을 명확히 하는 진보가 이루어졌지만 여기에서 나온 정보들은 전문가들의 깊이 있는 인터뷰나 행동관찰과 비교해 과학적 증거로 여겨지지 않았고, 심리학적 측정 방식들은 위축되었다. 그러나 이런 설문은 ADHD를 진단하는 기본 측정 방식으로 아직까지 남아 있다.

주목 연구자들은 '경악스럽다'거나 '오싹하다' 같은 단어들로 ADHD에 대한 지식 부족을 드러내곤 한다. 미 국립정신의학협회의 레슬리 웅거라이더는 ADHD에 대한 연구가 믿을 수 없을 정도로 적다고 말한다. 게다가 대부분의 연구가 과잉행동을 통제하는 측면에서 이루어져 있다는 사실은 더욱 우려할 만하다. 아이들이 노이즈들을 어떻게 필터링하는지에 대해서는 연구조차 거의 진행되어 있지 않다. 영장류의 초기 발달 단계부터 우리들은 노이즈들을 시험하는 데 적합한 방법들을 개발해왔다. 그러나 그런 방법들 중 어느 것도 임상 평가에 이용되지 않고 있다.

그러나 뉴욕 대학교 아동연구소의 소아신경학자인 하비에르 카스텔라노스Javier Castellanos는 임상치료사의 관점에서 미 국립정신의학협회의 압력 아래 많은 주목 연구자들이 일반 임상적 자료들에 대해 말할 만한 것을 구축하게 된 것은 최근의 일이라고 말한다. 그러면서 이 문제가 아이들의 실패에서부터 부모들의 자포자기에 이르기까지 생각보다 훨씬 복잡한 상황임을 협회가 알아야 한다고 지적한다.

'사춘기의 방황을 겪는 아이'라든가 '가만히 있지 못하는 아이' 혹은 '보통 소년'이라는 소리를 듣는 많은 수의 소년들이 정신과 약물을 복용해야 하는 질병을 가지고 있는 것처럼 보인다는 사실은 많은 문화적 심리 버튼을 누른다. 부모들이 자신의 아이에게 매일 같이 약물 남용처럼 느껴지고, 침울함이나 식욕 감소를 불러오며, 장기적으로 건강 문제를 유발할 수 있는 리탈린 같은 약물을 권하는 것은 당연히 쉬운 일이 아니다.

잭 S. Jack S.의 사례에서 잭의 부모들은 ADHD와 그 치료에서 오는 삶의 기복들에 대해 설명했다. 아이를 수없이 어르고 아이가 자랄 때까지 기다린 후에 부모들은 열 살 난 아들의 학습 장애에 대해 교육심리학자에게 상담을 받으러 갔다. 친구들과 형제들에 비해 잭은 학교에 있는 시간을 고통스러워했고, 특히 수학과 외국어를 싫어했으며, 많은 시간 교정실에서 멍하니 앉아 시간을 죽였다. 많은 테스트를 거친 후에 심리학자들은 잭이 흔한 ADHD를 앓고 있으며 문제를 이해하고 적절한 약물 처방을 해줄 소아정신과 의사에게 가보라고 말했다.

잭의 부모는 약물치료에 대해 상반된 생각을 지니고 있었다. 부인은 약물이 아들을 안정시켜주고, 잠재적인 학습 능력을 끌어내줄지도 모른다는 희망을 품고 있었지만 남편은 약물에 의존한다는 생각을 기꺼워하지 않았다. 이런 곤경에 처한 가족들의 입장을 이야기하면서 웅거라이더는 ADHD의 약물치료에 대한 두 가지 시각을 설명했다.

"한 가지는 아이들이 학업에 집중할 수 있게만 해준다면 어떤 것이든 좋다는 입장이다. 그래야만 좌절하지 않을 수 있기 때문이다. 다른 한 가지는 아직 알려지지 않은 장기적인 영향에 대한 우려로 절대 아이들에게 약물을 주지 않겠다는 입장이다."

그러나 웅거라이더가 관찰한 대로 우리들이 주목하는 대상들이 대개 경험을 결정하며 이는 차례로 '나'라는 사람을 만드는 데 영향을 미친다는 것을 고려해야 한다. 즉 아이들이 과제나 다른 중요한 활동들에 집중하지 못한다면 그들의 뇌는 당연히 해야 하는 방식으로 경험을 개조할 수가 없다. 이는 매우 난감한 문제이다.

수많은 언쟁 끝에 잭의 부모는 아이에게 약물치료를 하기로 결정했다. 몇 주 후 교사들과 엄마는 약물이 아이를 진정시키고 학교와 과제에 집중할 수 있게 해주었다고 생각하게 되었다. 아버지는 여전히 그런 생각을 좋아하지 않는다. 잭은 "약을 먹고 나서 칠판에 집중하기가 훨씬 쉬워졌다"고 말했다. 그러나 불편은 사라졌지만 식욕도 없어지고, 이상한 기분을 느끼게 되었다.

고교 시절이 끝나갈 무렵 사립학교, 수학 가정교사, 카운슬러, 약물치료 등과 질풍노도의 시기를 보낸 후에 잭은 엄마에게 자신은 더 이상 ADHD 환자가 아니라고 말했다. 그리고 중요한 시험 때만 약을 복용하겠다고 말했다.

잭은 여전히 수학과 외국어를 힘들어하고 있지만 대학 1학년 말 평점 3.2학점을 얻어냈고 하키 팀에서 활동하고 있다. 부모는 아이가 잘 자라주었고, 자기규제 능력이 높아졌다는 데 매우 만족해한다. 그리고 아이가 오랫동안 ADHD로 고통받고, 오늘에 이르기까지 힘든 시간을 견디게 한 것을 후회하고 있다. 그리고 이 전쟁에서 필요한 무기(약물)를 소지하지 않은 수만 명의 부모들에게도 유감을 표한다.

지각적 부하 이론

하비에르 카스텔라노스만큼 ADHD에 대한 현재의 인식 수준에 불안을 표하는 사람도 없다. 그가 가장 크게 우려하는 것은 연구자들이 혈액 검사나 유전 검사처럼 '저 사람은 ADHD이다/아니다'라고 결정적으로 단정할 만한 객관적인 지표를 가지고 있지 않다는 것이다. 이는 부분적으로 연구자들이 ADHD를 실제로 이해하지 못하고 있기 때문이다. 그러고 나서 그는 자신과 동료들이 ADHD에 대해 밝혀낸 연구 결과들에 대해 언급했다.

먼저 ADHD가 단일한 원인에서 발생하는 단일한 문제가 아니라는 것이다. 이는 그 자체로 중요한 발견이며 주목 연구를 진일보시킬 수 있는 단초이다. 미 국립정신의학협회에서 카스텔라노스와 다양한 분야의 연구자들은 10년간 특수학교에 등록된 주목 장애를 겪는 150명의 학생들을 연구했다.

"우리들은 거의 모든 측면에서 그 아이들을 알고 있습니다. 아이들의 뇌 척수액 검사와 혈액 검사에서부터 심리적 특성까지 모두 다요." 피험자들의 데이터에서 공통분모를 찾아내면서 그는 "제가 배운 가장 중요한 것은 누구든 다른 아이와 똑같은 아이는 없다는 것입니다. ADHD에는 수십만 가지의 유형이 있을 수 있습니다"

라고 말한다.

예를 들어 간질에는 200가지의 발작 증상이 있을 수 있는 것처럼 ADHD 역시 엄청나게 다양한 문제 증상들이 나타날 수 있다. 간질처럼 특정한 주목 장애의 범위를 알아내는 데 fMRI 같은 새로운 장비들이 도움을 줄 수 있다면 이는 각각의 증상에 대한 적절한 치료법을 개발하는 첫 번째 단계가 될 것이다. 그리고 이는 '열이 나면 아스피린을 먹는 것'처럼 정확한 대책을 마련하는 첫걸음이 될 것이다.

아이들은 동기 부족에서부터 과도한 짜증까지 다양한 이유에서 대상에 집중하지 못한다. 그러나 대상에 집중하지 못하고 산만한 것은 대개 ADHD와 연관되어 있으며 대부분의 행동들과 같이 태생적 특질과 후천적 특질 모두가 결합된 결과이다. 성적 학대를 받은 아이들이 ADHD를 겪을 확률이 6배나 더 많다는 것은 경험이 장애를 유발한다는 비극적인 가설을 뒷받침한다. 문제 가정만큼 학교도 주목 장애에 불을 지필 수 있다. 지각적 부하 이론perceptual load에 따르면 우리들은 일에 호감을 느끼지 못할 때 주의가 산만해지는 경험을 하는데 평균 수준의 학급에서는 보통 수준 이하의 학급보다 이런 일이 훨씬 적게 발생한다. 카스텔라노스는 아이들이 어른들만큼 주목을 완전히 사용한다면 집중력 문제를 겪지 않을 것이라고 본다. 그러나 마치 포드의 조립공장 같은 학교에서는 문제를 겪는 아이는 '보통 아이'가 아니라고 생각하는 점이 문제라고 지적한다. 특히 사춘기에는 더욱 집중력 문제를 겪을 수 있다는 것이 그의 입장이다.

생물학적 요인 역시 상당 부분 주목 장애와 관련이 있다. (일란성 쌍둥이의 경우 그들 중 한 명이 주목 장애를 겪고 있다면 카스텔라노스는 장애가 있는 아이는 이미 감지되지 않은 뇌졸중 증상을 지니고 있다고 말했다.) 한 이론에 따르면 그 문제는 신경학적 장애가 있는 뇌보다 정상적이지만 발달이 더딘 뇌에서 종종 발생한다고 한다. 이는 4명 중 3명의 아이들이 나이가 들면서 괜찮아진다는 사실에 따른 것이다. 이 병을 앓는 아이의 뇌는 일반적으로, 특히 소뇌에 장애가 없는 아이들의 뇌보다 작다. 여기에서 리탈린 같은 약물이 영향을 미친다는 가능성은 배제되어 있다.

ADHD를 유발하는 이런 유전자적인 두드러진 위험 요소 중 하나가 남성 유전자라는 사실은 부인할 수 없다. 이 장애를 겪는 소녀들은 소년들에 비해 그 수가 월등히 적다. 또한 행동과잉장애나 산만함을 겪는 소녀들은 거의 없다. 학교에서의 집중력 부족은 종종 간과되고, 몽상이나 노력 부족 등으로 여겨진다.

주목 문제는 또한 특정 가족에게서 나타나기도 한다. 이 진단을 받은 아이들의 생물학적 부모의 약 25퍼센트가 이에 영향을 미치는 데 이는 양부모들이 4퍼센트의 영향을 미치는 것과 비교된다. 또한 주목만이 아니라 행동 수준에도 영향을 미치는 유전자나 충동적인 기질 등이 ADHD에 영향을 미칠 수 있다. 어떤 아이들은 수학이나 스페인 어에서 집중 문제를 겪는데 이는 인지 장애 문제라기보다는 지루한 일을 견디지 못하고 다른 실제적인 행동을 찾아나서는 성향에서 비롯된다.

카스텔라노스가 ADHD에 대한 유전자의 역할에 대해 이론의 여지가 없는 것으로 생각하는 것과 대조적으로 이를 규정하는 구체적인 증거들은 그리 대단치 않다. 한 이론에 따르면 이 질병은 다양한 유전자들의 영향이 결합되어 나타나는데, 이들 중 대다수가 신경 전달 물질인 도파민에 영향을 미친다고 한다. 이런 화학적 매개물은 리탈린에 의해 활성화되며, 주목과 인지에만 중요한 것이 아니라 고통은 물론 쾌락과 보상을 예측하는 능력, 행동 통제, 감정에도 중요한 역할을 한다. 도파민이 하고 있는 일(예를 들어 대수학 문제를 푸는 일)에 대한 보상 기대를 높여주는 화학적 당근의 일종으로 작용하고, 뇌가 전달 물질을 저장하고 효율적으로 사용하는 데 어려움을 겪는다면 우리들은 싫어도 어려운 수학 공부를 계속하게 될 것이다. 그러나 도파민에 의해 신이 나 있는 사람보다 결과가 좋지는 않을 것이다. 이런 이유에서 카스텔라노스는 ADHD를 효율/비효율 장애라고 부른다.

뇌의 보상 회로에 대한 도파민의 개입은 왜 ADHD를 앓는 사람들이 담배를 피우고, 술을 마시고, 마약을 하는 사람들과 비슷한지를 설명해준다. 주목 문제와 결합되어 물질 남용 경향은 그들에게 있어 괜찮은 기분이나 최소한 보통의 기분 상태를 유지하려는 욕구가 성취에 대한 욕구, 더 나은 기분을 느끼고 제구실을 하고자 하는 바람보다 더욱 강하게 동기를 부여해준다는 것을 알려준다.

최근 카스텔라노스는 각기 다른 주목 문제들을 구별하는 새로운 방향의 연구를 진행하고 있다. 먼저 그는 우리의 뇌가 멋진 아이디어나 불타오르는 듯한 감정들보다 내부의 '바쁜 순환 업무gyroscopic busyness'를 더욱 고려하며, 내부 에너지의 65퍼센트가 여기에 소모됨을 설명했다. 오르내림을 거듭하는 순환 활동은 50초마다 '정전 상태brownout'를 유발한다. 누구도 이런 신경학적인 사건의 목적이 무엇인지 알지 못한다. 카스텔라노스는 이에 대해 한 가지 논지를 편다. 이 시계태엽장치 같은 순환 리듬은 뇌의 회로를 로그온 상태로 유지해주고 다른 것들과 커뮤니케이션할 수 있게 해주는데, 이는 그에 해당되는 일을 하고 있지 않을 때도 마찬가지이다.

"매일 같은 일을 하는 택시운전사를 생각해보라. 휴일에는 평소와 같이 일을 하지 않아도 되지만 그 일에 대한 회로는 열려 있고 우리의 뇌는 매분 그 일에 대한 허용신호ping를 내보낸다. 이런 오

▲ 햄프턴의 미로 실험

기억장애 환자가 미로를 통과하는 실험이 있다. 환자는 미로를 통과한 사실조차 기억하지 못했지만, 다음 번에 미로를 통과할 때 자신이 통과한 길을 무의식적으로 따라갔다.

르내림은 그 순환 활동을 활성화된 상태로 유지하는 데 대한 뇌의 투자이다."

이런 활동의 신경학적인 존재 이유가 무엇이든 카스텔라노스는 뇌의 정전 상태가 ADHD를 이해하는 데 한 걸음 나아가게 해줄 것이라고 생각한다. 그는 이런 허용신호들 간의 상관관계를 알아보고자 주목 실수나 피험자들의 외부 신호에 대한 반응 속도 등을 측정하는 실험을 했다. 신호가 나타났을 때 주목 장애를 겪는 피험자들을 보통 사람들보다 버튼을 누르는 데 시간이 더 많이 걸렸다. 이런 간극이 뇌의 주기적인 변동에서 일어나는 불규칙성과 연관되어 있다면 이는 주목과 관계된 다른 기능들, 즉 기억 활동이나 동기 부여 등 다른 차이에도 관계될 것이라고 그는 생각한다.

카스텔라노스는 《주목, 기억, 실행 기능Attention, Memory, and Executive Function》이라는 책을 언급했다.

"세 가지 것들이 모두 복잡하게 관계를 맺고 있다. 입자인지, 파동인지, 아니면 파동과 입자의 이중성을 띠는지 말이다. 이는 모두 우리들이 사용하는 정의와 우리의 목적에 따라 다르다. 주목은 아마도 뇌의 다른 시스템을 대규모로 재구성하는 것과 관계되어 있을 것이다."

몇 가지 논쟁의 여지가 있지만 과학자들은 ADHD 환자들을 대상으로 ADHD의 공통점을 찾아내고자 노력하고 있다. 그러나 카스텔라노스는 여전히 진실은 누구도 모른다고 말한다. "여기에는 5가지 광범위한 발병 유형이 있다고 말할 수도 있지만, 어떤 사람들은 유전적 문제라고 하고 어떤 사람들은 소뇌의 영향, 갑성선 문제, 뇌손상, 또는 그 밖의 것들을 꼽는다."

복잡한 문제임에도 최근의 연구들은 ADHD가 정신적인 문제와는 관련이 없고, 우리들이 측정할 수 있는 것은 신체적, 생화학적 요소일 뿐이라는 것을 명확히 보여준다. "아직까지는 수박 겉핥기에 불과하다."

주목 장애, 아직 풀리지 않은 비밀

ADHD에 대한 기초 연구들이 엄청나게 발전했다는 것은 씁쓸한 위안에 불과하다. 당신의 아이가 지금 그 문제로 고통을 겪고 있거나 당신이 성인이 될 때까지 주목 문제를 계속 겪어야 하는 사람 중 한 명이라면 더욱 그렇다. 카스텔라노스는 '부모와 아이들에게 만약 돌이킬 수 없는 실수들을 저지르지 않고 청소년기를 보낼 수 있다면, 혹은 최소한 그런 실수를 줄일 수 있다면 뇌의 성숙은 매우 멋진 일'이라고 표현한다.

신경 발달에는 시간이 소모되며, ADHD로 고통받는 아이들 역시 학교 생활은 물론 오락부터 인간관계까지 충분히 잘 해내며 남은 인생을 보낼 수 있다. 대학에 들어가고, 직업을 선택하고, 사람들과 정서적 유대를 형성하는 등 바람직한 일들을 수행할 수 있다. 그러나 학과 수업에 집중하지 못함으로 인한 학업적 실패는 충동적인 젊은 남자아이들에게 있어 징계, 비행, 퇴학, 범죄 등으로 이어지는 끔찍함의 소용돌이가 될 수도 있다.

리탈린, 콘서타, 에더럴과 같은 치료약들은 아이들에게 제 상태를 유지할 수 있게 해준다. 과학자들은 약물이 도파민 활동을 억제시킨다는 것은 알고 있지만 어떻게 이런 각성제들이 특정한 뇌 부위를 진정시키는지에 대해서는 정확히 알지 못한다. 흥미로운 것은 많은 정신과 전문의들처럼 연구자들도 이런 것을 우연히 발견했다는 것이다.

1937년 두통 치료법을 발견한 때로 돌아가보자. 찰스 브래들리 Chales Bradly 박사는 보호시설로 보내진 몇몇 아이들에게 각성제를 복용시켰다. 교사들은 아이들이 갑자기 조용히 앉아서 공부를 하기 시작했다는 놀라운 결과를 보고했다. 그러나 약에 대한 심각한 우려들은 없어진 상태였지만 아이들의 뇌는 명백하게 다소 오그라들어 있었다. 아이들은 단기 부작용을 겪었고, 장기적인 위험을 안게 되었다는 것을 누구도 부인할 수 없었다. 그러나 카스텔라노스는 약이 지금까지 계속 사용되어왔고, 처방대로 복용한다면 안전하다고 주장한다.

잠재적인 이익을 얻기 위해 감수해야 하는 비용을 생각해본 후에 카스텔라노스는 약물치료 요법을 최소한 호의적으로 받아들이게 되었다. 만약 자신의 아이가 ADHD를 앓는다 해도 그는 약물치료 요법을 사용할 것이다. 그러나 그는 먼저 진단에 대한 확신을 가져야 하고, 약물이 반드시 필요하다는 판단이 들 때까지 약물치료를 유보할 것이라고 말했다.

"치료가 잘 된다면 아이들은 약을 의식하지 않고 그저 선생님들이 더 잘 가르쳐주기 때문이라고 생각하게 될 것입니다. 이는 마치 안경을 쓰는 것과 같습니다. 안경이 제 기능을 한다면 우리들은 안경을 쓰고 있다는 것을 의식하지 않지요."

진화심리학에 신경과학자의 관점을 대입하면서 카스텔라노스는 잭 S.와 같이 학교에서 집중력 문제를 겪고 있는 아이들은 운동이나 컴퓨터 게임을 할 때는 그런 문제를 겪지 않았다고 말했다. 이런 모순은 호모 사피엔스가 ADHD를 토대로 한 변이와 그를 방지하는 변이 사이에서 진화했다는 사실을 반영한다.

현대의 도심 생활 문화에서 빠르게 주목을 전환하고, 선행동 후 질문을 하는 경향은 문제로 여겨진다. 그러나 이런 행동은 인간의 태생적인 특질이며 나스카 경기Nascar, 미국 개조 자동차 경기-옮긴이나 주식거래소, 전쟁터 같은 특정한 상황에서는 실질적으로 장점이 된다. 실제로 우리가 진화해온 사바나 정글에서 특정한 꽃이나 새, 혹은 생각에 지나치게 오랫동안 집중하는 사람은 포식자의 먹이가 되어 사라진다.

이런 선사 시대의 소름끼치는 포식 대상은 남성이나 소년들보다 주로 여성과 소녀들이었다. 일반적으로 여성이 사회적 상호작용과 자기표현에 더욱 잘 집중하는 데 이는 야생보다는 현대의 학교에서 더 적합한 자질이다. 남성들은 전형적으로 행동에 쉽게 집중하고, 이는 도서관보다는 야외 활동에 더욱 적합하다. 성별, 환경, 주목 사이의 이런 관계들은 왜 ADHD 환자들 중에 소녀보다 소년이 더 많고, 여성이 남성보다 학업 성취도가 뛰어나며, 대학입학률이 높은지에 대한 불공평 상태를 설명해준다.

이상적으로 ADHD로 고통받는 아이는 약물치료만이 아니라 학과 수업에서 집중하지 못하는 대신 다른 기회들을 함께 생각해보는 등 이 장애를 지니고 살아가는 방법에 대한 카운슬링을 함께 받는 것이 좋다. 박물관이든 산의 정상이든 자신에게 진정으로 적합한 환경을 찾으면 뇌는 도파민을 활성화시킨다. 신경화학적으로 이 과정은 각성제의 영향을 받을 수 있으며 주목과 인지, 쾌락과 보상 등을 예측하는 능력에 매우 중요한 역할을 한다. 학과 수업을 따라가지 못해 힘든 시간을 보내고 있는 아이들도 외부 활동이나 농구 경기장에서 재능을 보이고 만족과 격려를 얻을 수 있다. 카스텔라노스는 ADHD를 다룰 때 가장 중요한 것은 자기자신을 이해하게 만드는 것이라고 강조한다. 모든 사람들이 문제를 가지고 있다. 그러나 자신의 단점을 알고 그것을 개선할 방법을 아는 것, 이것이 인생을 바꾸는 트릭이다.

이런 관점에서 누구나 주목을 이용하는 방법을 습득할 수 있다. 카스텔라노스는 어떤 대상에 집중하고 싶다면, 그에 대한 최적의 시간은 90분임을 유념하라고 조언한다. 그다음에는 하는 일을 바꿔야 한다. 만약 주목을 방해하는 대상에 시선을 두었다면 그 대상으로 집중을 전환해야 한다. 흐트러진 집중을 회복하는 데는 20분의 시간이 걸리기 때문이다.

주목에 대한 수많은 연구들이 진행되고 있지만 여전히 우리는 문제를 다루는 방법을 부분적으로 알고 있을 뿐이다. 10여 년 이상을 연구해온 카스텔라노스와 동료 연구자들 역시 이제 막 그 기저에 깔린 메커니즘을 이해하기 시작했을 뿐이다. 그들은 새롭고 다른 치료법과 약물을 언젠가는 만들어낼 것이라고 확신한다. 그러나 서두를 필요는 있다. 사람들은 기다리지 않기 때문이다.

12 | 동기

보상을 바라보는 시각

눈앞에 있는 대상에 지속적으로
주의를 기울이고, 그것이 내 앞에서
전체 그림으로 열릴 때까지 기다린다.

_ **아이작 뉴턴**

다이어트를 해본 적이 있다면 동기 부여와 주목 사이의 상호작용을 경험해본 적이 있을 것이다. 라틴 어 '모베레movere'에서 파생된 '움직이는 것'이라는 의미의 이 정신적 에너지는 우리에게 목표에 집중하고 목표를 향해 나아가게 한다. 예를 들면 하루에 몇 번 우리는 갈증, 성욕, 피곤, 배고픔에 온 관심을 집중한다. 이는 매우 강렬한 충동이자 급박하고 본능적인 욕구이다. 우리가 동물이라면 우리는 눈에 보이는 것은 무엇이든 닥치는 대로 먹어치울 것이다. 그러나 인간이기 때문에 우리는 이런 고통에 대한 반응을 적절히 선택할 수 있다. 동기에 따라 우리는 파이 한 조각을 먹을 수도 있고, 저칼로리 다이어트 바를 먹을 수도 있다.

주목과 동기 부여의 상호작용

목표를 선택하면 우리의 주목은 좁혀진다. 따라서 아라모드 애플

파이 혹은 꽉 끼는 청바지가 우리들의 정신 세계를 지배할 것이다. 주목이 극단적이 되면 중독으로 발전하는데 이는 주목 대상이 마치 세상에서 가장 중요한 단 하나인 것처럼 동기가 한곳에 대한 주목을 고도로 제한하는 것이다. 음식을 사용한 한 독창적인 실험은 주목과 동기 사이의 연관관계가 신경 활동의 기초라는 것을 보여준다.

신경과학자 마셀 메설럼은 8시간 동안 단식한 피험자들에게 먹을 수 있는 것과 조리도구들의 이미지를 보여주고 뇌단층촬영을 했다. 그러고 나서 피험자들이 좋아하는 것을 배불리 먹인 후에 다시 같은 그림을 보여주고 뇌를 촬영했다. 두 가지의 사진을 비교해보자 욕망 여부를 측정하는 뇌의 편도체가 피험자들이 배고플 때는 음식 사진에도 강렬하게 반응했지만 그렇지 않은 경우에는 반응하지 않았다. 즉 동기에 따라 뇌의 특정 부분이 철저하게 다른 방식으로 시각 경험에 반응한 것이다. 메설럼은 말한다. "배가 부를 때는 무시하고 지나칠 수 있는 빵 가게의 빵은 배가 고플 때는 억제할 수 없는 욕망을 불러일으킨다."

널리 퍼진 현대인의 비만은 동기와 주목이 일상적인 행동과 연결되지 않고 각기 따로 진행될 때 벌어질 수 있는 충격적인 결과이다. 합리적인 사람들조차 자신들이 영양상의 목적으로 건강을 유지하고, 좋은 음식을 먹겠다고 말하곤 하지만 많은 사람들이 자신들이 먹는 음식과 얼마나 먹는지에는 주의를 기울이지 않는다.

《나는 왜 과식하는가》에서 코넬 대학교의 식품브랜드연구소장

브라이언 완싱크는 이런 부주의함이 어떻게 비만을 유발하는지에 관한 수많은 예들을 제시한다. 마치 어린 시절 음식 다 먹기 훈련이라도 받은 듯 영화관람객들은 작은 사이즈보다 큰 사이즈를 선택했을 때 팝콘을 53퍼센트 이상 더 많이 먹으며, 저녁 식탁에서 3분의 1의 사람들이 자신이 몇 조각의 빵을 먹었는지 기억하지 못한다. 사람들은 증거를 남기지 않고 먹을 때 자신이 먹은 치킨 윙 뼈를 테이블에 쌓아두고 음식을 먹을 때보다 28퍼센트 더 먹고, 7가지 색깔보다 10가지 색깔의 초콜릿이 들어 있을 때 엠앤엠M&M 초콜릿을 더 많이 구매한다. 혼자 먹을 때보다 친구와 함께 저녁을 먹을 때 음식을 35퍼센트 이상 더 섭취하며, 50퍼센트 이상 더 섭취하는 사람들도 있다. 이런 수치들을 생각해보면 단순히 먹는 음식에 주의를 기울이고, 천천히 먹는 것만으로도 한 끼에 67칼로리를 덜 섭취하고, 일 년에 7파운드를 감량할 수 있다는 사실은 놀랍지 않다.

비만 고객들에게 주목과 동기 사이의 연결고리를 만들어 주기 위해 다이어트 전문가 게일 포스너Gail Posner는 '마음으로 먹는 것'을 연습하라고 말한다. "음식에 완전히 집중하라. 냄새와 맛을 충분히 맛보고 음식을 느껴라. 그리고 뇌가 배부르고 만족감을 느끼게 하라." 이런 포만감이 뇌에 등록되면, 계속 먹고자 하는 긴급성이 감소되며, 이는 다이어트라는 동기를 지속하기 쉽게 해준다. "건강한 다이어트의 목적은 더 이상 먹고 싶지 않을 때 먹는 것을 중단하는 것이다. 만약 자신이 먹는 것에 주의를 기울이지 않는다면, 포만감이 들지 않을 것이다. 같은 양의 음식에도 어떤 사람은 포만감을 느끼지만, 어떤 사람은 전혀 느끼지 못한다."

고객들이 살을 빼고 싶은데 왜 계속 살이 찌고 있는지 원인을 모르겠다고 말하면 포스너는 모든 것은 그들이 실제로 먹고 있는 것에 주의를 기울이지 않기 때문이라고 말해준다. 만약 포만감을 느끼기보다 접시를 그저 비우고만 있다면 이는 식탁에서 떠나야 한다는 신호이다. 사람들은 대부분의 레스토랑들이 현재 1인분에 2인분의 식사량을 제공한다는 것을 알지 못한다. 그리고 슈퍼마켓에서 시식하는 음식, 텔레비전을 보면서 생각 없이 야금거리는 군것질, 냉장고 앞에 서 있거나 주방에서 서성거리면서 먹는 것들의 칼로리를 생각하지 못한다. 다이어트를 하는 사람들에게 이런 행동의 문제에 집중하라고 말하면서, 포스너는 고전적인 다이어트 방법을 제시한다. 작은 수첩을 준비하여 먹고 마신 것을 모두 기록하는 것이다. 그러면 생각보다 얼마나 많은 음식을 먹고 있는지 즉시 깨닫게 된다. 그리고 기록해놓은 사람들이 그렇지 않은 사람에 비해 3배 이상 음식을 덜 섭취했다.

다이어트가 힘든 이유 중 하나는 좌절감, 화, 슬픔 등이 유발한 감정적 구멍을 메우기 위해 음식을 섭취함으로써 과식하게 된다는 데 있다. 무엇이 우리의 식욕을 당기게 하는지 알고 싶다면 포스너는 배가 고픈 곳에 손을 대보라고 한다. 만약 머리에 손을 가져다 댄다면 무엇인가에 대해 속상해하고 있는 것이다. 손을 가져다 댄 곳이 입이라면 무엇인가를 맛보고 싶어하는 것이고, 배라면 실제로 배가 고픈 것이다.

워커홀릭이라는 단어가 시사하는 것처럼, 목표에 의해 활성화되는 몰두 주목과 동기는 중독과 유사하다. 고교 시절 5개월 동안 75파운드약 34킬로그램-옮긴이를 감량한 에반 G.는 그때의 경험을 이렇게 묘사한다. "나는 강박적일 정도로 내 몸무게를 생각했는데, 이는 동기를 유지하고, 살을 빼는 데 핵심 요소였다. 내가 처음 다이어트를 시작했을 때, 나는 하루에 여서일곱 번 몸무게를 쟀다. 체중계의 눈금이 250파운드에서 248파운드가 되면 기분이 좋아졌다. 계속 체중을 재면 스스로의 변화를 볼 수 있다. 그리고 그것이 계속 그 일을 하게 만든다."

동기가 무엇이든지(체중 감량, 학위, 스키 교습 등) 주목은 목표와 그에 필요한 일들 사이에 연결고리가 된다. "간식이 필요해" 같은 즉각적이고 실용적인 목적도 있고 "평생 건강하게 살거야" 같은 꾸준하고 추상적인 목표도 있다. 그러나 여전히 밝혀져야 할 부분이 많이 남아 있지만, 신경생리적인 부분과 목표 사이의 상호작용은 "당장 음식을 원해"의 즉각적인 차원과 "오랫동안 건강하게 살거야" 같은 장기적인 수준의 목표를 획득하게 한다. 주목의 선별적인 특성은 목표를 이루는 데 적합한 대상의 가치를 강화한다. 지금 당장 도넛을 원하는 것에서부터 건강한 삶을 유지하는 것까지 말이다. 그리고 현재의 목표(스낵)와 장기적 목표(건강) 사이에 주목의 균형을 맞추고 결과적으로 사과를 선택하게 되는 것을 의미한다.

칭찬은 고래도 춤추게 한다?

승진을 하고 싶다거나 최고의 파티를 연다거나 공공 사무실을 운영한다는 등의 동기는 추상적인 관념이지만 당신이 누구인지, 당신이 무엇에 집중하는지를 반영하고 그에 영향을 미친다. 하버드 대학교의 심리학자 헨리 머레이Henry Murray의 성격 이론에서 개인의 목표는 중요한 척도가 된다. 그의 계승자 데이비드 맥클랜드David McClelland는 (프리드리히 니체가 표현한) 권력에의 의지가 성취감, 소속감과 더불어 인간의 행위를 이끌어내는 세 가지 주요한 기본 동력 중 하나라고 했다.

그는 간단한 실험으로 이런 광범위한 감정적 동기들이 우리가 어떤 대상에 주목하고, 주목하지 않을지 기초 단계에서 영향을 미친다는 것을 보여주었다. 얼굴에 나타난 각기 다른 감정 상태를 표현할 때 힘을 지향하는 피험자들은 화난 얼굴처럼 지배를 의미하는 표현보다 놀란 얼굴과 같은 비대결구도를 의미하는 표현을 선호했다. 반대로 유대 관계를 중시하는 피험자들은 친근하거나 기쁜 얼굴에 대해 묘사했다. 그러나 동기가 행동에 미치는 영향에도 불구하고, 몇몇 피험자들은 올바른 대상을 알아차리지 못하고 그것에 주목하지도 못했다. 지배 성향을 지닌 사람들은 군대에서 행복을 느낄 수 있지만 행정부에서는 힘들어할 것이며, 성취를 중시하는 사람들은 CEO에는 적합하지만 주부로서의 역할은 잘 해내지 못할 것이다.

행동과 마찬가지로 동기 역시 유전과 경험에서 나온다. 유전적 요인을 고려하는 측에서는 외향적이고 사교적인 기질의 사람들은 관계에 집중하고 관계에서 동기를 부여받는 경향이 있고, 반대로 공격적인 기질의 사람은 지배 욕구에 의해 움직이고 그에 주목한다고 한다. 또한 기질적으로 걱정이 많은 사람은 동기를 지속하는 데 어려움을 겪는다. 이는 그들이 걱정거리에 지나치게 집중한 나머지 목표에 집중하지 못하게 되기 때문이다.

후천적 영향력을 고려하는 측은 주목과 마찬가지로 1차적인 동기가 사고방식에 영향을 미친다고 본다. 미시간 대학교의 심리학자 올리버 슐타이스스는 미국 대학생과 독일인 동료 연구자들을 비교했는데, 미국인들은 힘보다 성취를 지향했고, 독일인들은 성취보다는 힘에 집중하는 경향이 현저했다. 그는 이를 통해 미국인들이 혁신과 성공이라는 목표에 더욱 집중하고, 독일인들은 지배와 지위에 더욱 집중한다고 결론지었다.

흥미롭게도 동기 강화와 집중 사이의 일반적인 관념들은 잘못된 것으로 판명났다. 평화와 사랑의 1960년대 이후 아이들의 자기평가를 높이는 것이 동기를 고취시키고 성과를 촉진하는 자극제가 된다는 가정이 기정사실로 받아들여졌다. 그러나 최근 연구들은 "너는 천재야"라고 말하는 것이 아이들의 성취에 그리 영향을 주지 못하는데 특히 동기가 실제 성과와 자기규제 능력에 주목하게 만드는 것에 비하면 그 영향은 더욱 미미했다. 비판처럼 칭찬이 효과적이기 위해서는 정확히 칭찬 대상을 지목해야 한다. "참 잘했어!"가 아니라 "이 과제물을 참 잘해냈구나!"라고 칭찬해야 한다는 것이다.

동기를 고려하는 측에서는(85퍼센트의 부모들의 신봉에도 불구하고) 아이의 지능을 칭찬하는 것은 오히려 역효과를 낸다고 주장한다. 포괄적인 칭찬은 실제로 아이들에게 다른 사람들이 자신을 '영리한 아이'가 아니면 '멍청한 아이'라고 생각될 것이라고 여긴 나머지 실패의 위험을 두려워하게 만들기 때문이다. 450명의 5학년 학생을 대상으로 한 연구에서 노력에 대한 칭찬을 받은 아이들이 일반적으로 머리가 좋다는 칭찬을 받은 아이들에 비해 어렵고 도전적인 과제들을 잘 받아들이는 경향이 있었다. 다른 실험에서는 '영리하다'고 칭찬받은 아이들이 '노력가'라고 규정된 아이들에 비해 과제 수행력이 떨어졌는데 자신의 지능이 어떻게 여겨질까에 대한 압력이 아이들에게 긴장을 유발했기 때문이다.

경쟁자를 물리치거나 금전적인 보상에 외적으로 주목하는 것은 실제로 목표를 추구하는 본능적인 동기를 감소시킨다. 한 실험에서는 어떤 보상도 없이 순수하게 문제 풀이를 한 학생들이 금전적 보상을 받고 문제를 푸는 학생들에 비해 훨씬 더 동기를 자극받았음이 나타났다. 다른 실험에서는 학생들에게 일하는 틈틈이 문제를 풀라고 요청했는데, 이 학생들은 연구자들이 방을 떠난 후 하던 일을 멈추고 상대방에게 '당신을 이길 거야'라고 말하는 등 의욕을 불태웠다. 반면 문제를 반드시 전부 풀어야 한다고 지시받은 학생들은 자신이 하던 일을 계속했다. 특히 주목할 만한 것은 경쟁자가 없어도 자신들의 노력에 긍정적인 피드백을 받은 사람들은 그러한 피드백이 없던 사람들이 실패한 데 비해 자기 동기화가 상당히 잘 유지되었다.

'실패는 성공의 어머니이다'라는 말의 진실

집중력이 뛰어난 사람들 중 일부는 실패에서 성공을 배우곤 한다 stick-to-it-ivity. 이는 클린트 이스트우드부터 꼬마기관차 토머스에 이르기까지 영웅들의 전형이기도 하다. 펜실베이니아 대학교의 심리학자 안젤라 덕워스Angela Duckworth는 이를 '투지grit'라고 부른다. 그녀는 성취 능력과 관련하여 '타고난 재능'에 관한 문화적 편견이 이런 끈기 있는 노력을 경시하게 만든다고 지적한다. 투지는 장애물의 존재에도 불구하고 목표를 추구하는 데 대한 동기, 인내와

▲ **라이트 형제의 글라이더 시험 비행**
우리가 알고 있는 위대한 성공의 대부분은 수많은 실험과 실패의 산물이다. 성공하기 위해서는 성공을 향한 불굴의 투지와 실패에서 배우는 자세가 필요하다.

관련이 있다. 하지만 주목과의 관련성은 보다 덜 눈에 뜨인다. 시간이 지남에 따라 특정 대상이나 생각에 대한 흥미를 지속적으로 유지한다는 측면에서 말이다.

예를 들어 중력과 같은 어려운 개념을 이해하는 데 있어 대부분의 사람들은 한동안 그 문제에 대해 생각을 하지만, 곧 힘들어하며 그것을 잊어버리고 만다. 그러나 아이작 뉴턴 같은 천재들은 흔들림 없이 오랫동안 그 문제에 몰두 주목이라는 '정신 에너지'를 쏟는다.

"내 앞에 있는 대상에 지속적으로 주의를 기울이고, 그 대상들이 조금씩 내 앞에서 전체 그림으로 열릴 때까지 기다린다."

뉴턴의 훌륭한 후계자인 물리학자 리처드 파인먼Richard Feynman 역시 대상에 대해 이와 유사하게 다변적인 관찰을 지속하는 능력을

▲ **뉴턴의 사과나무와 피사 대성당의 샹들리에**(좌측부터)

뉴턴은 사과나무에, 갈릴레오는 피사 대성당의 샹들리에에 주목하고 끈기 있게 호기심을 유지함으로써 근대 물리학의 토대를 닦았다.

지니고 있다. 그들이 혁신적인 이론을 사람들 앞에 발표했을 때 동료 과학자들은 이 전설의 물리학자가 그 수식을 이미 오래전에 완성했고 단지 결과를 출판하는 것을 귀찮아했을 뿐이라는 것을 깨닫게 되었다. 한 동료는 "파인먼은 이미 방명록에 사인을 하고 그 자리를 떠난 지 오래였다"라고 표현했다. 보통 사람들도 이런 재능을 지닐 수 있고 잠시 동안 열정을 불태울 수 있지만, 덕워스의 말처럼 그들은 흥미를 지속시키지 못한다.

파인먼과 뉴턴 같은 역사적인 인물들은 덕워스에게 성취에 있어 투지의 역할을 진지하게 생각하게끔 했다. 그리고 몇몇 예외가 있지만 이런 위대한 업적을 이룬 사람들은 대개 공통점을 지니고 있음을 알아냈다. 그들은 대개 어린 시절부터 자신들이 주목할 대상을 발견한다. 아이큐 테스트와 종적연구의 선구자인 스탠포드 대학교의 루이스 터먼Lewis Terman이 연구한 '영리한 아이들' 역시 그랬다. 그들은 어린 시절에 특히 관심을 보인 대상에 대해 장기적, 지속적으로 집중하고 집요하게 노력했다.

어떤 이들은 투지를 지니고 있고, 어떤 이들은 그렇지 않다. 그러나 끈기는 유전적 특징일 수도 있고 어린 시절에 구축된 습관일 수도 있다. 자신이 관심 있는 일을 하면서 생계를 꾸려나가는 사람들은 그렇지 않은 사람들보다 더 열정적이다. 그리고 일하는 대상에 대한 호의는 일의 질적 향상을 불러온다. 덕워스는 투지가 있는 사람들은 자신에게 맞는 적합한 일을 열심히 찾는다고 말한다. 때로 그들은 올바른 주목 대상을 찾아낼 때까지 열정이 없는 사람처럼 보이기도 한다.

인내, 지속성, 집중력을 존중해야 한다는 관점은 중국계 부모를 둔 덕워스에게는 낯선 것이 아니다. 동양적 전통들은 미국으로 이민을 왔을 때조차 다른 어떤 집단보다 결단과 지속적인 노력을 중요시 여기게 했다. 펜실베이니아 연구 팀은 철자법 대회에 출전한 아이들을 대상으로 한 연구에서 투지 있는 아이들이 더욱 대회에 열심히 임하고, 열심히 공부하여 내년에 다시 참가하고자 노력한다는 것을 알아냈다. 이는 놀라운 일은 아니다. 2005년 전국 철자법 대회 결선에서 1, 2, 3위를 차지한 아이들은 모두 인도계였다. "타고난 능력이 아니라 노력하기만 한다면 모든 일이 가능하다고 믿는 것은 잘못 이해된 관념이다. 그러나 동양계 부모들은 노력만 한다면 아이들이 모두 하버드 대학교에 진학할 수 있다고 생각한다."

사회적으로 생각하면 투지는 왜 지난 50년간 매년 평균 아이큐 지수가 0.5점씩 높아졌는지를 설명하는 근거가 된다. (아이큐 차이의 절반 이상을 차지하고 있는 유전적 요인은 이유가 될 수 없다. 유전자들은 이렇게 단기간에 변화하는 것이 아니기 때문이다.) 평등의 전파, 교육 수준의 증가, 컴퓨터와 인터넷 사용, 그 밖의 다른 긍정적인 사회적 변화들이 더욱 많은 사람들에게 긍정적인 동기와 주목, 투지를 표출하는 것을 가능하게 해준 덕분이다. 덕워스에 따르면 우리들은 스스로를 더욱 영리하게 만드는 데 노력함으로써 세상을 풍요롭게 만들어왔고, 이는 다시 주변 환경에 대한 주목을 더욱 강화하게 만들었다.

사회는 미래의 성취도를 측정하는 평준화된 테스트들에 큰 신뢰를 보낸다. 그러나 SAT 점수가 졸업 후 학생들의 성공의 척도로 믿을 만한 것은 아니니다. 실제로 학년 성적이 아주 약간 졸업 후의 연봉과 관계가 있을 수는 있다. 그러나 현실 세계에서 일을 해내는 능력에 대해 말하자면 투지가 성취도를 측정하는 더 나은 척도가 될 수 있다. 인구통계학자 폴 글릭Paul Glick에 의하면 1950년대까지 고교 중퇴자들이 졸업자들에 비해 이혼률이 더 높았다. 이는 학교를 졸업하는 일 등 힘든 일을 쉽게 포기하는 사람들이 결혼 생활을 지속하는 것 같은 다른 문제에 있어서도 인내심을 발휘하지 못한다는 추론을 이끌어냈다.

그럼에도 불구하고 미국인들은 여전히 높은 아이큐 지수나 GRE 점수, 월반한 학생들이라는 개념에 강하게 끌린다. "사람들은 성취도에 있어 노력이나 인내 같은 요소의 중요성을 충분히 깨닫지 못하고 있다. 이는 오랫동안 그 일을 해내는 것을 의미하는 데 말이다." 어느 정도 태생적인 능력을 지닌 작가는 책 한 권을 완성하는 데 5년이 걸리고, 어떤 작가는 1년이 걸릴 수 있다. 그러나 5년이 걸리는 작가는 투지로 결국 결승선을 밟을 것이다. 이런 의미에서 덕워스는 토끼와 거북이 이야기를 신뢰한다.

토끼든 거북이든 인내심을 배워야 할 필요가 있다. 이 실험은 아직 진행 중이기 때문이다. 그럼에도 불구하고 덕워스는 이런 연구들에서 한 가지는 분명하다고 말한다. "인생은 상대적으로 짧다. 때문에 당신은 여러 가지 목적들 사이에서 주목을 전환할 수 있다. 그러나 어느 것이든 할 수 있다는 착각으로 괴로워하지 마라."

요즘 서른 살은 새로운 이십대가 시작되는 것이라고 말한다. 그러나 더 나은 커리어를 찾기 위해 한두 해 간격으로 직업을 바꾸는 풍조는 이익보다는 비용을 더 많이 요구한다. 이는 우리가 얄팍한 아마추어가 되는 지름길이다. 한 가지 묻겠다. 당신은 다양한 수술 분야에 관심을 두고 있는 외과의사에게 수술을 받겠는가, 당신에게 필요한 단 한 가지 수술에 정통한 외과의사에게 수술을 받겠는가?

덕워스는 청소년들이 여러 가지 꿈을 생각해보는 것이 자신이 진정 흥미 있는 대상을 찾는 데 도움을 준다는 것은 인정한다. 그러나 "당신이 마흔다섯 살이 될 때까지 자신에게 가장 적합한 일을 찾지 못했다면, 당신에게 맞는 일에 대한 기대가 지나치게 높은 것이다. 당신이 주목하고, 찾아야 하는 가장 최선의 것에 정착하는 것이 좋을 것이다"라고 조언한다.

성 바오로는 로마 인에게 쓴 유명한 편지에서 인간의 고유한 조건인 동기의 딜레마를 묘사한다.

> 내가 하고 있는 일에 대해서라면 나는 잘 알지 못한다. 내게 좋은 일을 하지는 않을 것이다. 내가 싫어하는 악이라도, 필요하다면 나는 할 것이다.

우리는 이런 감정을 표현하면서 "왜 그렇게 행동한거지? 내가 하려고 했던 건 그게 아닌데!" 하고 한탄하곤 한다. (우리는 '맛을 음미하면서 먹을 걸' 혹은 '냉정을 유지했어야 했어' 혹은 '신용카드로 지불할 걸' 같은 말을 수없이 하지 않는가!) 이런 문제를 다루는 고전적인 전략은 성서에도 나와 있다. 유혹에서 관심을 돌리는 것이다. 예수는 악마에게 이렇게 말하지 않았는가.

"사탄아, 내 뒤로 물러가거라!"

행동과학자들은 충동을 제어하는 수준이 왜 때에 따라 달리 나타나는지에 대한 원인을 오랫동안 연구해왔다. 일반적인 믿음은 우리가 진정으로 원한다면 행동을 제어할 수 있다는 것이다. 법적인 가능성이든, 마라톤을 하는 것이든 성 바오로의 말처럼 욕망 하나만으로는 충분치 않다.

설명하기 힘든 행동에 대해 프로이트는 우리가 숨겨진 동기를 드러내는 잠재 신호를 무의식적으로 처리하고 있다는 것을 한 가지 이유로 들었다. 트루먼 카포티Truman Capote, 《티파니에서 아침을》《인 콜드 블러드》 등을 쓴 미국 소설가이자 각본가-옮긴이는 어린 시절 어머니의 자살을 겪었다. 파크 애비뉴에서 사는 것을 꿈꿨으나 남편의 파산으로 꿈이 좌절된 것이 원인이었다. 수십 년이 흘러 부와 성공, 명성을 얻었음에도 불구하고 그는 자살을 한다. 자살은 그의 관심사와는 정반대의 일로 오히려 작품 속에서 잔인하게 희화화될 정도의 대상이었음을 생각하면 놀라운 일이 아닐 수 없다.

숨겨진 동기의 힘을 사소하게 묘사한다면 이런 것을 상상해볼 수 있다. 당신이 금요일 저녁 왠지 껄렁한 십대처럼 행동하고 싶은 마음으로 바에 갔다고 해보자. 여기에 대해서 당신은 왠지 모를 침울함과 짜증 때문에 그렇게 했다고 생각할 수 있다. 그러나 그날 아침 당신을 마음대로 좌우하려는 상사가 마음에 사소한 변화를 일으켰기 때문일 수도 있다. 상사의 사소한 행동이 잠재적으로 당신에게 억압적인 부모에 대한 반응들을 일깨우고, 결국 당신을 뚱한 십대처럼 생각하고 행동하게 했을 수 있다는 것이다.

듀크 대학교의 심리학자 타냐 차트랜드Tanya Chartrand는 무의식적인 동기들이 일으키는 결과에 대한 기발한 실험 한 가지를 했다. 그녀는 122명의 피험자들에게 간단하게 정리된 성격 유형 목록을 주고, 다양한 사람들의 인상을 기록해보라고 했다. 그때 차트랜드는 피험자들이 이 과제에 성공하든 실패하든 관계없이 몇몇 모순적인 특성들을 혼합해서 제시함으로써 숨겨진 목표를 조절했다. 예를 들어 한 사람에 대해 "그는 세련되지는 않지만 우아하다"라는 식으로 묘사함으로써 그녀는 미묘하게 피험자들이 일관성 있는 모습을 그려내지 못하도록 했다. 후에 피험자들의 마음은 비교집단의 사람들보다 훨씬 침체되어 있었는데, 피험자들조차 그 원인을 알지 못했다. 피험자들이 감정적으로 침체되어 있었지만 그 이유를 알지 못했기 때문에 차트랜드는 이를 '알 수 없는 기분'이라고 불렀다.

행동에 영향을 미치는 이런 알 수 없는 기분은 당연히 다루기 어렵다. 그러나 몇몇 연구는 우리가 목표와 관계된 일을 머릿속에 미리 그려본다면, 지방 함량이 높은 디저트에서 살을 빼겠다는 목표로 주목을 전환하기 쉽다고 한다. 만약 머릿속에서 만찬의 유혹에 굴복하는 것과 이웃집 수영장에서 사람들 앞에 서 있는 상황을 생각해본 적이 있다면, 자신의 의지를 믿는 것보다 훨씬 쉽게 유혹에

저항할 수 있다.

목표를 추구하는 것이 어려워졌을 때 사전에 주목할 대상을 결정해놓는 것이 동기를 불러일으키는 것보다 더 나은 전략이 될 수 있다.

즉시적 보상의 속삭임에 굴복하는 본능

토머스 웹Thomas Webb과 파스칼 쉬런Paschal Sheeran은 사회적으로 분노나 내성적인 성격을 다루는 최선의 방법을 알아보는 실험을 했다. 그들은 참가자들에게 연설 준비를 하라고 말했다. 연설은 대부분의 사람들에게 초조감을 일으키는 일 중 하나이다. 그러고 나서 피험자들에게 단어 목록을 주고, 그들이 '부끄러움으로 빨개진 얼굴'이나 '식은땀' 같은 초조감을 유발하는 단어들과 그렇지 않은 일반적인 단어들 양측에 주목하는 시간을 측정했다. 별 특징 없는 단어에 주목하라는 이야기를 들은 피험자들은 그런 준비를 하지 못한 피험자들보다 걱정거리를 의미하는 단어에 주목하는 빈도가 낮았다. 동기는 행동에 제아무리 사소한 영향을 미치는 것이라 해도 느리고 노력이 필요한 과정이기 때문이다. 빠르고 노력 없이 이루어지는 주목에 비하면 말이다. 따라서 연설을 한다거나 다이어트 중에 파티에 참석해야 하는 등 스트레스가 유발되는 상황에 처한다면 미리 어떻게 행동할 것인지를 계획하는 것이 좋다. "만약 이런 일이 일어나면 이렇게 할 거야"라는 행동 방식을 결정해놓고 사용하는 것이다.

동기를 강화하기 위해 주목을 사용하는 낡았지만 효과적인 방식 중 한 가지는 그룹 효과이다. 심각한 전염병의 높은 전염율과 결과적으로 사망자가 10명 중 1명 꼴이라는 것을 고려하여, 존스 홉킨스 병원의 마취과 전문의 피터 프로노보스트Peter Pronovost는 팀별로 의사와 간호사들이 사용할 간단한 체크리스트를 고안했다. 손씻기부터 멸균 가운을 입는 것까지 손쉬운 다섯 가지 단계를 수행함으로써 중환자실 직원들은 거의 0퍼센트에 가까울 정도로 감염률을 낮췄다. 프로노보스트가 상대의 동기를 강화하는 팀워크적인 방법을 개발할 때까지 의학 전문가들은 기본 체크리스트를 생략하고자 하는 유혹에서 자유롭지 못했다.

펜실베이니아 코츠빌의 재향군인 메디컬센터Veterans Affairs Medical Center에서 행동경제학을 공부한 정신과 전문의 조지 에인슬리George Ainslie은 '의지의 힘'을 연구했다. 우리가 충동적이고 설명할 수 없는 행동을 하는 데 중대한 영향을 미치는 근거를 살펴보고, 올바른 동기에 지속적으로 집중할 수 있게 하는 전략을 알아내는 것이었다. 그의 관점에서 우리의 삶은 흔히 생각하듯 고도로 구조화된 단일한 명령 중추Cranial Central Command에 의해 움직이는 것이 아니다. 외려 각각의 다른 동기로 서로 다투는 요소들의 집단에 의해 움직인다. 머릿속을 사로잡는 목소리에 의존한다면 우리는 엄청나게 제멋대로인 행동부터 놀라운 영웅주의적 행동까지 이해할 수 없고 때로는 모순되어 보이는 행동을 하게 될 것이다. 목표 추구를 고려하는 측에서는 우리가 노이즈와 역효과를 내는 대상을 억제하고 가장 도움이 되는 목소리에 집중함으로써 갈등을 줄일 수 있다고 한다.

에인슬리는 작은 속삭임이 당신에게 일주일에 세 번 운동을 간다든지 다이어트를 하고 있다는 등의 목표를 희미하게 만들 때 우리가 일시적이지만 강하게 빠른 보상을 주는 행위에 주목하고 그것을 선택하는 경향이 있다는 것을 알아냈다. 때문에 우리는 탄탄한 복근이나 콜레스테롤 수치를 낮추는 등의 훨씬 더 좋지만 보상 속도가 느린 희망을 유지하기보다 텔레비전을 보거나 파이 한 조각을 먹는 빠른 보상에 간단히 굴복하게 된다. 몇몇 실험에서 피험자들은 목표에 대한 단기 유예가 당장 가능하다면, 훗날의 안정을 선택하기보다 짧고 손쉬운 눈앞의 휴식을 택했다.

에인슬리는 간단한 실험을 했다. 자신의 친구들에게 즉시 교환할 수 있는 100달러짜리 수표와 3년 후에 교환할 수 있는 200달러짜리 수표 중 한 가지를 선택하게 했다. 절반 이상이 100달러짜리 수표를 택했다. 그러고 나서 같은 선택이지만 보상이 훨씬 더 지연되는 실험을 했다. 6년짜리 100달러 수표와 9년짜리 200달러 수표 중에서 고르라고 하자 이번에는 모두들 200달러 수표를 선택했다. 수학적인 측면에서 동기의 역동성을 고려한다면 "예상되는 지연에 의해 가치가 즉시 분리되는 상황에서는 예상되는 사건에 대한 가치가 감소한다"고 표현할 수 있다.

심지어 비둘기도 보상이 예측되는 상황에서 결정을 한다면, 빠른 결정에 대한 선호를 억제하기 힘들어했다. 우리들처럼 새들도 먹이가 지연될 때가 아니어도 차후의 큰 보상보다 즉시적이고 작은 보상을 선택했다. 에인슬리는 심지어 몇몇 새들은 차후에 더 작은 보상을 주는 다른 열쇠가 등장하는 것을 방지하기 위해 미리 열쇠를 쪼아 먹기도 했다고 말한다. 이런 실험들을 예로 들면서 그는 "유혹은 인간의 문화적 부산물이 아니라 진화의 초기 단계에서 나타나는 기초 행동적 양상이다"라고 결론지었다.

다이어트 중인 사람에게 초콜릿 케이크 한 조각을 먹으라는 속삭임은 거대한 전체 계획에서는 그리 중요한 것처럼 보이지 않는다. 그러나 충동적 선택은 에인슬리가 의지의 힘이라고 부르는 것에 심각한 영향을 줄 수 있다. 에인슬리는 그것이 어떤 종류의 신체기관에 대한 것이 아니라 미래의 자신을 놓고 하는 협상 상태라고 정의했다. 즉 현재의 선택은 미래에 가능한 선택들의 전체 범주에 대한 시범 케이스인 것이다. 왜 케이크를 먹으면 안 되는가? 무엇보다도 한 조각이 큰 문제가 되겠는가? 하고 생각할 수도 있다. 그러나 이때 잃은 것은 약간의 체중 감량이 아니라 다이어트를 지속하고자 하는 당신의 기대이다.

의지의 힘에 대한 개념(장애물에도 불구하고 일련의 행동을 선택하고 좇는 능력)은 윌리엄 제임스가 '한 가지 습관을 다른 것으로 교체하는 기술'이라고 부른 개념을 수용하는 에픽테토스Epictetus, 고대 그리스 스토아 학파의 철학자-옮긴이, 어거스틴Augustine, 니체 같은 철학자들에게는 놀라운 일이 아니다. 역사를 통틀어 과식, 성욕, 음주, 태만 등은 질병이라기보다는 일종의 악덕으로, 이를 절제, 순결, 금주, 진취성으로 대체하기 위해서는 의지를 실행하는 능력이 요구되었다. 고대의 현자들은 아마도 현대 미국인들이 자신들의 늘어난 허리둘레를 자기 관리의 부족이라기보다는 부모들이 물려준 유전자나 습관 탓으로 돌리는 말을 들으면 놀라게 될 것이다. "싫다"고 말하지 않는 경향이 늘어가는 문화에서 비만인 사람들은 위절제술에 의지하고 비만 방지 단체들은 트랜스 지방 식품들을 불법으로 규정하고 정크푸드에 세금을 부과하는 법안을 통과시키고자 로비를 한다.

칙센트미하이는 그가 중요한 인간의 능력이라고 여기는 문화적 거절에 대한 역사적인 관점을 언급한다. 20세기 중반 과학자들이 자극-반응 역학이 대부분 행동의 기초라고 주장하던 때는 목욕물에 던져진 아이에게나 적합하다는 것이다. 무엇이 우리의 행동 방식을 움직이게 하는지 혹은 부정적이거나 긍정적인 반응을 결정하는지는 더 이상 행위의 원인을 설명하는 데 적합하지 않다.

"그것은 데우스 엑스 마키나deus ex machina, 문학 작품에서 결말을 짓거나 갈등을 풀기 위해 뜬금없는 사건을 일으키는 플롯 장치-옮긴이처럼 뜬금없이 등장하곤 합니다. '그것이 나의 의지다'와 같은 것이나 스키너의 강화 이론의 교묘한 목소리가 우리들이 알지 못하는 사이 행동을 움직이는 것입니다. 그러나 그 용어는 근본적으로 심리학 사전에서 지워졌습니다."

현대의 연구들이 만들어낸 존중할 만한 개념은 '효과적 동기effective motivation'라고 불리는 것이다. 어떤 일을 하는 데 대한 동기를 가지고 있지만 결코 그 일을 하지는 않는 사람들이 있다는 것이다.

신경과학자의 관점에서 스티븐 얀티스는 주목과 의지의 관계 역시 편향경쟁의 측면에서 생각한다. 그는 각각의 가치를 지닌 목표들이 총체적으로 모여 우리의 장기적, 단기적 기억 창고에 저장된다고 생각한다. 이 목표들은 행복한 가정 생활이나 성공적인 커리어 같은 상위의 목표에서부터 아침 식사를 만든다거나 과제를 끝내는 등의 일상적인 목표들까지 다양하다. 수표책의 잔고를 확인하는 것 같이 어떤 목표들은 확실하고 즉시적인 주목을 요구하지만 우리들은 그것을 깨닫지 못하고 다른 대상들로 주의를 돌린다. 두 가지 이상의 목표나 동기가 충돌하는 경쟁이 발생하면 의지가 작동하기 시작된다. 쪼르륵 거리는 뱃속의 요동은 우리들에게 저녁 식사 한 시간 전에 무엇인가를 먹을 것을 욕망하게 하지만 동시에 체중에 신경을 쓴다는 동기가 저녁 식사 시간까지 참을 것을 요구한다. 이런 유의 결투는 의식 아래의 수준에서 발생하지만 보통 우리들은 전투 중인 목표들에 대해 스스로가 부과한 가치를 고려하여 가장 경쟁성 있는 목표를 선택하게 된다. 지금 당장 쿠키 한 조각을 원한다는 것을 선택할 수도 있다. 그러나 배가 고픈 것과 쿠키 한두 조각을 원하는 것을 가늠하고 있다면 청바지 허리둘레를 생각하는 다른 목적이 더 높은 가치를 지니게 된다.

유전학은 때로 자유의지라는 멋진 개념을 무시하게끔 만드는데 얀티스는 이를 '선택이 이미 결정되어 있다고 추측하는 극히 비관적인 관점'이라고 일컫는다. "컵의 어느 부분을 잡을지 같은 미시적인 결정이든 구직 제의를 수락하는 것 같은 거시적인 결정이든 일련의 행동에 대한 선택은 생리적, 유전적, 행위적 요소들이 상상할 수 없을 만큼 복잡한 상호작용을 한 메커니즘의 결과이다. 양자역학의 가장 낮은 수준에서는 무작위성이 중요한 역할을 한다. 그러나 인간으로서 나는 인간이 기억, 가치, 신념에 기반해 이성적으로 결정을 내리고 자신의 선택을 통제할 수 있는 존재라는 생각에서 편안함을 느낀다." 얀티스는 자유의지라는 개념은 신비롭고 마법 같은 '블랙박스'적 특징이라고 일컫는다. "두 가지 경쟁적인 상황에서 한 가지를 선택할 때 나는 그 결정을 내린 '궁극적인 나'가 생각하는 방식을 확신할 수 없다."

주목과 동기의 상호작용은 단기적으로는 일을 처리하는 데 영향을 미치지만 장기적으로는 내가 누구인지를 형성하는 데 영향을 미친다. 만약 당신의 고교 졸업앨범에 '가장 인기 있었던' 혹은 '가장 성공적인 학생' 등의 수식어가 붙어 있다면, 헤어스타일이나 몸매와는 관계없이 당신의 가장 깊은 곳에 자리한 친구를 사귀거나 상황을 다루는 데 대한 관심이 당신의 동력원으로 작용하고 있었을 것이다.

일생의 목표만큼 당면한 목표들을 고려하는 측면에서 주목은 당신의 목적과 개인적인 자질들 사이의 연관관계를 구축한다. 타고난 재능에 대한 문화적 고정관념에도 불구하고 오랫동안 믿어온 재능이라는 자질은 성취의 더 나은 척도가 될 수 있다. 주목 역학은 우리들이 목표를 정했을 때 그것에 대한 열망을 강화하고, 집중을 유지하기 위해 목표와 상충되는 대상들을 억제하게 한다. 이 몰두 역학은 목표가 긍정적이고 생산적이라면 당신에게 이득으로 작용할 것이다. 그러나 그렇지 않다면 중독과 같은 치명적인 것이 될 수도 있다.

13 | 긍정 주목의 힘

에너지는 주목이 있는 곳으로 흐른다

진실은 작동하고 있는 것에 달려 있다

_ 윌리엄 제임스

신체적, 정신적 건강을 고려할 때 당면한 경험들을 형성하고 장기적인 삶의 질을 끌어올리는 데 있어 주목의 중요성을 과장하지 않기란 어렵다. 목표를 달성하지 못했을 때 부정적인 생각이나 사건에서 주목의 방향을 전환하는 능력을 습득하는 것은 스트레스를 다루고 삶을 단순한 반응이 아닌 창작품으로 만들 수 있게 해준다.

잠을 잘 때조차 우울해하는 사람들

미주리 주의 비즈니스맨 래리 스튜어트는 질적으로 충만한 삶을 사는 데 미치는 주목의 힘을 입증하는 증거 그 자체이다. 〈뉴욕 타임즈〉의 부고기사는 그의 엄청난 재정적인 성공보다 그가 고난의 종합선물상자 같은 삶을 멋진 삶으로 바꾼 방식에 대한 칭송으로 가득 차 있다. 1979년 이후 그는 매년 12월이 되면 산타가 되어 거리로 나가 작은 격려를 기꺼이 받아들일 만한 행인들에게 100달러짜리 지폐를 나눠주었다. 그의 디킨스적인 크리스마스 보조금은 크리스마스 일주일 전인 어느 날 시작되었다. 직장에서 해고를 당한 그날 그는 드라이브 인 레스토랑에 주차를 했고, 기분은 매우 가라앉아 있었다. 그러던 그의 눈에 얇은 코트를 걸치고 덜덜 떨며 서 있는 웨이트리스가 들어왔다. "내 상황이 저 여자보다는 낫군"이라고 자조하며 그는 웨이트리스에게 20달러를 팁으로 주었다. 그 후 죽을 때까지 그는 비즈니스적으로 번창했을 뿐 아니라 익명으로 1,300만 달러를 나눠주었다.

래리 스튜어트가 무력감과 우울, 자기연민이라는 손실에서 에너지를 주는 방향으로 주목을 돌린 것, 이런 유의 역경에 대한 반응 방식은 펜실베이니아 대학교의 정신의학자 아론 벡Aaron Beck이 주목의 영향력을 언급할 때 드는 개인적 실례이기도 하다. 주목의 선택적 특성이 정신질환에 주요한 역할을 한다는 그의 발견은 우울증에 대한 인지치료를 진일보시키는 중대한 첫걸음이 되었다. 더욱이 주목의 적응성 없는 패턴들이 이상행위를 일으킨다는 벡의 시각은 특정 부분에 대한 감정적 장애를 치유하는 것만이 아니라 좋은 삶을 유지하는 데도 적용된다.

현재 우울증은 환경적 요소만큼이나 개인의 생리적 특성들이 유발하는 복잡한 문제라고 생각된다. 그리고 그 치료법은 의학적, 심리치료적 양측 모두와 관계가 있다. 1960년대 벡은 환자의 증상에 차도가 보이지 않자 그때까지 지배적이던 치료 요법인 심리분석적 행동주의 이론들을 다른 관점에서 바라보기 시작했다. 환자들의 행동의 공통분모를 찾아서 자신의 환자 병력과 결합해보고 나서 그는 학계를 뒤엎을 만한 관점을 만들어냈다. 우울증은 일상적으로 부정적인 생각과 감정에 집중한 결과 환자들에게 희망이 없고 자기를 도와줄 사람이 없다고 생각하게 만든다는 것이었다. 우울함에 대한 인지적, 감정적 접근법이었다.

심지어 잠을 잘 때조차 우울함은 공허감에 집중하게 만들었다. 벡의 환자들 중 한 사람은 일상적인 꿈 한 가지를 이야기해주었다. 꿈속에서 그는 자판기에 동전을 넣었는데 음료수가 나오기를 기다리며 그곳에 서 있었지만 아무것도 나오지 않았다. 좌절을 겪었을 때 일생 중 한 번이라도 이런 절망적인 심리 상태를 겪어본 적이 있는 사람은 미국인들의 10퍼센트에 달한다. 벡은 이런 암울한 '선택적 추상화selective abstraction'는 주목 장애의 중대한 요소라고 생각했다. 이런 사람들은 긍정적이고 더 큰 상황 여건을 배제하고 자신이 겪은 부정적인 경험에만 집중한다. 심지어 과거를 회상할 때 단지 부정적인 사건들만 기억해내기도 한다.

인생이라는 난투 게임 속에서 성공하기 위해서는 삶의 어두운 측면에 주목할 여유가 없다. 계속 방망이를 휘두르기 위해서는 우리는 자신이 추구하는 것을 믿고 언제가는 공을 쳐낼 것이라고 믿어야 한다. 좌절감을 겪어본 적이 있는 사람은 스트라이크 아웃을 당할 것이라고 생각하면서는 스윙을 계속할 수 없다는 것을 알고 있다.

정신질환을 야기하기도 하고 완화시키기도 하는 주목의 역할을 이해하기 위해 한 가지를 상상해보자. 소중한 직업을 잃고 나서 새로운 직업을 찾지도 못하고 그리하여 집과 가족을 잃게 될 것이라고 생각하는 상황에 처하는 것이다. 곧 당신은 침울해질 것이고 목욕 가운을 입은 채로 안절부절 못하고 집안을 서성이게 될 것이다. 그러다 누군가 당신을 심리치료연구소에 데리고 가면 당신은 상담사 앞에서 이렇게 말하게 될 것이다. "직업을 찾을 수 있다는 근거가 어디에도 없어요. 아무도 날 고용해주지 않을 겁니다."

우울증에 빠진 사람의 희망 없는 사고와 감정으로 향한 주목의 초점을 긍정적이고 희망적인 것으로 다시 맞추는 것이 인지심리치료 요법의 핵심이다. 2, 3개월 동안 주간 상담 프로그램을 진행한 후 치료사는 벡의 '협력적 경험주의collaborative empiricism'를 실행할 것이다. 당신이 지니고 있는 반사적인 부정적 사고가 실제 현실 세계에서 타당한지 테스트하는 것이다. 치료사는 당신의 자멸적인 생각들을 일깨워주고 그에 반박하는 법을 알려주어 비생산적인 행동 패턴이 나타나기 전에 그것을 막을 것이다. 이전에 겪은 고용주의 불편부당한 행위나 불행한 어린 시절에 위로를 건네는 대신 치료사는 당신의 자멸적인 생각을 끄집어내고, 실용적이고 명백한 성취와 관련한 새롭고 긍정적인 생각을 불어넣어줄 것이다.

첫째 주에 치료사는 당신에게 한 가지 일에 주목하라고 말한다. 아침 여덟 시에 일어나서 씻고 옷을 갈아입고 아침을 먹는 것이다. 그리고 그 일이 잘 진행되면 그 다음 주에는 신문을 사서 아침을 먹으며 구인광고를 보라고 한다. 한 주가 지나면 구인광고를 낸 3명의 고용주들에게 전화를 걸어보라고 한다. 단지 전화를 거는 것뿐이다.

이 요법이 진행되는 동안 주목의 방향을 이전의 "이런 건 헛수고야, 소용없어"라는 태도에서 "할 수 있어"라는 태도로 전환하는 것을 배우게 된다. 이는 상당히 실용적인 일들을 할 수 있게 해주며 기분을 좀 더 끌어올려준다. 결국 당신은 샤워를 하고 커피를 마시고 신문을 통해 세상과 접촉하고 나서 기분이 더 나아지게 될 것이다. 게다가 아침에 일어나서 신문을 보는 것부터 전화를 거는 것까지 고용이라는 목표를 달성하기 위해 행동하는 것은 실제로 당신에게 필요한 기회들을 증가시켜줄 것이다. 그리고 당신은 보다 건강해지고, 자기 안으로 파고드는 경향을 줄이고, 새로운 대처 기술들을 습득하게 될 것이다.

인지심리치료 요법은 일반적인 우울증을 완화하는 데 약물치료만큼 효과가 있음이 증명되었다. 이런 접근 방식은 행동치료 요법이나 의학적 치료와 함께 사용되기도 하며, 다수의 정신질환들과 몇몇 신체적 질환을 치료하는 데 사용되고 있다. 벡은 임상 관찰에 기반을 둔 정신적 문제에 주목의 개념을 결합시킨 이런 체험적 요법이 신경과학에 기반한 치료법만큼 과학적이라고 이야기한다.

만성적으로 적절하지 못한 주목을 수정하는 것은 개인만의 문제가 아니라 공공 건강의 문제이기도 하다. 우울증은 직원들의 집중력, 기억력, 의사결정 능력 등을 감소시킴으로써 생산성을 떨어뜨리고 그 결과 미국은 연간 440억 달러의 비용을 치르고 있다. 또한 이는 개인만을 고통스럽게 하는 것이 아니라 치료받지 않은 수백만의 부모들로 인해 아이들에게까지 그 영향을 미친다는 데 더욱 큰 문제가 있다. 벡은 우울증을 앓는 여성의 딸들이 어머니의 비관적인 시각을 공유하는 경향이 있다는 연구를 언급했다. 여기에는 유전적인 성향이 영향을 미치기도 하겠지만 부모의 암울하고 절망적인 시각이 우울증을 유발하는 부정적인 사고방식을 지니게 하는 위험 요소라고 지적한다.

주목의 비순응성 패턴들은 단지 우울증에만 국한되는 것이 아니라 행동 장애를 유발하기도 한다. 부정적인 정보에 집중하는 것만으로도 위협적인 대상에 대해 분노나 피해망상으로 발전될 수 있다. 다른 문제를 겪는 사람들은 선별적으로 심리적 신호라기보다는 부정적인 육체적 신호에 주의를 기울인다. 공황 장애를 겪는 사람들은 의학적인 혼란에서 벗어나지 못하며, 심기증은 신체적 증상에, 불면증은 수면 부족의 결과들에 집착한다. 우울증에 대한 효과적인 인지-행동치료 요법은 장애의 기저를 이루는 왜곡된 주목 패턴을 정상화하는 데 있다.

이런 유의 인지치료 요법은 먼저 의식이 보통의 심리적 신호만이 아니라 심리적 장애를 이해하는 신호들을 많이 내보내기 때문에 유효하다. 이에 대해 벡은 윌리엄 제임스의 말을 인용한다. "진실은 작동하고 있는 것에 달려 있다."

질적인 삶을 살아가고 증진시키는 데 주목을 이용하는 의학적 치료들은 정신 건강에만 국한되지 않는다. 특히 건전한 생활을 하는 사람들을 대상으로 이루어진 연구는 긍정적인 방향으로 주목의 주파수를 맞추고 관리하는 능력이 수명을 증가시켜줄 수도 있음을 보여주었다. 켄터키 대학교의 연구자들이 노트르담 수녀원의 사람들을 대상으로 한 연구는 가슴 뛰는 생각과 감정, 사건에 집중하며 살아가는 사람들 10명 중 9명이 평균 58세 이상의 수명을 지니고 있음을 밝혀냈다. 또한 최소한 긍정적인 마음을 가진 사람들 3명 중 1명이 평균 수명보다 오래 산다는 것을 알아냈다.

주목의 방향을 의식적으로 조정하다

주목의 방향을 조정하는 것은 다양한 일들을 처리할 수 있게 해준다. 때로 스트레스, 암, 고혈압, 위장 장애 등과 같은 다루기 어려운 문제들에도 적용된다. 미국 내 300곳 이상의 건강관리센터들은 최근 일반적인 의학치료 요법에 더해 부가적으로 명상, 즉 몰두 주목을 활용하는 치료를 시행하고 있다.

건강을 증진시키기 위해 주목을 이용하는 것은 메사추세츠 메모리얼 병원의 명예의학교수 존 카밧 진Jon Kabat-Zinn의 연구에 기반한다. 1979년 한 분자생물학자가 이 병원에서 '마음충만에 기반한 스트레스 감소MBSR' 요법을 만들어냈다. 이 요법은 참가자들이 8주간 매일 하루 45분씩 호흡에 기반한 내면 명상을 수행하는 것이다. 신앙인이든 무신론자든 관계없이 이 요법을 시행할 수 있도록 카밧 진은 고대 문화적 요소와 종교적 올가미들을 벗겨내고, 불필요한 부분들을 제거하여 명상의 근본 행위들만 남겨놓았다. 즉 체계적으로 주목과 영향력을 스스로 관리할 수 있도록 한 것이다.

어느 비 오는 7월의 오후 뉴욕 주의 전원 마을 라인벡에 위치한 오메가 인스티튜트the Omega Institute for Holistic Studies에서는 200명의 건강관리 전문가들이 마치 물속에서 움직이는 듯이 천천히 아래를 향한 개의 자세를 취하고 있었다. 이 과정은 카밧 진의 훈련 요법 중 하나로 일주일 동안 두 가지 몰입 방식에 참가자들이 서서히 젖어들 수 있도록 돕는 프로그램이다. 목적 의식이 있는 상태로 정신 상태를 구축하는 것, 순간순간 판단 과정을 거치지 않은 인식들에 집중하는 것이다.

오늘날 요가 수업은 어디에서든 볼 수 있게 되었지만 여기에서의 목적은 신체적인 기법들이 아니라 호흡하는 현재에 젖어듦으로써 몸과 마음 안에 있는 자신의 방에 머물게 하는 데 있다. 몇몇 사람들은 광고 속의 슈퍼모델처럼 의자에 앉아서 혹은 매트에 누워서 완벽한 요가 자세를 취하고 있기도 했다. 그곳에는 모든 종류의 육체적 자세와 운동, 그리고 건강과 운동에 대한 사유 방식이 존재했다.

의학 전문가로서 오메가의 참가자들은 불면증부터 불임에 이르기까지 일반적인 치료법으로 효과를 보지 못하는 질환을 지닌 사람들의 고통에 매우 익숙하다. 만성질환을 앓고 있는 사람들의 대부분은 평범한 사람들로, 때로 치료가 어려운 질병을 앓고 있기도 하다. 끊임없는 두통, 요통, 근심 같은 정신적 문제들은 신체의 심혈관계, 내분비계, 호흡계, 면역계에 영향을 미치는 것은 물론 경제적으로도 손실을 불러 일으킨다. 미국에서 이런 증상에 대한 건강

관리 비용은 매년 수백억 달러에 달한다. 만성질환 환자들이 수많은 치료 요법들을 실패한 후, 의사들은 그들을 포기하고 이런 진단서를 써준다. "개인적 어려움들이 혼재되어 나타나는 정신적 문제."

환자들은 자포자기의 심정으로 절망 속에서 도움을 줄 만한 것은 무엇이든 하게 된다. 그것이 호흡에 집중하라는 다소 기이한 외국의 시술이라고 해도 말이다. 모든 MBSR 참가자들은 기본적으로 같은 치료법을 따른다. "만약 당신이 한 방에서 온갖 종류의 질환을 앓는 사람들을 가르친다면, 어디에서부터 시작해야 할까?" 이에 대한 대답은 "지금 당신이 있는 곳에서부터"이다. "우리의 마음과 신체는 항상 우리가 있는 곳에 있다. 당신은 단지 그들에게 파편화된 일상적인 사건들에 집중하는 것이 아니라 자신의 내면의 중심, 본질과 친구가 되게 하면 된다"라고 카밧 진은 말한다.

주목 훈련은 부작용을 초래할 것 같이 보이는 움직임에서부터 시작된다. 만성질환자들은 자신들의 욱신거리는 머리, 뻣뻣한 목에 집중하라는 소리를 듣게 된다. 이를 통해 그들은 곧 적절하지 않고 중요하지 않아 보이는 생리적인 감각과 그것에 대한 자신의 생각과 느낌의 차이를 구별할 수 있게 된다. 번민하는 자신에게서 찌르는 듯한 통증을 다루는 방법으로 주목을 이행시키면서, 고통들은 사라진다. 8주짜리 프로그램과 매일의 명상 후에 환자의 절반 정도가 3주 이후부터 고통이 경감되었다고 응답했다. 특히 치료저항성 treatment-resistant 환자 그룹에서도 이 같은 일이 일어났다. 더욱이 대부분의 사람들은 자신들의 끈질긴 고통을 관리하는 방법을 습득

했고, 이런 감정 관리는 좋은 삶의 주요 요소이기도 하다.

연구자라기보다는 스포츠 강사 같이 보이는 카밧 진은 요가 수업을 마치고 조용한 곳에서 자신의 연구에 대해 이야기를 시작했다. 그는 이를 '주목의 치유력에 관한 모든 것'이라고 묘사하고, '대부분의 시간을 경험과 핵심적인 관계를 맺으면서 보낼 수 있는 능력'이라고 간단히 규정했다. 보통 잠시 동안 특정 대상에 집중하면 우리들은 곧 지치고 집중을 그만두게 된다. 그러나 명상을 할 때 우리의 주목은 집중 대상에 활성화된다. 이는 인내와 깊이 있는 지각, 양측의 능력을 증진시킨다. 이는 심적 문제에만 국한되는 것이 아니라 신체적 건강에도 영향을 미친다. 집중을 훈련하면 생리적인 재배치가 일어날 가능성도 훨씬 커지기 때문이다.

누구도 주목 행위가 어떻게 치유력을 증진시킬 수 있는지에 대해 정확히 설명하지 못한다. 단지 명상이 신경계와 면역계에 좋은 변화를 일으킬 수 있다는 것이 최선의 추측이다. 고도로 스트레스적인 상황에서 일을 하는 사람들에게 MBSR 프로그램을 완료한 후 뇌전도 테스트를 시행했다. 피험자들은 뇌의 우반구체가 진정되고, 삶에 대해 열정적인 접근을 하는 것과 관련 있는 좌측 전두엽 영역이 활성화되어 있었다. 또한 비교집단에 비해 감기 백신에 강하게 반응했는데, 이는 명상이 면역 기능을 증진시킨다는 이론을 뒷받침해주는 증거가 되었다. 주관적인 수준에서 참가자들은 훈련을 마치고 나서 자신들이 불쾌한 사건과 감정들을 더 잘 조절할 수 있게 된 것 같다고 말했다. 카밧 진의 관찰에 따르면 "편안함을 체감할 때 많은 것들(세계관, 다이어트, 과제, 인간관계 등)이 변화할 수 있다. 이 모든 것이 우리의 건강에 큰 영향을 미친다. 자신의 경험과 신체에 몰입하게 되면 우리는 세계에 친밀감을 느끼고 모든 것이 제자리에 있는 느낌을 받게 된다. 여기에서부터 치유가 시작된다"라고 말한다.

스트레스와 투쟁-도피 반응

집중 행위는 스트레스 상황과 관련 있는 투쟁-도피 반응fight-or-flight, 방위 반응의 일종으로 갑작스러운 자극으로 인해 자신의 행동 반응을 결정하지 못한 상태-옮긴이과 연결될 수 있다. 건선환자들과 관계된 두 가지 인상적인 연구가 있다. 피부과 의사들은 건선환자들에게 레이저 요법을 권유하지만 대부분 사람들은 그 요법에서 곧 손을 떼고 만다. 옷을 벗은 채로 큰 상자 안에 들어가 감시받는 듯한 기분을 느끼며 자외선 빛을 쪼이는 요법에 대한 거부감은 크다. 마치 오븐 속에 들어가 시간을 보내는 것 같은 기분을 느끼게 하기 때문이다.

건선환자들은 레이저 요법을 받는 동안 주목을 완전히 그것에 쏟는다. 일주일에 3일, 하루 3분에서 10분 정도의 시간을 투자하면서 그들은 아무 생각을 하지 않고 지금의 행위에 집중하라는 오디오 소리를 듣는다. 따뜻한가요? 바람 소리가 들리나요? 신체 감각을 느끼나요? 4개월 후 그들의 피부는 비교집단의 환자들에 비해

4배나 빠르게 원래의 상태를 회복했다. 건선은 기하학적으로 늘어나는 세포의 확산에 의해 일어나는데, 카밧 진은 주목 요법이 유전자 발현, DNA 복제, 세포분열 등 피부의 재생 능력을 가속화한다고 생각한다.

달리기, 웨이트 트레이닝, 그 밖의 다른 건강관리법들과 비교하여 45분간의 '단순한 호흡 집중법'은 꽤나 시행하기 쉬워 보인다. 카밧 진은 "내가 사람들에게 '눈앞의 대상에만 집중하라'고 말하면 사람들은 무엇을 해야 할지 쉽게 안다. 그러나 평소 이를 시행하기란 어렵다. 정신은 판단이나 다른 반응을 하지 않고 오랫동안 한 가지 대상에 집중하는 것을 원하지 않기 때문이다"라고 말한다. 퓨 재단 Pew Foundation의 2008년 연구에 따르면 많은 사람들은 일주일에 최소한 1회 이상 한 가지 혹은 그 이상의 방식으로 명상을 수행하고 있다. (복음주의 교회 신도부터 이슬람교도들까지 다양한 종교적 기반을 가진 미국인들의 40퍼센트나 된다!) 이를 생각해보면 사람들은 모두 자신이 깨닫지 못하는 사이에 특정 순간, 특정 대상에 판단 행위 없이 몰두 주목을 활성화시키곤 한다는 것을 알 수 있다. 목표 대상이 무엇인지는 중요하지 않다. 명상은 판단이 일어나기 전의 순수한 주목 상태가 발현되는 것으로 인식이라기보다 직관에 관한 것이다.

호흡법과 같은 특정한 주목 방식을 연습하는 것은 평소의 정신적 판단 작용 없이 일출이나 흐르는 강물 소리에 주의를 기울이는 것과 같다. "정신적 접선이 끊어졌을 때 우리는 자연스럽게 그 상태에 돌입한다"고 카밧 진은 표현한다.

내면의 고요함을 비롯한 명상의 이득은 우리들에게 '인생의 대참사들'을 잘 다룰 수 있게 해준다. 《그리스 인 조르바》에서 잇따른 이별, 재정 파탄, 가족적 재앙에도 불구하고 자유인 조르바는 현재의 순간에 몰입하여 춤을 춘다. 그는 이런 재앙들이 그 자체로 좋거나 나쁜 것이 아니라 단지 삶의 일부일 뿐이라는 것을 알고 있기 때문이다. 생각해보라. 당신이 조르바와 같은 상황에 처해 있다면 이미 일어난 일에 대해 당신과 관련된 다른 사람들에게 최선의 일을 할 수 있을까?

명상은 결과에 대한 판단을 하기보다 순간의 현실에 쉽게 주목할 수 있게 해줌으로써 참사로 가득한 인생을 극복할 수 있도록 도와준다. "일이 제대로 되고 있다면, 행복할 수 있다. 그러나 그렇지 않다면 행복하기 어렵다. 그곳이 우리의 출발 지점이다. 대부분의 상황들은 모두 좋은 점만 있거나 모두 나쁜 점만 있지는 않다. 재앙이 멈출 때까지 우리들은 현실의 수많은 일들을 놓치곤 한다. 그러나 매 순간 극도의 몰입의 발휘한다면 인생은 더 나아질 것이다." 이와 마찬가지로 심각한 질병이나 재정 파탄 같은 일들은 보통 생각하는 것과 같이 항상 끔찍한 일만은 아니다. "그것이 실제로는 좋은 상태일 수도 있다. 우리들은 항상 최상의 것처럼 보이는 것을 원하지만, 실제로 좋은 일이 일어났을 때 그것을 알아차리지 못한다. 우리들이 알고 있는 것보다 훨씬 더 우리들은 알지 못하는 사이에 좋은 일을 경험한다"라고 카밧 진은 말한다.

30여 년간 환자들에게 깨달음을 위한 주목 훈련과 건강을 증진시키는 방법을 가르친 후 카밧 진은 단 한 순간일지라도 자신이 이곳에 존재하고 있음을 아는 것, 그리고 부드러운 마음충만 상태를 유지하는 것은 자유와 가능성으로 충만한 경험의 본질을 느끼게 해준다는 것을 깨달았다. 많은 사람들에게 삶의 대부분은 악몽과 같다. 단 한 가지 탈출구는 깨어나는 것, 현실에 주목하는 것이다.

걱정이 걱정을 낳는다

신체적 질환을 경감시키기 위해 명상이라고 불리는 특정한 주목 형태를 이용하는 것처럼 감정적인 고통 역시 명상을 통해 완화할 수 있다. 임상심리학자 롭상 랩게Lobsang Rapgay는 UCLA와 하버드 대학교에서 연구를 시작하기 전 20여 년 동안 티베트 불교 수도승이었다. 어린 시절 중국 침공 당시 그는 라싸에서 가족과 함께 걸어서 히말라야를 거쳐 망명했다. 인도에서 티베트 의학으로 박사 학위를 취득한 후 그는 심리학 박사 학위를 취득하기 위해 미국으로 왔다. 그의 범상치 않은 문화적, 철학적, 과학적 배경은 그가 서양의 정신의학과 동양의 명상을 결합하여 분노를 치유하는 새로운 요법을 만들게끔 이끌었다.

일반적인 불안 장애라는 진단을 받은 사람들은 보통 이따금 겪을 수 있는 세 가지 경미한 문제로 고통받는다. 다른 무엇보다도 위협이나 나쁜 소식에 주목하는 인간의 본능적인 성향이 이들에게는 매우 강력하게 증폭된다. 이 때문에 긍정적인 사건들은 이들의 주목에서 억제된다. 극단적인 언어 표현으로 인해 고착화된 부정적인 사고방식과 기질에 대해서는 치료가 필요하다.

랩게의 연구에 참여할 때까지 이런 환자들의 분노와 고통 수준은 일상적인 생활이 불가능할 정도였다. 이들은 걱정거리에 관한 집착을 스스로 통제할 수 없었으며 특정 대상에 관한 것만이 아니라 모든 것을 걱정거리로 삼았다. 예를 들어 이런 사람들은 일의 성과에 대해 조마조마해하는 것뿐만 아니라 버스를 놓칠 가능성, 직장에 지각할 가능성 등 모든 것을 걱정한다. "이들 중 대부분은 말 그대로 '온종일' 걱정을 했다. 그들은 이런 걱정이 비생산적이라는 것을 잘 알고 있었지만 그럼에도 걱정을 멈출 수 없었다"고 랩게는 말한다.

동양과 서양의 접근법을 혼합한 랩게의 요법을 통해 '불안'의 문제를 겪는 환자들은 두 가지 다른 방식에서 걱정과 공포에 대한 주목을 줄이는 것을 배운다. 랩게는 그 치료법에 익숙해지거나 그만두고 다른 생각을 불어넣을 필요가 있을 때까지 '걱정이 걱정을 낳는다'는 것을 가르친다. 그는 또한 공포를 정면으로 바라보는 법을 습득하게 하며, "직장으로 가는 버스를 놓칠 거야"라는 생각을 "버스를 놓칠 일은 없을거야. 최소한 오늘은 아닐거야"라는 생각으로 대체하고 궁극적으로 "만약 내가 이 일을 한다면, 세계의 끝은 없을 거야"라는 생각을 심어준다.

버스를 놓치는 것이 말도 안 되는 일이라는 것으로 주목을 전환했어도(인지 발전), 마음을 진정시키고 더욱 생산적인 방향으로 주목을 전환하는 데 문제를 겪을 수 있다. 여기가 전통적인 마음충만 요법이 시작되는 곳이다. 각각의 단계에서 환자들은 점차적으로 '인식을 확장하고 예측을 자유롭게 하는 법'을 배양하는 데 목적을 둔 더욱 복잡한 명상법을 배우게 된다.

이런 양측의 접근법을 사용하는 것은 한 가지만 단독으로 사용하는 것보다 훨씬 효과적이다. 이에 대해 랩게는 서양식 접근법은 '분노'라는 마음 상태의 내용(잘못된 사고들)을 다루고, 동양식 접근법은 걱정에 초점을 맞추고 조마조마해하는 인식이 휘저어놓은 마음 상태라는 '과정'을 다루기 때문이라고 말한다. "우리들은 마음의 세부적인 상태(내용)와 그를 유발하는 과정을 모두 다루어야 한다. 마음 상태를 바꾸기 위해 서양의 과학이 비약물적인 개입만 하는 것은 아니다."

위협에 주목하는 불안정한 마음 상태에 대해 지나치게 몰입하고 이야기하는 경향으로 분노 질환을 겪는 사람들에게 고요하고 편안하며, 판단하지 않고, 마음에만 집중하는 연습은 정신적인 원기 회복 스파를 하는 것과 같다. 매일의 명상에 의한 마음충만 상태는 삶에서 분노를 조용히 사라지게 한다. 하나의 대상에 집중하는 것은 그다음 대상, 그다음 대상에 집중할 수 있게 한다. 그리고 이는 주변의 노이즈들을 물리친다. "명상을 할 때 단지 마음이 충만해지는 것만은 아니다. 장기적으로 의식의 영역에서 뒤섞이기 쉬운 삶의 모든 세부적인 것들을 체계적이고, 규칙적으로, 스트레스가 덜한 방향으로 다룰 수 있게 해준다"고 랩게는 말한다.

뇌전도를 이용한 연구에 따르면 걱정거리에서 고요한 인식 상태로 주목의 방향을 전환하는 동서양적 접근법은 감정적인 피질하부가 고요함을 유지하도록 관리함으로써 뇌의 인지를 담당하는 대뇌피질 영역의 기능을 증진시킨다고 한다. 이런 혼합 요법들의 효과는 통계상으로도 입증된다. 15주간의 치료 요법을 진행한 후 0에서 50까지 측정한 분노 수준에서 환자들의 평균 분노 수준은 42에서 12까지 줄어들었다. 다음으로 랩게는 강박-충동증과 외상후스트레스장애에도 이 접근법을 적용해볼 계획을 세우고 있다.

임상과학자, 연구자, 전직 수도승으로서 랩게는 말한다. "당신이 분노 유형이든 아니든 인식 영역 아래에서 우리의 당면한 경험들에 주목하는 법을 배워야 한다. 이것이 넓은 범위에서 특정 대상에 집중하지 않고 의식의 지평을 여는 정신 상태를 만들기 때문이다. 주목과 인식에 주목하는 것의 차이를 아는 것은 뇌의 안정성을 극대화한다."

분노나 우울증만이 아니라 심혈관계 질환이나 면역계 이상 역시 우리의 주목 대상과 주목 방식과 관련이 있을 수 있다. 쓸모없는 생각과 감정에서 주목을 전환하고, 부정적인 사건들을 긍정적이고 가능성이 있는 방향으로 재구성하는 것은 '건강한 습관'을 배양하는 데 가장 중요한 것 중 하나이다. 정신질환 치료에서 이런 왜곡된 주목 패턴을 이끌어내기 시작한 것은 얼마 되지 않았다. 정신적, 신체적 문제들 사이의 차이를 구별하지 않는 현대적인 연구들로 인해 스트레스에 의해 유발되는 고혈압, 불임, 건선 같은 만성질환들로 고통받던 수많은 사람들이 치료법으로 몰두 주목 요법을 함께 사용하게 되었다. 이것은 설령 실제로 질병을 개선시키지 못한다고 해도 최소한 경험에 대한 감정을 관리하는 법을 증진시켜준다.

14 | 몰입, 두 번째 본능

가장 중요한 대상에 몰입하는 것

삶을 사는 데는 두 가지 방법이 있다.
한 가지는 그럼에도 불구하고 기적은 없다는 것이다.
다른 한 가지는 그럼에도 불구하고
모든 것이 기적이라는 것이다.

_ 앨버트 아인슈타인

모든 독특한 개별자들 사이에서 호모 사피엔스의 몰두 주목을 끄는 대상들은 현실 세계의 근원적 특성을 지닌 것이나 삶에 영향을 미치는 것들이다. 인간은 '그것이 의미하는 것은 무엇인가' '삶의 의미는 무엇인가' '올바른 것은 무엇인가'와 같은 질문을 할 줄 아는 유일한 존재이다. 이는 우리에게 좋은 것일 수도, 그렇지 않은 것일 수도 있다.

의미를 추구하는 인간

철학, 종교, 심리학은 모두 각자의 방식으로 존재, 지식, 행위, 진정성의 근원을 탐구해왔다. 역사가 생겨난 이래로 이에 대한 답은 초기의 두 가지 체계에서 크게 바뀌지 않았다. 스토아 철학자인 로마 황제 마르쿠스 아우렐리우스는 이렇게 말했다.

"하나의 우주는 그곳에 있는 모든 것으로 이루어진다. 모든 것에는 하나의 신이 깃들어 있고, 존재의 원칙도 하나이며, 한 가지 법칙으로 이루어진다. 그 근거는 모든 생각하는 존재들에 의해 형성된다. 이것이 단 하나의 진실이다."

아우렐리우스가 《명상록》에서 궁극적인 존재의 근본적인 단일성을 상정한 이래 많은 것들이 변화했지만, 여전히 우리들은 주목의 방향을 판에 박힌 일상에서 더욱 깊고, 더욱 근본적인 진실(혹은 현실)로 조정하지 못하고 있다. 포스트모던 시대에도 이런 근원성에 대한 질문은 우리를 사로잡고 놓아주지 않는다. 살만 루시디, 토니 모리슨, 마틴 스코시즈 등 18명의 지식인들에게 신의 존재에 대해 질문했다. 6명은 아니라고, 5명은 그렇다고, 7명은 아마도, 라고 대답했고, 다소 회의적인 입장을 지닌 사람들 역시 '존재한다'와 '아마도 존재할 것이다' 사이에서 답을 찾았다. 소설가 조너선 프란젠Jonathan Franzen은 전능한 조정자로서 신의 개념을 일축한 후 이렇게 말했다.

"동시에, 나는 우리가 눈으로 볼 수 있고 실제로 감각할 수 있는 기저에 존재하는 현실이 있을 것이라고 생각한다. 세계에 대해 우리가 알지 못하는 비물질적인, 궁극적인 무엇인가가 존재할 것이라고 말이다. 거대하고 경이로우며 영원하고 불가해한 무엇인가 말이다."

주목을 더욱 크고 경이로운 대상(신이라고 불리든 우주라고 불리든), 의식 혹은 인류 공통의 의식으로 돌리는 훈련의 핵심이 우리 자신과 세계의 증진, 그리고 삶에 대한 감사에 있다는 것은 우연이 아니다.

실제로 철학, 종교, 심리학은 유사한 종류의 행동양식으로 나아가며, 인류라는 종의 성공을 해명하는 데 사용된다. 적어도 긍정적인 감정을 불러일으키는 이타주의나 용서 같은 가치에 집중하는 것은 우리의 주목 범위를 확장한다. 우리 자신의 가능성에 대한 것이든 다른 사람의 욕구에 대한 것이든 이런 훈련은 자신만이 아니라 공동체에도 이익이 된다.

지금, 여기에 존재하는 법

프랑스의 철학가 시몬 베유Simone Weil는 "존재하지 않는 대상에 주의를 기울이는 것은 최고의 존재에 대한 기도이다"라고 썼다. 이는 뉴잉글랜드의 초월론자들 이래로 미국 문화에 널리 퍼져 있는 개념이다. 현실의 진정한 존재와 자기 자신을 경험해야 한다는 주장은 현재의 순간에 집중해야 한다는 말과 같다. 에머슨은 "우리들은 항상 살아갈 준비가 되어 있다. 그러나 결코 현재의 순간을 살아내지 못하고 있다"고 말한다. 소로우 역시 "우리는 영원성을 해치지 않고 시간을 보낼 수 있다"고 맞장구친다.

1960년대와 70년대에 이런 사상의 계승자들 중 일부는 약물의 도움으로 궁극적인 존재에 몰두하고자 했다. LSD의 경험이 좋았든 그렇지 않았든 이 경험은 주목에 미치는 약물의 부작용과 함께 이루어졌다. 몇몇 사람들은 천국에서, 몇몇 사람들은 지옥에서 헤어나

올 수 없었다. 이런 신neo초월론자들 중 몇몇은 요가, 도, 그밖의 다른 동양적 명상법에 빠져들기도 했다. 동양의 명상법에 심취한 심리학자 중에는 하버드 대학교의 리처드 앨퍼트Richard Alpert가 있다. 그는 인도로 가서 《지금 여기에 머물다It's Here Now(Are you?)》를 쓴 힌두교의 그루 바가반 다스Bhagavan Das와 함께 공부했다. 앨퍼트는 람 다스Ram Das가 되었고, 훗날 《지금 여기에 머물라Be Here Now》는 베스트셀러를 펴냈다.

미국인들이 체육관에서 옴Om, 그렇게 되기를 바란다는 의미를 가진 신성한 힌두교의 주어呪語-옮긴이을 부르짖고, 뇌영상 기술이 발달하기 수천 년 전부터 불교는 주목을 삶의 기술이자 과학으로 전환시켜왔다. 개인적 현현을 이끌어내는 부처는 심리학자이자 철학자였다. 부처는 내가 누구인지에 관계없이 나와 내가 사랑하는 모든 이들은 고통과 질병과 나이듦과 죽음을 감내해야 하는 존재라고 가르친다.

▲ 인간의 삶에 대한 탐구과 희노애락은 신의 존재로 이어졌다. 모든 종교는 마음의 평안과 인간의 존재, 삶의 의미에 대해 가르친다. 특히 명상을 통해 깨달음을 얻은 부처는 심리학자이자 철학자였다.

종교라기보다는 인간의 고통을 완화하기 위한 철학을 개발하면서 부처는 과거 혹은 미래에 뿌리를 내리는 화, 공포, 슬픔이 돌출되는 근원을 깨달았다. 이에 대한 최고의 반응은 현재의 순간과 친절함이나 연민 같은 긍정적인 감정들에 선택 주목 기제를 활성화시키는 것이다. 어려운 유년기를 보내고 우울증에 시달리면서 윌리엄 제임스 역시 부처와 유사한 결론을 내렸다. 단지 실용주의적 관점으로 표현했을 뿐이다. "나는 즐겁기 때문에 노래하지 않는다. 내가 노래하기 때문에 즐거운 것이다."

인도와 네팔에 근거를 둔 영적 스승이자 예술가인 두구 소걀 린포체Dubu Choegyal Rinpoche는 현실에 주목을 두는 티베트 불교의 방식에 대한 전문가이다. 그는 밀라레파와 같이 혈거 생활과 은둔 생활로 유명한 카규파의 라마이다. 린포체(티베트 어로 '소중한 보석'이라는 의미)의 짧은 가르침을 듣는다고 해서 우리들이 지니고 있는 문제가 사라지는 것은 아니다. 그러나 문제를 지나치게 나쁘게 보지 않는 법을 터득할 수는 있다.

주목을 정의해달라는 요청에 소걀은 "그것은 마음충만을 의미한다. 단지 마음만이 존재하는 상태이다. 명상을 하든 일상생활을 하든 우리들은 존재하는 데만 주목을 사용할 수 있다. 희망과 공포 사이에서 방황하는 것이 아니라, 일상적인 마음 상태를 누릴 수 있다는 말이다"라고 언급했다.

소걀은 매우 어린 시절부터 순간에 주목하는 법을 배웠다. 그는 당시 어떤 존재든 죽음에서 도망칠 수 없다는 진리를 깨달았다고 한다. 그 이후 그는 현상이 발현되기 전에 그것을 보려 노력했다. 그는 현상이 이루어지는 방식을 바라봄으로써 추후에 무슨 일이 일어날지 알게 된다고 한다. 그것이 그가 우선시하는 것이고, 그로써 그는 수많은 부정적인 것들에게서 벗어날 수 있다. 그리고 자신이 하는 일은 그저 실제로 마음이 존재하는 곳을 바라보는 데 집중하는 것뿐이라며 행복하게 웃는다. "마음은 다른 존재들과는 다르다. 때문에 마음을 설명하기란 어렵다. 공기만으로 불을 설명할 수 없고, 우주로 지구를 설명할 수 없는 것과 마찬가지이다."

린포체의 전통에서 주목이라는 행위는 대상에 대한 진실을 설명하는 방식이기도 하다. 이는 생각과 존재를 통해 접근할 수 없는 지식이다. (심리학자 대니얼 카너먼 식으로 말하자면 이런 인지는 자아를 기억하는 것이라기보다 경험하는 것에서 나온다.) 불교를 통해 일상적으로 지금 여기에 존재하고 있음에 대해 주목하며 살아가는 사람들은 이를 '깨달음' 혹은 '번뜩하는 순간'이라고 묘사한다. 린포체의 카규파에서는 이런 특별한 사람들의 서열에 '토그덴Togden'이라고 불리는 엘리트 요기 수도승들이 포함된다. 그들 중 암트린Amtrin이라는 사람은 외로운 동굴 속에서 홀로 수년간의 명상의 시간을 보낸 후 깨달음을 얻었고, 그의 종파에서 숭배 대상이 되었다.

그가 죽기 직전 어떤 사람은 암트린이 아디다스의 러닝셔츠를 입은 채로 봉우리에 앉아 희미하게 미소를 짓고 있는 것을 보았다고 한다. 대부분의 티베트 인들과 서양인들은 마치 그를 슈퍼볼에서 승리의 패스를 하는 일라이 매닝을 보듯 바라본다. 모든 사람들이 암트린이 깨달은 것을 알고자 한다. 그러나 소걀은 마음충만에 이른 것은 결국 사라져버릴 것이고, 그리하여 인식은 경계를 없애게 된다고 조언한다.

불교의 도식에 따르면 암트린의 생은 끝났지만 그의 내면적인 주목은 끝나지 않았다. 환생을 설명하는 방식으로 린포체는 마음의 근원적인 특성은 모든 생명체가 강해지는 떨림 혹은 에너지라고 말한다. "당신이 배운 것은 삶에서 삶으로 옮겨가고 계발된다. 그리고 이는 당신의 사고가 시작되는 곳이다. 당신이 얻은 것이 더욱 명확할수록 다음 번에는 부정적인 감정들이 줄어들 것이다."

깨달음이라는 먼 길을 걸어오는 동안 린포체는 먼저 명상을 하면 마음 그 자체를 일별할 수 있게 된다는 것을 깨달았다. 결국 명상 수행을 하면서 궁극적으로 명상 상태에서도 벗어나 마음을 해방시킬 수 있게 되는 것이다. 마음은 (그것이 비록 명상일지라도) 다른 개념들에 의해 침범되지 않고 그 자체가 지닌 주목과 인식으로 되돌아갈 수 있다. 500명의 영적 스승들을 방문하고 그들이 깨달음에 접근하는 법을 평가한 후 그는 이런 단순한 마음 상태를 유지하는 것이 최선의 전략임을 깨달았다. 부처는 실제로 불교의 교리를 가르치지 않았다. 마음을 공포와 환영, (심지어 명상이라 할지라도) 그 밖의 다른 어떤 것에도 침해받지 않고 자연 상태로 놓아두는 방법을 가르쳤을 뿐이다.

소걀은 대부분의 사람들에게 마음은 거창한 목표에서 다음 끼니거리를 생각하는 하찮은 일까지 해야 할 일들의 목록을 조정하는 취약한 기계장치라고 말한다. "어떤 이들은 '보통 사람들은 마음충만 상태로 지내지 않아도 괜찮은걸요!'라고 말하기도 한다. 그들은 진실로 혼란스러운 마음 상태를 지니고 있다. 보통의 마음은 근본적이고 깨끗하고 자연스러운 것이다. 그것이 다르마dharma, 인도 종교에서 전 우주에 영향을 미치는 진리-옮긴이이다. 산스크리트 어로 우주의 근본적인 법칙이라는 의미이다. 그러나 어떤 이름이든지 이름은 그 존재의 진실된 개념을 망가뜨린다."

티베트 불교는 만트라mantra, 특히 기도와 명상 때 외는 주문-옮긴이, 신에 대한 숭배 등과 같은 많은 버팀대들을 제공한다. 그러나 명상의 핵심은 고요한 마음을 유지하는 것이다. 최근의 연구들은 이런 궁극적인 목표를 얻기 위한 두 가지 기초 방식들에 대한 소걀의 묘사를 입증한다. 목표 대상을 정하고, 두 가지 주목 방식에 적합한 확장된 접근 방식이다. 한 가지는 더욱 구조화되고, 다른 한 가지는 더욱 단순하다. 첫 번째 유형은 '우리는 반드시 노력해야 해! 명상에 대해서도 그럴거야'라고 생각하는 이들이다. 그러나 보다 대상을 단순화하는 사람들에게는 이런 접근법이 작동하지 않는다.

그는 스스로를 후자의 유형이라고 일컬었다. 그는 수행자들의 훈련법을 모두 해보았지만 지나치게 심각한 것들은 취하지 않고, 단순하고 자연스러운 것만 시행한다고 한다. 그리고 보통의 마음 상태를 유지하기 위해 노력한다. 평정 상태의 정점에서 우리는 신, 기도, 헌신, 명상 같은 개념을 얻을 수도 있고, 어쩌면 아무 개념도 얻지 못할 수도 있다. 어떤 시각을 가지게 될 수도, 아니면 아무 시각도 가지지 않는 법을 배우게 될 수도 있다. 이런 것들은 모두 변할 수 있다. 그러나 그는 단 한 가지 진실이 존재할 수 있으며, 그것은 누구에게나 같은 것이리라 생각한다.

에크하르트 톨레Eckhart Tolle 역시 이런 생각에 동의한다. 톨레가 《나우의 힘The Power of Now》을 출간할 무렵(이 책은 이미 32개 국어로 번역되었고 수백만 부가 판매되었다) 그는 '어떻게'에 대한 이야기를 즐겨 했는데, 카페에서 동료와 순간에 주목하는 것에 대해 자주 이야기를 나누곤 했다. 그는 이렇게 말했다. "그것을 잊어버려! 이미 모든 것은 행해져 있어."

불멸의 메시지조차 때에 따라 바꾸어 말해야 하는 현대 사회에서 톨레는 경험을 형성하는 주목의 중요성에 대한 고대의 가르침들을 평범한 서구의 언어로 묘사하는 데 재능을 가지고 있다. 그는 '영적 스승'이라고 일컬어지지만, 그 어떤 도그마도, 그 어떤 의례도(심지어 명상도) 옹호하거나 거부하는 식의 태도를 취하지 않는다. 그가 추구하는 실행법은 이렇다. 과거나 미래에서 주목을 변환하여 현재에 몰두 주목을 사용하고, 진정한 현재를 경험하는 것.

2007년 10월 작고 평범한 한 남자, 팬들에게서 에크하르트라고 불리는 남성이 NYC의 비콘 씨어터에서 이틀간의 강연을 했다. 수많은 사람들이 모였다. 플로리다에서 날아온 한 여성은 에크하르트의 강의는 좀처럼 없고, 그가 자신의 인생을 바꾸어놓았다고 말했다.

자신이 설교하는 것을 몸소 시행하듯 톨레는 무대 위로 올라가서

의자에 앉아 잠시 동안 조용히 집중했다. 강연장 안의 사람들 역시 모두 편안히 앉았다. 그러고 나서 눈을 반짝이며 그가 말했다. "만약 당신이 뉴욕에 살고 있다면, 이런 시작이 당신에게는 지나치게 느리게 느껴질 것이다." 그리고 전형적인 여행객의 일화를 묘사했다. 그날 아침 파크 애비뉴에 간 그는 그곳에서 자신의 뒤로 맹렬하게 돌진하는 사람들에 떠밀렸다. 서서히 배회하고자 했던 그의 걸음이 빨라졌다. 그는 서서히 흐름에 따라 걸어가면서 그 순간을 즐길 수 있었지만 주변 통행인들은 그렇게 보이지 않는다는 것을 알아차렸다. "그들은 계속 다음 순간을 살아내려고 하는 듯이 보였다. 그들이 믿고 있는 것은 지금보다 더 나은 것이었다. 총체적인 형태의 광기였다."

그는 종교적 교파를 고려하지 않고 마르쿠스 아우렐리우스가 묘사한 궁극적인 현실 세계의 선함과 총체성을 치열하게 추구하면서 동시에 인생을 즐길 줄 아는 주목 상태에서 살아가는 사람이다. 인생이라는 큰 그림의 조각들에만 집중하는 사람들에게 그는 몇 가지 기본 개념들을 강연 내내 반복해 설명했다.

'자각'이라고 불리든 혹은 '나우Now'라고 불리든 청자들의 주목의 방향을 이끄는 궁극적인 현실은 그곳에 있는 것이 전부이다. 희미한 미래의 천국 어딘가, 저 위 어딘가에 있는 것도, 저 아래의 경험된 것도 아니라 지금 이 순간 당신 안에 있는 것이다. 이런 관점에서 알 수 있는 것은 세속적이고 물질적인 대상에 대한 우리의 습관적인 주목이 불행의 주요 원인이라는 것이다. 이것이 우리들을 영원하고 형태가 없는 진실된 현실 세계에 주목하지 못하게 하기 때문이다.

톨레는 시간과 형상의 제약을 받는 물질들에(생각을 포함하여 잡다한 것들) 대한 주목이 우리들에게 진실된 존재에 접근하는 것을 방해한다고 말한다. 시간에 대한 집착은 우리들을 과거나 미래에 주목하게 만든다. 이는 그에게 이해할 수 없는 일이다. 과거는 과거일 뿐이고 미래는 그 순간이 다가와야만 현재가 되기 때문이다. "시계침은 움직이지만 그것은 언제나 현재를 가리킨다." 우리들은 이 순간이 이곳에 있는 전부라고 생각하면서 그것에만 집중해야 한다고 톨레는 말한다. "당신은 현재를 있는 그대로 살고 있는가? 그것을 친구로 삼고 있는가?"

시간에 대한 고정관념에서부터 사고에 대한 우리의 주목으로 화제를 전환하면서 톨레는 우리들이 만일 제대로 된 스승을 찾을 수 있다면 인생의 한 지점을 움켜쥘 수 있다고 생각한다. 순간을 온전히 생각함으로써 말이다. 그러나 진정한 현실 세계를 인식하는 것은 경험이지 생각이 아니다. 실제로 순간에 단순히 주목하는 상태를 유지하기 위해서는 근본적으로 상념들을 거부해야 가능하다. "당신의 목적(충만한 인생)은 지금 여기에 있는 것뿐이다. 무슨 일이 일어나든지 일이 발생하는 공간에 존재하는 것이다. 온종일 그 상태에 들고자 시도하라. 얼마 동안 지속되는지는 관계없다. 항상 현재를 선택하라."

철학, 종교, 심리학은 일상적인 사소한 현상들보다 더 깊이 있는 현실에 주목의 방향을 조정하는 것에 더해 도덕성과 윤리에도 초점을 맞춘다. 더 나은 사람이 되는 것, 그리고 이전 세대가 '덕'이라고 부르는 것을 배양함으로써 더 나은 세계를 창조한다는 것이다. 이런 말은 오늘날에는 잘 들을 수 없다. 미시간 대학교의 심리학자 크리스 피터슨Chris Peterson과 몇몇 동료들은 이런 상황을 개선하고자 한다. 그들은 지혜, 용기, 절제, 정의, 인간애, 초월성이라는 인간의 6가지 주요한 자질을 규정하고, 과학적 연구로 처리할 수 있는 하위 개념들을 만들어냈다. 그들은 보다 고차원적인 지향점으로 향하는 데도 실용적인 동기를 부여한다. 즉 덕은 삶의 질과 밀접한 관련이 있다는 것이다.

우리들이 정직성이나 공정함 같은 특정한 가치를 습득하는 방식에 대한 연구들은 《크리스마스 캐롤》의 주인공 스크루지의 경험을 뒷받침해준다. 더 나은 사람이 되는 데 지나치게 늦은 때는 없다는 교훈 말이다. 실제로 피터슨은 "아리스토텔레스는 우리가 일생 동안 덕망을 증진시키는 데 노력해야 한다고 가르쳤다. 그러나 우리들은 중세까지 실제로 그런 것들을 보여주지 않았다." (보다 친숙한 자질들에 더해 현자의 목록에는 '고귀함'이나 일반적인 재능을 '신적인 것'으로 만드는 것이 포함되어 있다.)

주목은 덕목을 배양하는 데 주요한 역할을 한다. 세속적이고 물질적인 문화에서 이런 자질을 계발하는 데 첫 번째 장애물은 그것이 무엇인지에 대해 1차원적으로 알고 있는 것이다. 덕목은 우연히 몇 번의 좋은 일들을 하는 것이 아니라 특정한 윤리적, 도덕적 강점을 의도적으로 실행하는 것이다. 냉혹한 비평을 삼가거나 문제를 적절한 관점으로 바라볼 때 우리는 그것에 '자기관리' 혹은 '지혜' 같은 꼬리표를 붙인다. 이런 용어에 익숙지 않은 피터슨의 피험자들은 대부분 피터슨이 그들이 친절하거나 용기 있음을 알려주는 증거를 보여주면 매우 놀라워했다. 그들은 결코 자기들 스스로를 그런 식으로 생각해본 적이 없었던 것이다.

일단 덕이 무엇인지, 그리고 우리들이 길러야 할 자질이 무엇인지를 명확히 하고 나면 다음 단계는 이런 기질이 드러나는 순간을 경험할 수 있도록 이런 자질들을 일상에서 실행해 보는 것이다. "우리는 의도적으로 자신의 행위에 집중하고 습관을 구축할 수 있다.

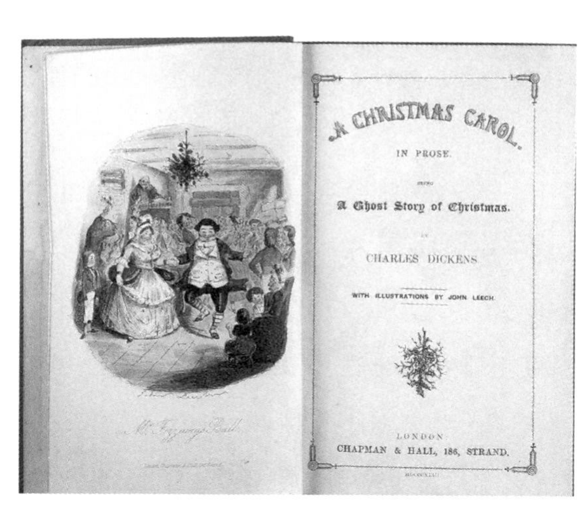

◀ **찰스 디킨스, 《크리스마스 캐롤》의 초판본**
이 작품은 우리들에게 인간으로서의 덕성에 대한 교훈을 안겨준다. 디킨스 시대의 덕성은 오늘날에까지 변치 않는 것으로, 영웅주의가 아닌 생활 속에서 인간애의 실천이 진정한 미덕임을 알려준다.

그러면 이것은 두 번째 본능이 될 것이다."

우리들은 영웅적인 상황에서 보여지는 덕망에 집중하는 경향이 있다. 적의 소굴에서 보여지는 〈다이하드〉의 주인공 존 매클레인의 용기, 남부 지역에서의 인종차별에 대한 마틴 루터 킹의 정의감 같은 것들 말이다. 그러나 일상적인 삶에서 자질을 구축할 만한 대부분의 기회들은 수수한 범주에서 이루어지며, 주의를 기울이지 않는다면 놓치기 쉽다. 마더 테레사와 마하트마 간디는 인간애와 무조건적인 사랑의 전형이지만 이것이 사소한 범주에서의 덕망에 대한 피터슨의 추적을 중단시키지는 않는다.

어느 날 저녁 피터슨은 서둘러 집으로 돌아가는 길에 길 한복판에서 시험지를 갈갈이 찢고 있는 약간 혼이 나간 듯한 학생을 보았다. 그는 제 갈 길을 갈 수도 있었지만 그녀를 지나치는 대신 멈춰서서 잠긴 사무실의 문을 열고 그녀의 이야기를 들어주었다. 이 작은 행동이 세상을 바꾸지는 못했지만 한 사람을 도운 것만은 사실이며, 이는 다른 종류의 친절의 습관을 만드는 데 한걸음 나아간 것이었다.

"그것은 내 인생에서 단 2분이면 족한 것이었습니다. 그래서 나는 그 기회를 잡았고, 조금 더 좋은 기분이 되었으며, 조금 더 나은 미래를 만들었습니다."

"누군가에게 필요한 사람이 되라"는 에머슨의 말처럼 그는 이타주의를 삶과 강하게 연결시키는 최근의 연구들을 기대하고 있다. 피터슨은 사실상 좋은 인간관계 없이 행복은 불가능하다고 말한다.

▲ **마더 테레사, 간디, 마틴 루터 킹**(좌측부터)
흔히들 덕망은 사회적인 용기를 발현하는 것으로, 엄청나게 큰 결심이 필요한 것이라고 생각되곤 한다. 그러나 이들의 용기는 소소한 인간애를 실천하는 것에서부터 나온 것이다.

그리고 이는 연구를 통해 계속 입증되고 있는 바이기도 하다. 덕망이 그 자체로 일종의 보상이라고 말하곤 하지만, 사랑과 그것의 필연적인 결과인 다정함은 사랑을 하는 사람들에게 또 다른 이득들을 제공한다. 상대가 받아들이든 그렇지 않든 사랑을 주는 사람이 훨씬 더 행복하고, 건강하고, 오래 산다. 현대 사회가 만든 다른 형태의 모형들을 좇는 사람들이 그것으로는 결코 충족할 수 없는 만족감과 함께 말이다.

세계는 친절하고 희망에 넘치는 사람들로 가득 차 있지만 철학자들이 '올바른 덕목들corrective virtues'이라고 일컫는 개념들의 예가 되는 사람들은 지상에 드물게 존재한다. 절제와 그것의 습성인 겸손, 사리분별, 그리고 과도함을 피하는 태도는 계발하기 어려운데 이것들이 인간의 본성에 뿌리깊이 박혀 있기 때문이다. 때문에 우리는 절제를 습득해야 한다. 우리가 무절제에 끌리기 때문이다.

당신은 스스로 통제가 가능한가, 그렇지 아니한가? 이는 오늘날 심리학에서 흔히들 이야기하는 자기규제에 관한 것이다. 당신은 자기규제 행위, 순간의 만족을 포기하거나 연기하는 것으로써 스스로를 통제할 수 있다. 절제는 습득하기 어려우며 행위는 심사숙고 끝에 이루어져야 한다. 주목은 여기에 부분적으로 중요한 역할을 한다. 우리들은 겸손과 같은 특성들을 얻는 데 집중할 필요가 있다. 우리 모두는 자신에 대해 떠벌리고자 하는 경향이 있기 때문이다.

대부분의 부모들은 겸손, 공정함, 그 밖의 중요한 다른 덕목들을 계발하는 데 아이들의 주목을 끌려 하지만 소수의 사람들만이 말보다 행동이 더 크게 말한다는 법칙을 따른다. 피터슨은 "부모들은 '이것은 지혜이고, 저것은 용기이며, 그것은 절제이다' 하는 식으로 행동에 이름을 붙이곤 합니다"라고 말한다. 어른들과 함께 장기적, 단기적인 관점에서 아이들이 계발해야 할 대부분의 중요한 덕목은 '사랑'이다. "나는 연단에 서서 부모들에게 이렇게 말합니다. '아이가 행복해지기를 원한다면 아이들의 GPA 점수를 걱정하지 마라. 그 밖의 활동들을 걱정해라. 아이들이 친구를 사귀는 것을 방해하지 마라'고 말입니다."

퓨 재단 연구소에서 모은 연구 자료들은 사리사욕적인 측면에서, 그리고 공공의 선을 위해서 (소위 제너레이션 넥스트Generation Next라고 지칭되는) 18세에서 25세까지의 젊은이들에게는 타인에 대한 관심이 필요하다는 것을 알려준다. 그들은 이전 세대인 X세대들보다 사회적이고 정치적으로 자유로울 필요가 있다. 그들이 무엇보다 중요하게 생각하는 목표는 부유하고 유명해지는 것이며 세상에 자신을 드러내고자 하는 욕망으로 가득 차 있다. "그러나 무엇이 사람들을 불행하게 만드는지에 대한 증거는 도처에 널려 있다"라고 피터슨은 말한다.

시인 W. H. 오든에게 있어 기도는 주목 행위로 자신보다 어떤 다른 대상 혹은 다른 사람의 말을 귀 기울여 듣는 것이다. 대부분의 학자들은 종교에 대한 논의를 할 때 부정적이지 않다고 생각해도 다소 주저하고 신중하게 접근한다. 피터슨은 이렇게 말한다. "저는 열성적인 자유당원입니다. 그러나 정치적, 종교적으로 보수적인 사람들이 훨씬 더 일반적이지요. 그들은 돈만이 아니라 심지어 유혈 사태에 이르기까지 미국의 '자선 행위' 대부분에 책임이 있습니다. 종교는 그들을 더욱 낙관적이고 희망적인 사람으로 만들어주며 지나친 냉소주의자를 만들지는 않습니다. 그들이 자신의 기질을 향상시키고자 하는 데 주목하고 있느냐 하면 또 그렇지 않습니다."

이익이나 쾌락이 아니라 덕목을 추구한다는 사실은 미국인이 아닌 사람들에게는 긍정적으로 들릴 수 있다. 그러나 미국의 건국자들의 삶에 관한 일련의 베스트셀러들은 또 다른 모습을 보여준다. 워싱턴, 제퍼슨, 애덤스, 프랭클린 등은 결함과 실패에도 불구하고 활발하게 좋은 자질들을 배양하고 보여주는 데 집중했다. 그것이 공공정책일지라도 말이다. "오늘날에는 더 나은 사람이 되고자 한다고 말하는 사람이 거의 없습니다. 그러나 옛날에는 그런 말을 일상적으로 했습니다. 피트니스 센터에 가서 운동을 하는 것이 더 위대한가요, 더 나은 사람이 되고자 하는 일에 집중하는 것이 더 위대한가요?"라고 피터슨은 묻는다.

나와 나의 세계를 창조하는 삶

철학, 종교, 그리고 심리학은 우리에게 더 큰 현실, 더 나은 자기와 세계를 창조하는 데 주목하게 할 뿐 아니라 삶이 좋은 것이고 감사해야 할 대상이라는 사실을 우리가 종종 간과한다는 것을 알려준다. 앨버트 아인슈타인은 이렇게 말했다.

"삶을 사는 데는 두 가지 방법이 있다. 한 가지는 그럼에도 불구하고 기적은 없다는 것이다. 다른 한 가지는 그럼에도 불구하고 모든 것이 기적이라는 것이다."

전통적으로 행동과학은 인생의 좋은 점들보다 고통과 고난에 집중해왔다. 시카고 로욜라 대학교의 프레드 브라이언트Fred Bryant는 자신의 연구 결과들을 '기쁨'과 결합시킨다. 이 연구들은 즐김의 핵심이 가끔의 휴식을 취하는 데 있으며, 이것이 힘겨운 시간을 지나갈 수 있게 해준다는 것을 알려준다. 이에 만족하지 못하고 브라이언트는 '풍미'라고 일컫는 몰두 주목, 혹은 마음충만 상태라고도 불리는 긍정적인 감정에 의도적으로 집중하는 방식을 연구하기 시작했다. "우리가 '나는 기쁨을 알고 있고, 다루고 있다'고 확언할 수 없다면, 그것은 풍미가 될 수 없다."

인생의 풍미에 대한 연구는 우리의 만족감이 선택 주목에 달려 있다는 것을 보여준다. 봄의 첫날을 즐기는 것이든 흉을 보는 이웃 사람의 행동을 생각하는 것이든, 이에 대한 감정은 우리가 부자이거나 가난하거나 혹은 병을 앓고 있거나 건강하거나 등의 환경적인 요소보다는 선택 주목에 달려 있다. 브라이언트는 피험자들을 세 그룹으로 나누고 심리적 건강에 대한 테스트를 했다. 피험자들은 모두 일주일에 20분씩 매일 같이 산책할 것을 요구받았지만, 이에 대한 선택적 목적은 그룹별로 모두 달랐다. 한 그룹에게는 햇살이든, 꽃이든, 미소 지으며 지나가는 거리의 사람들이든 관계없이 그들이 발견할 수 있는 가슴 뛰는 대상에 주목하라고 지시했다. 두 번째 그룹은 낙서, 쓰레기, 찌푸린 얼굴 같이 부정적인 대상들을 찾아볼 것을, 세 번째 그룹은 운동 삼아 걸으라고 요구했다.

일주일이 지나고 나서 피터슨은 피험자들의 웰빙 지수를 다시 평가했다. 의도적으로 긍정적인 신호들에 주목한 그룹의 피험자들은 실험 전보다 행복감을 느꼈다. 부정적인 대상에 초점을 맞춘 피험자들은 덜 행복해했고, 걷는 행위에만 집중한 세 번째 그룹은 중간 수준을 기록했다. 브라이언트는 말한다.

"우리는 자신이 보고 있는 것을 본다. 우리는 그곳에서 기다리고 있는 것들을 즐길 수 있도록 자기 훈련을 할 수 있다. 그저 가만히 그것이 자신에게 오기만을 기다리지 마라."

인생의 풍미를 즐기고자 한다면, 우리들은 즐거운 전율을 느낄 때, 햇볕을 쪼일 때, 감사하는 마음으로 가득 찰 때, 경이로운 대상에 경외를 느낄 때 내면의 감정에 집중할 수 있다. 또한 무지개를 바라보거나 큰 초콜릿 한 조각을 입 안에서 녹이는 순간 감각적인 기쁨을 느낄 수도 있다. 브라이언트는 콘크리트 보도 위에서도 특별한 기쁨을 찾아내는 사람에 대해 말한다. "다른 사람들보다 탁월하게 경험을 즐길 수 있는 사람이 있다. 인생의 풍미란 인간의 정신이 지닌 엄청난 창조성을 보여준다."

당신이 주목하고 있는 것이 손에 들고 있는 아이스크림콘이든 노벨 상이든 경험의 시작과 끝은 인생의 풍미를 누릴 수 있는 기회를 제공한다. 처음에는 순수하게 신기함이 우리의 주목을 끈다. 그리고 이내 이 경험이 거의 끝나간다는 마지막 신호들을 느낄 수 있게 될 것이다. 케이크 한 조각, 한 줄기 햇살, 혹은 휴가 등 이런 시작과 끝은 우리가 지닌 것에 감사하게 만든다. 그리고 나면 그것을 잃게 될 것임을 깨닫게 된다. "노래가 진행되는 것처럼, 이들은 잃을 것을 알지 못한다. 우리는 좋은 경험에서 할 수 있는 한 기쁨을 짜내고자 한다."

뇌의 시간여행 능력 덕분으로 인생의 좋은 것들에 주목하는 우리의 잠재성은 지금 이 순간에만 국한되지 않는다. 우리는 지난 순간을 되돌아볼 수도 있고, 물론 미래의 어느 멋진 것을 예측할 수도 있다. 예측회상 능력 덕분으로 우리들은 미래의 신혼여행이나 졸업식을 상상할 수도 있고, 우리들이 미래의 언젠가 행복한 순간들을 회상할 날이 올 것이라는 상상을 할 수도 있다. 브라이언트는 우리는 미래의 어느 순간을 내다보면서 그때 과거의 순간으로 되돌아와 행복한 기억을 회상해낼 수도 있다고 말한다.

인생의 즐거움을 다루는 우리의 위대한 잠재력에도 불구하고, 이는 아직 대부분이 개척되지 않은 상태로 남아 있다. 로버트 루이스 스티븐슨Robert Louise Stevenson은 "행복은 의무가 아니다. 이는 지나치게 과소평가된 것이다"라고 말한다. 인생의 풍미라는 스펙트럼의 한쪽 끝에는 결코 무엇도 즐기지 못하는 사람들이 자리한다. 그들은 멋진 날을 보낼 수도 있고, 그것을 땅 속에 묻어버릴 수도 있다. 반대쪽 끝에는 노인들과 같이 아침 식사 시간의 팬케이크나 애완동물의 장난 같은 소소한 일에도 기뻐할 줄 아는 행운아들이 자리한다.

일반적으로 낮은 사회적, 경제적 지위에도 불구하고 여성은 남성보다 인생의 풍미를 더 잘 맛보며 산다. 그중 한 가지 이유는 여성이 남성들보다 감정을 더욱 잘 느끼고 표현할 줄 안다는 데 있다. 남성들은 일반적으로 자신의 나약함을 표현하지 말고, 인생에 대해 행동 지향적으로 접근하라는 것을 교육받고 자란다. 이것이 남자들이 해야 할 일이 많을 때 기쁨을 느끼는 이유이기도 하다.

나이와 성별에 관계없이 순간의 기쁨을 누리는 데 가장 큰 장애요인은 순간에 주목하지 못하는 것이다. 만약 휴대전화 벨이 울리는 동안 전화를 받아야 한다는 강박에 시달린다면 세상에서 가장 아름다운 정원도 아스팔트 주차장이 될 수 있다. 시간에 대한 긴급성은 인생의 풍미를 즐기는 데 또 다른 장애물이다.

"만약 우리들이 정원을 거닐고 있다면 휴대전화는 당장 치워라.

우리는 시시때때로 '할 일이 너무 많아!'라고 소리친다. 하지만 순간은 두 번 오지 않는다. 순간을 살아내지 못한다면, 우리는 현재를 놓치게 된다. 인생을 즐기고 싶다면 그 순간에 머물러야 한다."

고대 그리스 인들이 쾌락에 대한 우려가 신을 분노하게 했다고 여긴 것처럼 어떤 사람들은 순간의 기쁨에 몰두하면 미래에 좋지 않은 일이 생길지도 모른다고 걱정한다. 특히 일본에서는 이런 불안을 '음과 양'이라고 표현하는데 좋은 일에는 항상 나쁜 일들이 함께한다고 생각하는 것이다. 이런 관점을 지니게 되면 우리들은 인생의 기쁨을 누리지 못하고 기분을 가라앉히는 대상만 생각하게 될 것이다.

기쁨을 누리는 것은 그 자체로 축복이다. 인생의 풍미는 또한 긍정적인 감정을 증폭시키고, 차례로 주목을 확장하고 회복력이나 면역 기능이 증강되는 것처럼 건강에도 이익을 안겨준다. 브라이언트는 인생의 풍미를 즐기는 것은 단순히 즐거움을 안겨주는 것만이 아니라 회복력을 증진시키는 데 도움을 준다는 것을 체험했다. "나쁜 일이 일어났다는 것이 반드시 좋은 일이 일어나지 않을 것을 의미하는 것은 아니다. 이 두 가지는 전혀 다른 현상이다. 기쁨, 인생에서 찾고자 하는 의미, 현재의 스트레스 요인들(질병, 인간관계의 곤란, 승진 실패 등)은 각각 따로 고려해야 하는 것이며, 우리들은 이 중 두 가지 이상의 요인을 동시에 겪을 수도 있다."

인생에 대한 최고의 전략은 조심스럽게 선택 주목 대상을 고르는 데 몰두 주목을 사용하는 법을 배우는 것이다. 이런 기술을 실행하는 것은 일상적인 휴식을 취할 수 있게 해준다. 당신이 좋아하는 것 혹은 미심쩍지만 결코 끝나지 않을 일에 20~30분을 할애해보는 것이다. 그러고 나서 하루가 끝날 무렵, 그 사이의 기쁨을 다시 체험하고 즐겨보라. 그리고 다음에 즐길 것을 계획해보라. 일주일이 지나면 대부분의 사람들이 "이번 주는 너무 멋졌어! 항상 이렇게 살았으면……" 하고 감탄하게 될 것이다. 이것이 안 될 이유가 어디 있는가?

에필로그

주목, 생각을 전환하는 기술

주목이 사랑과 일에 미치는 영향을 배운 지난 5년간 경험한 모든 것들은 내 삶을 변화시켰다. 실제로 나는 몰입하는 삶을 살게 되었고, 아주 사소한 것에서도 최선의 것을 이끌어낼 수 있게 되었다.

집중은 우리가 느끼고자 하는 방식에 관한 것이다. 존 상태에 돌입한 침착하지만 긴장된 얼굴을 한 운동선수들부터 아이를 재우는 어머니, 자신의 일에 노력하는 방문판매원, 악기를 연주하는 음악가들에게서도 이를 알아챌 수 있다. 롤링스톤스의 다큐멘터리 영화 〈샤인 어 라이트Shine a Light〉에서 마틴 스코시즈는 키스 리처드Keith Richard에게 묻는다.

"무대 위에 올라가서 소리 지르는 수천 명의 팬들을 바라보면 무엇이 느껴집니까?"

그의 대답은 간단하다.

"그 순간 나는 깨어나지요."

그는 락 가수이지 철학자가 아니다. 그러나 그의 인상적인 말은 "우리가 존재하는 것에 비교하면 우리는 반쯤 깨어 있을 뿐이다"라는 윌리엄 제임스의 말이나 "나는 깨달았다"라는 부처의 말과 같은 울림을 준다. 책을 쓰든, 쇼핑을 하든, 사랑을 나누든, 저녁을 만들든 인생의 좋은 순간들은 그 자체로 우리의 존재 방식이다. 깨달음, 집중, 몰두, 모두 그렇다.

어떤 주목은 매우 실용적인 도구이기도 하다. 우리의 집중 능력이 제한적이라는 것과 미디어나 전자기기들이 내 삶을 책임지지 못한다는 것을 깨닫고 나는 고통스러웠다. 그리고 일을 해내기 위해 특정 정보를 배우고 기억해낼 필요가 있을 때, 새로운 기술을 습득할 때, 최소한 한 번에 90분 정도는 그런 잡음들을 차단하고자 노력하게 되었다. 대단한 결정을 내리기 전 바짝 긴장되어 있을 때 나는 포춘 쿠키 법칙을 생각한다. 무엇인가에 집중하고 있다면 '생각하는 행위'만큼 중요한 것은 아무것도 없다는 것이다.

지루하고 잡다한 일에 직면해 있을 때, 나는 윌리엄 제임스의 점 실험을 생각하면서 그것을 조금 다른 방식으로 해본다. (어느 늦여름 날, 나는 건조기 안에 옷을 집어넣고 말리는 대신 바깥에 빨랫줄을 걸고 옷을 널어보기로 했다. 그리고 그곳에서 나는 쌍무지개를 보았다!) 소중한 사람의 말이나 행동을 헤아릴 수 없을 때 나는 그 사람이 다른 세계에 집중하고 있다는 것을 기억하고, 그가 보는 세계의 환상이 무엇인지 알려고 노력한다.

가장 중요한 것은 내가 느끼는 방식이 내가 주목하는 것에 영향을 미치며 이 과정은 순환된다는 것이다. 그날의 감정에 의지하여 씽크대 위에 잔뜩 쌓인 더러운 그릇 더미들을 보지 않으려고 하고, 그것을 베수비오스 화산의 더러운 검은 연기처럼 받아들이지 않으려고 한다. 만약 베수비오스 화산의 잿더미처럼 보인다면 나는 그 상황을 다른 측면에서 바라보거나 주목을 다른 곳에 돌리는 등 결과를 개선할 만한 방법을 모두 시도한다. 그리고 이 전략은 놀랍도록 효과적이다.

훨씬 더 어려운 상황에 처한다 해도 나는 적절한 문제 해결 노력만 있다면 인생의 불운에 계속 사로잡혀 있지 않아도 된다는 것을 깨달았다. 인생에서 어떤 폭풍이 몰아친다 해도 다음 날 아침 나는 평소와 같이 요양원에서 노쇠한 몸과 마음을 누이고 있는 아흔네 살의 노모를 방문할 것이다. 존 밀턴은 말했다.

"천국과 지옥은 우리가 주목하는 대상에 달려 있다."

몰입하는 삶을 선택하기

A. Treisman and G. Gelade, A Feature Integration Theory of Attention. Cognitive Psychology 12, 1980.

D. E. Broadbent, Perception and Communication, London: Pergamon Press, 1958.

Donald Norman, Memory and Attention, New York: John Wiley&Sons, 1969.

E. C. Cherry, Some Experiments on the Recognition of Speech, with One and with Two Ears. Journal of the Acoustical Society of America 23:915-19, 1953.

H. Egeth and W. Bevan, Attention, in B. B. Wollman(ed.), Handbook of General psychology. Englewood Cliffs, N. J.: Prentice-Hall, 1973.

John Milton, Paradise Lost. New york: Penguin Classics, 2003.

Michael Posner, The Cognitive Neuroscience of Attention. New York: Guilford, 2004.

N. Moray, Attention in Dichotic Listening: Affective Cues and the Influence of Instructions. Quarterly Journal of Experimental Psychology 11, 1959.

Peter Suedfeld, Stressful levels of environmental stimulation in I. G. Sara-son and Anxiety, Halstead, 1979.

Robert Desimone and John Duncan, Neural Mechanism of Selective Visual Attention. Annual Review of Neuroscience 18, March 1995.

Viktor E. Frankl, Man's Search for Meaning. Boston Beacon Press, 2006.

William James, The Principles of Psychology, Chapter XI: Attention. Cambridge, Mass: Harvard University Press, 1981.

01 왜 몰입인가

A. Treisman, Search, Similarity and the Integration of Features Between and Within Dimensions. Journal of Experimental Psychology: Human Perception and Performance 27, 1991.

Alan J. Parkin, John M. Gardiner, and Rebecca Rosser, Functional Aspects of Recollective Experience in Face Recognition, Consciousness and Cognition, Decemver 1995.

David Brooks, The Neural Buddhists, New York Times, July 13, 2008.

David Lykken, Mental Energy. Intelligence 33, 2005.

Daniel J. Simons and Christopher F. Chabris, Gorillas in our Midst; Sustained In Attentional Blindness for Dynamic Events. Perception 28. 1999.

Ingrid Olson, Facial Attractiveness is Appraised in a Glance. Emotion 5, 2005.

J. Duncan, Eps Mid-Career Award 2004: Brain Mechanisms of Attention. Quarterly Journal of Experimental Psychology 59, 2006.

Leslie Underleider and S. Kastner, Mechanisms of Visual Attention in the Human Cortex. Annual Review of Neuroscience 23, 2000.

M. Behrmann and J. J. Geng, Attention, in E. E. Smith and S. M. Kosslyn (eds.) Cognitive Psychology; Mind and Brain. New York: Prentice-Hall, 2006.

Robert Desimone and John Duncan, Neural Mechanism of Selective Visual Attention. Annual Review of Neuroscience 18. March 1995.

Steven Yantis, To See Is to Attend, Science, January 2003.

S. Kastner, Leslie Underleider et al., Increased Activity in Human Visual Cortex during Directed Attention in the Absence of Visual Stimulation. Neuron 22, 1999.

02 감정의 프레임

A. Dijksterhuis et al,. Of Men and Mackerels: Attention and Automatic Behavior, in Herbert Bless and Joseph P. Forgas(eds.). The Message Within Philadelphia: Psychology Press.

Barbara Fredrickson, Positivity: Groundbreaking Research Reveals How to Embrace the Hidden Strength of Positive Emotions, Overcome Negativity, and Thrive. New York; Crown, 2009.

Barbara Fredrickson and Thomas Joiner, Positive Emotions Trigger Upward Spirals Toward Emotional Well-Being, Psychology Science, 2002.

Carl Jung, Memories, Dreams, Reflections, New York: Vintage, 1989.

Charles Darwin. Expression of the Emotions in Man and Animals. Philosophical Library, 1955.

Chances of Heart Attack Are Greatest on Birthday. New York Times, March 19, 1993.

Christine Hansen and Ronald Hansen, Finding the Face in the Crowd. Journal of Personality and Social Psychology, 1998.

Daniel Kahneman et al,. A Survey method for Characterizing Daily Life Experience: The Day Reconstruction Method. Science, December 3, 2004.

Donald A. Norman, Emotional Design: Why We Love(or Hate) Everyday Things. New York: Basic Books, 2004.

Edmund Burke, A Philosophical Enquiry into the Origin of Our Ideas of the Sublime and Beautiful. New York.; Oxford University press, 1998.

Emine Kapcli et al,. Judgement of Control Revisited: Are the Depressed Realistic or Pessimistic. Counselling Psychology Quarterly 12: 1, March 1999.

Felicia Pratto and Oliver P. John, Automatic Vigilance: The Attention-Grabbing, Journal of Personality and Social Psychology, 1991.

Hohn C. Marshall and Peter W. Halligan, Blindsight and Insight in Visuo-Spatial Neglect. Nature 336, December 29, 1988.

J. A. Easterbrook, The Effect of Emotion on Cue Utilization and the Organization of Behavior. Psychological review 66, 1959.

Kyle smith et al., Being Bad isn't Always Food: Affective context Moderates the Attention Bias Toward Negative Information, Journal of Personality and Social psychology, 2006.

Leo Tolstoy, War and Peace, translated by Richard Pevear and larissa Wolokhonsky, New York: Knopf, 2007.

Marlene Behrmann and J. J. Geng, Attention, in Smith and Kosslyn(eds.), Cognitive Psychology, New York: Prentice Hall, 2006.

Michael Wilson, After 50 Witnesses in Trial Over Police Killing, Still No Clear View of 50 Shots. New York Times, April 5, 2008.

Natalie Angier, In the Dreamscape of Nightmares, Clues to Why We Dream at All. New York Times, October 23, 2007.

Richard Walker, Rodney Wogl, and Charles Thompson, Autobiographical Memory: Unpleasantness Fades Faster Than Pleasantness Over Time. Applied Cognitive Psychology, 1997.

Roy Baumeister, Ellen Bratslavsky, Catrin Finkenauer, and Kathleen D. Vohs, Bad Is Stronger than Good. Review of General Psychology, 2001.

W. G. Graziano et al,. Attention, Attraction, and Individual Differences in Response to Criticism(1980), cited in Smith et al., Being Bad Isn't Always Good.

03 외부 세계의 영향력

Anthony Papa et al., Grief Processing and Deliberate Grief Avoidance; A

Prospective Comparison of Bereaved Spouses and Parents in the United States and the People's Republic of China, Journal of Consulting&Clinical Psychology 73, 2005.

B. L. Fredrickson and C. Branigan, Positive Emotions Broaden the Scope of Attention and Thought Action Repertoires, Cognition and Emotion 19, 2005.

Erik J. Giltay et al,. Dispositional Optimism and the Risk of Cardiovascular Death: The Zutphen Elderly Study. Archives of Internal Medicine 166, February 27, 2006.

G. Bonanno and H. Siddique, Emotional Dissociation, Self Deception, and Psychotherapy, in Jefferson A. Singer and Peter Salovey(eds.), At Play in the Field of Consciousness. Mahwah, N. J.: Lawrence Erlbaum Associates, 1999.

G. Bonanno and L. Coifman, Does Repressive Coping Promote Resilience.: Affective-Autonomic Response Discrepancy During Bereavement, Journal of Personality and Social Psychology, April 2007.

Laura Carstensen, The Influence of a Sense of Time on Human Development. Science 312, 2006.

Laura Carstensen and J. A. Mikels, At the Intersection of Emotion and Cognition: Aging and the Positively Effect. Current Directions in Psychological Science 14, 2005.

Paul Rozin and C. Nemeroff, Sympathetic Magical Thinking: The Contagion and Similarity Heuristics, in T. Gilovich, D. Griffin, and D. Kahneman, Heuristics and Bias: The Psychology of Intuitive judgment, Cambridge: Cambridge, University Press, 2002.

P. Rozin, J. Haidt, and C. R. McCauley, Disgust, in M. Lewis and J. Haviland(eds.), Handbook of Emotions, 2nd ed. New York: Guilford, 2000.

Sharon Begley, Get Shrunk at Your Own Risk. Newsweek, June 18, 2007.

W. H. Auden, A Certain World, London: Faber and Faber, 1982.

04 주목 본능

Alison Wan Dusen, Don't Like Being Nagged. Forbes.com, April 22, 2007.

Auke Tellegen, Multidimensional Personality Questionnaire,. Minneapolis: University of Minnesota Press, 1993.

Lorraine and J. Clayton Lafferty, Perfectionism: A Sure Cure for happiness, Chicago: Human Synergistics, 1997.

M. Bartoshuk, V. B. Duffy, and I. J. Miller, PTC/PROP Tasting: Anatomy, Psychophysics, and Sex Effects: Physiology&Behavior 56, 1994.

Michael Posner, The Cognitive Neuroscience of Attention. New York; Guilford, 2004.

Michael Posner and Mary Rothbart, Educating the Human Brain. Washington D. C., American Psychological Association Books, 2006.

Winifred Gallagher, Just the Way You Are. New York: Random House, 1996.

05 주목 훈련

Bill Bishop and robert Cushing, The Big Sort, New York: Houghton Mifflin, 2008.

D. Keltner et al., Facial Expression of Emotion, in R. j. Davidson, K. R Scherer, and H. H. Goldsmith(eds.), Handbook of Affective Sciences. New York: Oxford University Press, 2003.

E. A. Maguire et al., Navigation Related Structural Changes in the Hippocampi of Taxi Drivers. Proceedings of the National Academy of Sciences 97, 2000.

Gene Weingarten, Pearls Before Breakfast. Washington Post, April 8.

2007.

R. J. Davidson and A. Lutz, Buddha's Brain: Neuroplasticity and Meditation. IEEE Signal processing 25, 2008.

R. E. Nisbett, The Geography of Thought: How Asians and Westerners Think Differently-and Why. New York: The Free Press, 2003.

06 관계의 법칙

A. Aron et al., Couples's Shared Participation in Novel and Arousing Activities and Experienced Relationship Quality. Journal of Personality and Social Psychology 72, 2000.

Adam Grant and Elizabeth Campbell, Doing Good, Doing Harm, Being Well and Burning Out: The Interactions of Perceived Prosocial and Antisocial Impact in Service Work. Journal of Occupational&Organizational Psychology 80(4), December 2007.

Alice Park, Baby Einsteins: Not So Smart After All. Time, August 6, 2007.

Daniel Goleman, Social Intelligence, New York: Bantam, 2007.

Elinor Ochs, Living Narrative Creating Lives in Everyday Storytelling. Boston: Harvard University Press, 2002.

J. V. Wood et al., Downward Comparison in Everyday Life: Reconciling Self Enhancement Models With the Mood cognition Priming Model. Journal of Personality and Social Psychology 79, 2000.

J. D. Bransford and M. L. Johnson, Contextual Prerequisites for Understanding: Some Investigations of Comprehension and Recall, Journal of Verbal Learning and Verbal Behavior 11, 1972.

Jee Bugeon, Charles Berger, and Vincent Waldron, Mindfulness and Interpersonal Communication. Journal of Social Issues 56, 2000.

Marco Iacoboni, Mirroring People: The New Science of How We Connect

With Others. New York: Farrar, Straus and Giroux, 2008.

Marco Iacoboni et al., Cortical Mechanisms of Human Imitation. Science 286, 1999.

Mihaly Csikszentmihalyi, Flow: The Psychology of Optimal Experience. New York: Harper, 1991.

N. Bradbury and B. R. Karney, Understanding and Altering the Longitudinal Course of Marriage. Journal of marriage and the Family 66, 2004.

Patti L. Johnson and L. Daniel O'Leary, Behavioral Components of Marital Satisfaction: An Individualized Assessment Approach. Journal of Consulting and Clinical Psychology 64, 1996.

Rodney A. Brooks, Flesh and Machines; How Robots Will Change Us. New York, Pantheon, 2003.

Sandra Murray, Regulating the Risks of Closeness. Current Directions in Psychological Science 14, 2005.

Sandra Murray et al., Putting the Partner Within Reach: A Dyadic Perspective on Felt Security in Close Relationships. Journal of Personality and Social Psychology 88, 2005.

Shelly Gable et al., Will You Be There for Me When Things Go Right. Supportive Responses to positive Event Disclosures. Journal of Personality and Social Psychology 91, 2006.

T. N. Bradbury et al., Rpoblem-solving Skills and Affective Expressions as Predictors of Change in marital Satisfaction. Journal of Consulting and Clinical Psychology 73, 2005.

07 몰입과 생산성

Arlie Russell Hochschild, The Commercialization of Intimate Life: Notes from Home and Work. Berkeley: University of California Press, 2003.

David C. McClelland, The Achieving Society. New York: The Free Press, 1967.

Gilbert Brim, Ambition, New York: Basic Books, 1992.

Jennifer Schmidt and Rich Grant, Images of Work and Play, in Mihaly Csikzentmihaly and Barbara Schneider(eds.), Becoming Adult: How Teenagers Prepare for the World of Work. New York: Harper Perennial, 1994.

Nicolas Hobbs, A Natural history of an Idea: Project Re-Ed. in J. M. Kaufman and C. D. Lewis(eds.), Teaching Children with Behavioral Disorders. Columbus, Ohio; Charles E. Merrill, 1974.

Mihaly Csikzentmihalyi, Flow, The Psychology of Optimal Experience. New York: Harper 1991.: Good Business: Leadership, Flow, and the making of Meaning. New York: Viking, 2003; and Creativity: Flow and the Psychology of Discovery and invention. New York; Harper, 1997.

Oliver Schultheiss and Joachim C. Brunstein, Goal Imagery: Bridging the Gap Between Implicit Motives and Explicit Goals. Journal of Personality 67, 1999.

William James, The Principles of Psychology, Chapter 11: Attention, Cambridge, Mass: Harvard University Press, 1981.

08 의사결정과 매몰환상

Daniel Kahneman, Attention and Effort, Englewood Cliffs, N. J. Prenticehall, 1973.

D. Kahneman and J. Riis, Living, and Thinking About It: Two Perspectives on Life, in F. A. Huppert, N. Baylis and B. Keverne(eds.) The Science of Well-being. Oxford: Oxford University Press, 2005.

D. Schkade and D. Kahneman, Does Living in California Make People Happy. A Focusing Illusion in Judgments of Life Satisfaction. Psychological Science 9, 1998.

Barry Schwartz, The Paradox of Choice, New York: Harper, 2005.

09 창조성의 원천

Constance Kamii and Barbara Anne Lewis, in Ron Ritchhart and David N Perkins, Life in the Mindful Classroom: Nurturing the Disposition of Mindfulness. Journal of Social Issues 56, 2000.

Ellen Langer, Mindfulness: Reading, Mass: Addison Wesley, 1989, Mindful Learning, Current Directions in Psychological Science 9, 2002: On Becoming and Artist: Reinventing Yourself Through Mindful Creativity, New York; Ballentine, 2006.

J. P. Fuilford, The Traits of Creativity, in H. H. Anderson(ed.), Creativity and Its Cultivation. New York: Harper&Row, 1959.

Susan Stamberg, Jazz Improve Crnanks Up Creativity. Weekend Edition, National Public Radio, March 22, 2008.

William James, The Principles of Psychology, Chapter 11: Attention, Cambridge, Mass: Harvard University Press, 1981.

10 몰입 중단

A. P. Jha, J. Krompinger, and M. J. Baime, Mindfulness Training Modifies Subsystems of Attention. Cognitive, Affective&Behavioral Neuroscience 7, 2007.

Claudia Wallis, The Multitasking Generation. Time, March 19, 2006.

Daniel Schachter, The Sin of Absent mindedness. The Seven Sins of Memory: New York: Houghton Mifflin, 2001.

David Meyer, Precis to a Practical Unifued Theory of Executive Cognitive Preocesses and multiple-Task Performance, in D. Gopher and A. Koriat(eds.), Attention and Performance 17. Cambridge: MIT Press, 1999.

D. L. Schacheter, Implicit Memory; History and Current Status. journal of Experimental Psychology: Learning, Memory, and Cognition 13, 1987.

Jonathan Smallwood, Daniel Frishman, and Johnathan Schooler, Counting the Cost of and Absent Mind, Psychonomic Bulletin&Review 14, 2007.

Edward M. Bowden et al., New Approaches to Demystifying Insight. Trends in Cognitive Sciences 9. July 2005.

Edward Hallowell, CrazyBusy: Overstretched, Overbooked, and About to Snap! Strategies for Coping in a World Gone ADD. New York: Ballantine, 2007.

M. Rosario Rueda, Mary Rothbart, and Michael Posner, Training, Maturation and Genetic Influences on the Development of Executive Attention. Proceedings of the National Academy of Sciences 102, 2005.

N. H. Mackworth, Researches on the Measurement of Human Performance. Medical Research Council Special Report 268. London, Her majesty's Stationery Office, 1950.

Norimitsu Onishi, Thumbs Race as Japan's Best Sellers Go Cellular. New York Times, January 20, 2008.

Paul Verhaeghen, John Cerella, and Basak Chandramallika, Working Memory Workout: How to Expand the Focus of Serial Attention From One to Four Items in 10 hours or Less. journal of Experimenatal Psychology: Learning, Memory, and Cognition 30, 2004.

Peter N. Steinmetz, Alternate Task Inhibits Single neuron Category-Selective Responses in the human hippocampus While Preserving Selectivity in the Amygdala. Journal of Cognitive Neuroscience, 2008.

Rachel Kapland and Stephen Kaplan, The Experience of Nature. New York: Cambridge University Press, 1989.

Ulric Neisser, Cognition and Reality, San Francisco: Freeman, 1976.

Willam James, The Principles of Psychology, Chapter 11: Attention. Cambridge, Mass; Harvard University Press, 1981.

11 주목을 방해하는 것들

F. X. Castellanos et al., Developmental Trajectories of Brain Volume Abnormalities in Children and Adolescents with Attention Deficit/Hyperactivity Disorder, Journal of the American Medical Association 288, 2002; Cingulate Precuneus Interactions: A New Locus of Dysfunction in Adult Attention Deficit/Hyperactivity Disorder; The Search for Endophenotypes, Nature Reviews Neuroscience 3, 2002.

G. Reid Lyon and Norman A. Krasnegor(eds.) Attention, Memory, and Executive Function. Baltimore: Paul H. Brookes, 1996.

P. C. Kendall and C. Hammen, Abnormal Psychology. Boston, Houghton Mifflin, 1995.

R. C. Herrenkohl, B. P. Egolf, and E. C. Herrenkohl, Preschool Antecedents of Adolescent Assaultive Behavior: A Longitudinal Study. American Journal of Orthopsychoatry 67, 1997.

12 동기

A. L. Duckworth et al., Grit: Perseverance and Passion for Long-Term Goals. Journal of Personality and Social Psychology 92, 2007.

Atul Gawande, The Checklist. The New Yorker, December 10, 2007.

Brain Wansink, Mindless Eating. New York: Bantam, 2007.

Carol Dweck, Caution-Praise Can Be Dangerous. American Educator, Spring 1999: Mindset: The New Psychology of Success. New York: Ballantine, 2007.

David C. McClelland, The Achieving Society. New York: The Free Press, 1967.

Edward Deci and Maarten Vansteenkiste, Competitively Contingent Rewards and Intrinsic Motivation: Can Losers Remain Motivated. Motivation and Emotion, October 2003

Edward Deci and Richard Ryan, The Initiation and Regulation of Intrinsically Motivated Learning and Achievement, in Ann Boggiano and Thane Pittman(eds.), Achievement and Motivation. New York: Cambridge University Press, 1992.

George Ainslie, Breakdown of Will. New York: Cambridge University Press, 2001.

Georgia Panayiotou and Scott Vrana, The Role of Self-Focus, Task Difficulty, Task Self-Relevance, and Evaluation Anxiety in Reaction Time Performance. Motivation and Emotion 28, June 2004.

Grainne M. Gitzsimons and John A. Bargh, Thinking of You: Nonconscious Pursuit of Interpersonal Goals Associated with Relationship Partners. Journal of Personality and Social Psychology 84, January, 2003.

J. S. Pang and O. C Schultheiss, Assessing Implicit Motives in U. S. College Students: Effects of Picture Type and Position, Gender and Ethnicity, and Cross Cultural Comparisons. Journal of Personality Assessment 85, 2005.

M. M. Mesulam, Spatial Attention and Neglect: Parietal Frontal and Cingulate Contributions to the Mental Representation and Attentional Targeting of Salient Extrapersonal Targets, Philosophical Transactions of the Royal Society B: Biological Sciences, 1999.

Oliver C. Schltheiss and Jessica A. Hale, Implicit Motives Modulate Attentional Orienting to Perceived Facial Expressions of Emotion. Motivation and Emotion, 31, 2007.

Tanya Chartrand et al., Consequences of Nonconscious Goal Activation. To appear in U. Shah and W. Gardner(eds.), Handbook of Motivation Science, Ner York: Guilford, 2007.

T. L. Webb and P. Sheeran, How Do Implementation Intentions Promote Goal Attainment? A Test of Component processes. Journal of Experimental Social Psychology 43, 2007.

13 긍정 주목의 힘

Aaron T. Beck et al., Cognitive Therapy Depression. New York: Guilford, 1987.; David A. Clark, Aaron T. Beck, and Brad A. Alford, Scientific Foundations of Cognitive Theory and Therapy of Depression. New York: Wiley, 1999.

Jon Kabat-Zinn, Coming to Our Senses: Healing Ourselves and the World Through Mindfulness. New York: Hyperion, 2005.

Jon Kabat-Zinn, An Outpatient Program in Behavioral Medicine Chronic Pain Patients Based on the Practice of Mindfulness Meditation. General Hospital Psychiatry, 1982.

Jon Kabat-Zinn et al., Influence of a Mindfulness Meditation-Based Stress Reduction Intervention on Rates of Skin Clearing in Patients with Moderate to Severe Psoriasis Undergoing Photo Therapy(UVB) and Photochemotherapy. Psychosomatic Medicine 60, 1998.

Larry Stewart, a Businessman Known for a Santa-Size Generosity, Dies at 58. Associated Press, January 15, 2007.

R. A. Baer, Mindfulness Training as a Clinical Intervention. Clinical Psychology 10, Summer 2003.

Suzanne Tyas et al., Transitions to Mild Cognitive Impairments, Dementia, and Death: Findings from the Nun Study. American Journal of Epidemiology, June 2007.

Walter Stewart et al., Cost of Lost Productive Work Time Among US Workers with Depression. Journal of the American Medical Association, June 2003.

The U. S. Religious Landscape Survey, February 25, 2008; www.pewforum.com

14 몰입, 두 번째 본능

Antonio Monda, Do You Believe? Questions on God and Religion. New York: Vintage, 2007.

Bhagavan Das, It's Here Now(Are You?). New York: Broadway Books, 1998.

Chris Peterson, A Primer in Positive Psychology. New York: Oxford University Press, 2006.

Eckhart Tolle, The Power of Now, Novato, Calif: New World Library, 2004.

Fred B. Bryant and Joseph Veroff, Savoring. Mahwah, N. J.: Lawrence Erlbaum Associates, 2006.

Martin Hammond(ed.), Meditations. New York: Penguin, 2006.

Ram Das, Remember, Be Here Now. San Cristobal, N. M. : Lama Foundation, 1971.

옮긴이 이한이
인천대학교 불어불문학과를 졸업했다. 현재 출판기획자 겸 번역가로 활동하고 있다. 옮긴 책으로는《창조적 괴짜를 넘어서》《세상을 설득하는 매혹의 법칙》 등이 있다.

모차르트에서 아인슈타인까지 집중력과 창조성의 비밀
몰입, 생각의 재발견

1판 1쇄 2010년 8월 9일
1판 3쇄 2011년 5월 9일

지은이 | 위니프레드 갤러거
옮긴이 | 이한이

편집장 | 김동근
기획편집 | 이한나
디자인 | 정정은
마케팅 | 정복순
관리 | 안상희

펴낸이 | 박영철
펴낸곳 | 오늘의책
출판등록 | 제10-1293호(1996년 5월 25일)
주소 | (121-839) 서울시 마포구 서교동 377-26번지 1층
전화 | 02-322-4595~6
팩스 | 02-322-4597
이메일 | tobooks@naver.com

ISBN 978-89-7718-317-9 03180

책값은 뒤표지에 있습니다.